江西省博物館集刊

（六）

江西省博物馆　编

文物出版社

图书在版编目(CIP)数据

江西省博物馆集刊.6 / 江西省博物馆编.—北京:文物出版社, 2015.12

(江西省博物馆集刊)

ISBN 978—7—5010—4432—0

Ⅰ.①江… Ⅱ.①江… Ⅲ.①博物馆—江西省—丛刊 Ⅳ.①G269.275.6—55

中国版本图书馆 CIP 数据核字(2015)第 263417 号

江西省博物馆集刊(六)

编　著:江西省博物馆

责任编辑:王　伟
实习编辑:周燕林
封面设计:周小玮
责任印制:陈　杰

出版发行:文物出版社
社　址:北京市东直门内北小街 2 号楼
邮　编:100007
网　址:http://www.wenwu.com
邮　箱:web@wenwu.com
经　销:新华书店
印　刷:北京鹏润伟业印刷有限公司
开　本:889mm×1194mm　1/16
印　张:19.5
版　次:2015 年 12 月第 1 版
印　次:2015 年 12 月第 1 次印刷
书　号:ISBN 978—7—5010—4432—0
定　价:128.00 元

《江西省博物馆集刊》编辑委员会

唐　青瓷仕女俑

唐　青瓷骆驼俑

明　金冠

明　镶宝石金凤簪

明　镶珠宝金耳环

明　云纹镶宝石鎏金掩鬓

清　炉钧釉汉方壶

清末民初　加彩汉方壶

民国　紫砂加彩菊瓣壶

民国　紫砂鱼化龙纹壶、杯

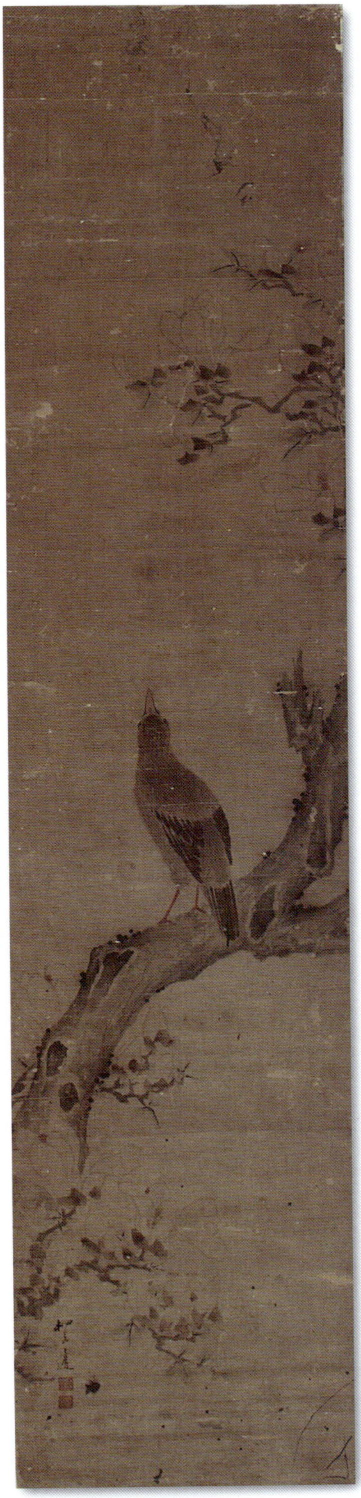

清　万上遴《花鸟》轴

清　万上遴《山水》轴

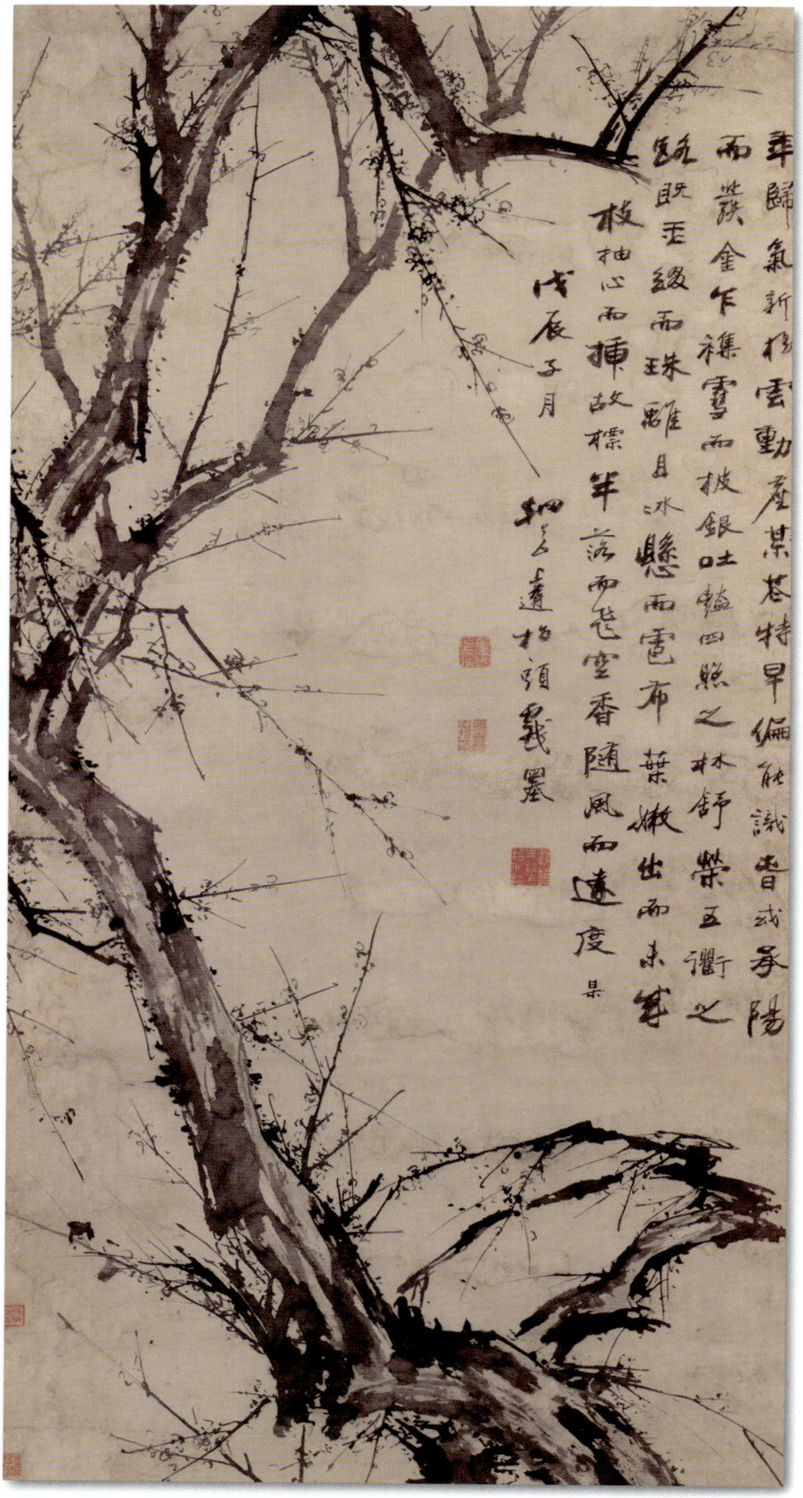

清　万上遴《梅花》轴

1932 年中华苏维埃共和国国家银行壹角纸币（正面）

1934 年中华苏维埃共和国国家银行贰角纸币（正面）

1933 年中华苏维埃共和国国家银行五角纸币（正面）

1933 年中华苏维埃共和国国家银行壹元纸币（正面）

目　录

历史文化研究

考古发现与研究

文物保护

藏品鉴赏与研究

博物馆工作与探讨

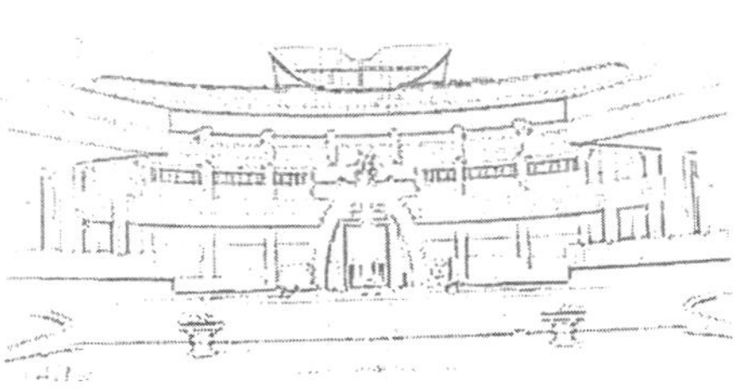

LiShi WenHua YanJiu

历史文化研究

东晋士族清谈之风

——以清溪池聚会为中心的考论

顾 凯

【摘要】 东晋时期，谈玄聚会之风得以从中朝延续。庾亮作为庾氏家族的代表性人物，又是明帝托孤重臣，集玄学清谈与入仕人格于一身。他与渡江诸名士的交游活动，一方面具有中朝清谈之风，同时又具有强烈的政治特性。庾亮清溪池赋会，是一次比较典型的东晋士族间的聚会活动。交游从政，影响不可谓不巨。通过对此次聚会进行的考证与论述，可以对东晋士人风尚与从政状态有所管窥。

【关键词】 清溪池 庾亮 交游 从政

名士聚会，自汉末名教凌迟之后，便十分常见。从建安七子，到竹林七贤，甚至以政事相交的贾谧二十四友，皆有交游记载。且谈诗作赋，畅言人生，成为名士向往之渊薮。关于庾亮的论述与著作，史学界只有部分论著中的部分章节对此有所论述。如田余庆《东晋门阀政治》[1]，陈明《儒学的历史文化功能：以中古士族现象为个案》[2]以及王心扬《东晋士族的双重政治性格》[3]等书的部分章节对此有所论及。但是到目前为止，史学界基本没有涉及过有关庾亮交游与从政关系的文章。本文选择庾亮等人在清溪池的一次聚会作为研究对象，原因在于这次聚会具有典型的政治士族和名士士族交游的共同性质。

庾亮是颍川庾氏的重要人物，其家族本以儒学传世，直到庾亮时期，才开始以玄援儒，礼玄双修。作为庾氏家族兴旺的标志性人物，庾亮的崛起主要是靠他与司马氏之间的联姻，即庾亮之妹嫁与东晋元帝之子明帝。庾亮的从政历程，主要是参与了明帝平定王敦之乱，扶立明帝之子成帝，联合江州的温峤和荆州的陶侃平定苏峻之乱。庾氏崛起之初，并不是一流大族，但借助于交游和从政，迅速崛起为东晋时期与琅琊王氏鼎足的门阀大族。东晋时期，明帝尚为太子时的佐僚，除庾亮外，温峤、卞壸、阮放等人，从出身来看，都不是一流大族。可以代表与以琅琊王氏为代表的一流大族之外的另一股士族力量。以庾亮为中心的东宫诸人，以共同的意识形态为纽带，交游羊曼、桓彝、郭璞等南渡士人，对于维护东晋初年的局势稳定以及巩固门阀政治的成果，发挥了不可替代的作用。

关于庾亮与诸名士交游的清溪池聚会，目前只有《太平御览》引《桓彝别传》记载:“(桓)彝,字茂伦。明帝世,彝与当时英彦名德庾亮、温峤、羊曼等共集清溪池上。郭璞预焉,乃援笔属诗以白四贤,并自序。”[4]这则记载寥寥几句,且含糊不清。本文将从清溪池赋会的时间、地点、内容及参与者进行考证论述,力图通过对这次聚会的考证,理清诸人的交游活动对东晋政治所起的作用,从而窥视出江左士人的交游对于当时士风及政治的影响。

一 关于清溪池聚会的时间、地点及内容考

张可礼先生在他的《东晋文艺系年》中将诸人清溪池赋会的时间记在明帝太宁元年,原因是郭璞于太宁二年被王敦所害。《晋书·郭璞传》:“其后元帝崩,谷因亡走。璞以母忧去职,卜葬地于暨阳。”[5]元帝死于永昌元年十一月。又“时明帝即位逾年,未改号,而荧惑守房。璞时休归,帝乃遣使赍手诏问璞”。[6]可知,明帝是在即位后第二年,即太宁元年三月间改年号的。而且这时,郭璞还因为丁母忧而去了暨阳。又“未期,王敦起璞为记室参军”。所以可以确定,郭璞是在太宁元年三月之后才赶赴荆州为王敦参军的。

按此推断,清溪池赋会的时间,应该是在永昌元年十一月和太宁元年三月之间,也就是郭璞母亲去世之前。或者是元帝永昌年间,或者是明帝太宁年间。但是最合理的解释,应该是在元帝永昌元年四月至十一月间。原因在于,王敦是在元帝永昌元年四月攻陷石头城,并于同月回武昌。[7]

从现存与会诸人的记载文赋来看,只有郭璞在他的《游仙诗十九首》一诗中有“青溪”一词的记载。文曰:“京华游侠窟,山林隐遯栖。朱门何足荣,未若托蓬莱。临源挹清波,陵冈掇丹荑。灵溪可潜盘,安事登云梯。漆园有傲吏,莱氏有逸妻。进则保龙见,退为触藩羝。高蹈风尘外,长揖谢夷齐。青溪千余仞,中有一道士。云生梁栋间,风出窗户里。借问此何谁,云是鬼谷子。”

连镇标先生在其《郭璞研究》中曾对其中的“青溪”做了考证:“唐李善做注曰:‘庾仲雍《荆州记》曰:临沮县有青溪山,山东有泉,泉侧有道士精舍。郭景纯尝作临沮县,故《游仙诗》嗟青溪之美’,又‘灵溪,溪名也。庾仲雍《荆州记》曰:大城西九里有灵溪水’”。此处认为,诗赋中的青溪是在荆州的临沮县,且是一座风景秀美的名山。但是,连先生又对郭璞是否曾经做过临沮县令表示怀疑,他认为在《晋书》及诸文献中均没有提及此事。这到底是记载的谬误,还是我们理解的错误呢?[8]

清苓洞《当阳志》记载:“游学洞,在荆州府荆门州当阳县南五十里,此鬼谷子与张仪、苏秦游学洞也。按《元和郡国志》:当阳县青溪山有石室云鬼谷子居处。”[9]从上面资料记载来看,荆州当阳确实有青溪山。那么,庾亮与诸人聚会的清溪池是否与郭璞《游仙诗》中记载的“青溪”有所关联呢?

关于清溪池聚会的地点,田余庆先生在他的《东晋门阀政治》有所考证:“清溪

在建康东南，连接淮水与玄武湖，孙权时所开，为江左胜流聚游之处。《太平御览》引《俗说》曰：郗僧施青溪中泠舟，一曲处辄作一篇诗。谢益寿见诗叹曰：'青溪中曲，复何可穷？'下文《斠注》引《御览》此事，并没有注意到青溪在建康而不在洛阳，其疏误可见。"[10]

《中国历史大辞典》释"青溪池"："东晋苏峻攻青溪珊，因风纵火，卞壸战死于此。南朝梁天监元年(502年)于溪边建智度寺，后毁于兵火。五代吴以后，溪渐湮废，唯存与秦淮河汇合之一段。"[11]《世说新语》则记载了这么一件轶事："周镇罢临川郡还都，未及上住，泊青溪渚。王丞相往看之。时夏月，暴雨卒至，舫至狭小，而又大漏，殆无复坐处。王曰：'胡威之清，何以过此'。即启用为吴兴郡。"[12]此青溪渚又是何处呢？余嘉锡解释为："青溪，在今江苏江宁县东北。"《寰宇记》云："清溪：玄武湖水，南入秦淮河合之一曲而已，其合处有青溪闸口"。[13]而庾阐《扬都赋》亦有"负钟岩以结宇，溯阳潭以开江；颓方山之磐崿，竦白石之灵峰，汇青溪之浚壑"等诗句。[14]

按照以上几则记载，清溪池是连接玄武湖与秦淮河的一段水域无疑。清溪池应该就在建康城之中，与郭璞《游仙诗》中载的"青溪"不是一个地方。

《桓彝别传》记清溪池赋会"明帝世，彝与当时英彦名德庾亮、温峤、羊曼等共集清溪池上，郭璞预焉，乃援笔属诗以白四贤并自序"。但从史籍记载来看，庾亮、温峤、桓彝、羊曼诸人的传记及传世诗作都没有涉及这次聚会的内容，有且只有郭璞做的《赠温峤诗》似与此次聚会有所关联。"擢翘伊何，妙灵奇挺。暴鳞伊何，披彩迈景。清规外标，朗鉴内景。思乐云蔼，言采其颖。""人亦有言，松竹有林。及尔臭味，异苕同岑。义结在昔，分涉于今。我怀惟永，载咏载吟。"[15]诗中以用"清规外标，朗鉴内景"诗句来形容温峤具有老庄名士的风范。"义结在昔，分涉于今"，似乎是在道别。从上文分析的清溪池会的时间来判断，此诗应该作于郭璞被王敦征为其参军之际，于此诗中与好友温峤道别。诗作把名士间的友情与自然幽趣相连，不同于一般的玄言诗。反映了东晋以老庄和易经为调和的玄学文化的激荡，且赠别语句中也融入了一些俗世的东西，是当时赠别诗中艺术性比较高的一首。

从这首诗中，我们似也能看出郭璞、庾亮、温峤诸人在学术及价值观方面的取向。同时，还可以看出，当时士人对于玄学和山水的风尚爱好。这较之于西晋时期的士人，又有所不同。西晋时期，单纯以玄言形式出现的诗作占绝大多数。而到了东晋，玄学诗融入了大量的山水人物形象，使得东晋的士族更具韵味，也是东晋初年渡江的玄学士人与山明水秀的江南山水相结合的一大成果。

二　价值观与利益的和合：庾亮与清溪池赋会诸人物交游考论

清溪池赋会诸人，包括温峤、桓彝、郭璞等人，都与庾亮有着较为一致的价值观和处境。首先,他们都崇尚礼玄双修,并且都愿意通过建立事功来入仕立身。另外,诸人的利益有着较大的共同性。这两个方面决定了诸人在交游时有着更多的话语和通性,以至在日后的从政生活中表现出相当的一致性和默契性。

庾氏家族在渡江之前,一直都是以儒学传世。如庾亮伯父庾衮以儒学孝道著称于世。就门望来看,过江之前,庾氏也并非中原一流大族。[16]只是到了庾亮这一辈人身上,才逐渐礼玄合流,以典型的儒学修正主义士族的身份登上门阀大族的舞台。[17]

《晋书·庾亮传》载:"(庾亮)中兴初,拜中书郎,领著作,侍讲东宫。其所论释,多见称述。与温峤俱为太子布衣之好。"[18]若以当时的政治派别来看,庾亮与温峤两人均是东宫一党。若以两人的学术修为和政治性格来看,也有颇多的相似之处。《晋书·温峤传》载:"峤性聪敏,有识量。博学能属文,少以孝悌称于邦族。"同时"风仪秀整,美于谈论,见者皆爱悦之"。[19]可以看出,温峤也属于儒玄双修的过江名士。在他的作品《侍臣箴》中就提到:"思有虞之蒸蒸,尊周文之翼翼。"具有典型的儒学风范和务实态度。其以玄入儒的从政风格,与庾亮十分相似。同时,温氏也不是大族世家,以至于之后即使立了大功,也要帝王亲自发诏才能进爵。如在贺长龄《皇朝经世文编》一文中就这样记载:"温峤为刘司空使劝进,……迄于崇贵,乡品犹不过也。每爵皆发诏。"[20]

温峤与庾亮,正是这种相同的学术出身、相似的政治理念,才为其日后能够在政治上互相支持、配合,提供一个契合点。《世说新语》载:"温太真位未高时,屡与扬州、淮中估客樗蒱,与辄不竞。尝一过,大输物,戏屈,无因得反。与庾亮善,于舫中大唤亮曰:'卿可赎我'。庾即送直,然后得还,经此数四。"[21]温峤位未高时,应该就是刚渡江那段时间。在还没有被王导选为左史之前。那时温峤刚从战乱的北方逃至江南,惊魂未定。加之江南混沌初开,南下的北方侨族并没有在南方完全站稳脚跟。如"于时江左草创,纲维未举,峤殊以为忧",以至温峤见到王导时才欢然曰:"江左自有管夷吾,吾复何虑!"以致"屡求反命,不许"。[22]温峤刚到江南之时心情是忐忑的,甚至不知道生命哪一天就会终结。这样的心态促使他寻找一种发泄的方式,效法竹林之人的放荡与洒脱便是一种选择。他沉溺于"樗蒱"这种赌博游戏,想把世事置之度外。[23]但其赌术不高,只能屡次失败而求救于庾亮。庾亮也深沐玄风,所以屡次帮温峤解围而不厌,这也说明了两人在性格方面的默契。

除了私交,两者关系在政治上配合地更加密切。东晋元、明二帝时,王敦两次叛乱,庾亮和温峤都曾参与到平叛之中。但两人真正携手合作,是在平定苏峻之乱的时候。

苏峻集团是始终游离于东晋政权之外的一股流民势力。王敦之乱平后,以功封历阳内史,苏峻集团遂成为盘踞在江北的一大军事力量。表面虽然服从东晋政府,实际上尾大难治。"峻颇怀骄溢,自负其众,潜有异志,抚纳亡命,得罪之家有逃死者,峻辄蔽匿之"且"众力日多,皆仰食县官,运漕者相属,稍有不如意,便肆忿言”。[25]这本是当时流民集团普遍存在的问题，但因为苏俊集团地近京师，实力又非常雄厚，加之藏匿宗室亡党下闸，遂与建康当权者倍生嫌隙。对于征召苏峻为大司农一事，朝中大臣多加反对。那么，同处在这一政治漩涡中的温峤呢？

其实，在庾亮发动政变废黜西阳王羕之前，温峤就已经外出为江州刺史了。“时历阳太守苏峻藏匿亡命，朝廷疑之。征西将军陶侃有威名于荆楚，又以西夏为虞，故使峤为上流形援。咸和初，代应詹为江州刺史。”[26]确切时间应该是咸和元年八月间。而《晋书·成帝纪》记载庾亮废黜宗室在咸和元年十月之间。所以说，温峤并没有亲身参加到这次政变中。至于他在这次事件中，到底有没有与庾亮联系。史书未载，不甚明确。

庾亮出温峤为江州刺史，目的是在防范西边坐镇荆州的陶侃。因为荆州分陕，又是用武之地，王敦之乱即为先鉴，所以庾亮的这种安排也在情理之中。当温峤听到庾亮要招苏峻之时，便意识到事情的严重性。于是“温峤闻峻不受诏，便欲下卫京都”，同时“三吴又欲起义兵”，但是“亮并不听”。这件事情的原因，除了庾亮认定苏峻不会造反之外，另一个原因恐怕是庾亮担心重蹈西晋八王之乱的覆辙，招外兵入京，难以收拾。所以庾亮作《报温峤书》曰：“吾忧西陲过于历阳，足下无过雷池一步也。”[27]这就说明了大族在和中小士族结盟时，还是存在一定的隔阂的。

但是，事态并不是朝着庾亮所估计的那样发展。苏峻纠合另一个流民帅祖约，于晋成帝咸和二年十一月起兵。同时，温峤于次年正月（咸和三年）在江州的浔阳集结兵力，准备入卫京师。但事态甚为严峻，苏峻于本年第二月即攻破建康城，庾亮在混乱中逃跑。庾亮之妹庾太后，因为身在宫闱来不及逃跑，在同年三月间忧惧而死。这也使得庾亮在政治上失去了某些依托，[28]庾亮在进退无计的形势下投奔远在江州的好友温峤。而“（温峤）时亮败绩奔峤，人皆尤而少之。峤愈加崇重，分兵以配之”[29]，最终在温峤的撮合斡旋下，得以借助荆州陶侃的势力镇压了苏峻之乱。

综上所述，温峤在庾亮的从政生涯中，扮演了一个非常重要的角色。庾亮与温峤同为明帝东宫一党，因为共同的学术背景和政治理想而联合。庾亮出温峤为江州刺史，以之作为自己在政治上的最大援助。在平定流民苏峻之乱时，温峤无论是以江州之力平叛，还是调和庾亮与荆州陶侃的关系，都发挥了十分巨大的作用。同时，这对于日后庾氏家族的崛起和门阀政治的变幻，都有着深远的影响。

另外一位参加清溪池聚会的是谯国桓彝。《晋书·桓彝传》载：“彝少孤贫，虽箪瓢，处之晏如。性通朗，早获盛名，有人伦识鉴。”“朗”是魏晋时期对士人的一个比较高的评价。同传记其“少与庾亮深交，雅为周顗所重”。但田余庆先生在他的《东晋门阀政治》一书中对桓彝的名士之望提出质疑。[30]田先生认为，桓彝是在渡江后才得到士人的重视。田氏又提到袁宏在其《东征赋》中不提及桓彝一事，得出桓彝不为士人所重的结论。但是《世说新语·文学篇》注引《续晋阳秋》的记载，与

《晋书》中此段的记载颇有不同。《续晋阳秋》云“(宏)后为《东征赋》,悉称过江诸名望。时桓温在南州,宏为众云‘我决不及桓宣城’。时伏滔在温府,与宏善,苦谏之。宏笑而不答”。[31]而房玄龄的《晋书》却没有提到这一点。

《世说新语》此条的记载是:“袁宏始作《东征赋》,都不道陶公。胡奴诱之狭室中,临以白刃。曰:‘先公勋业如是,君作《东征赋》,云何相忽略?’宏窘蹙无计,便答:‘我大道公,何以云无?’因诵曰:‘精金百炼,在割能断。功则治人,职思靖乱。长沙之勋,为史所赞。’”[32]可见,袁宏不得不对陶侃加以谄媚,足见其非铮铮铁骨之史家。那么,当时身为桓温帐下参军的他,怎么敢当众向人表示“我决不及桓宣城”,还苦谏不答呢?理由似乎有所牵强。所以,桓彝在当时,已经步入了门阀士族的行列,最起码也是门阀中的中小士族。

庾亮与桓彝的交往,除了如清溪会这样的名士聚会之外,更多的是在公事上的配合。《晋书·桓彝传》:“于时王敦擅权,嫌忌士望,彝以疾去职。尝过舆县,县宰东海徐宁,字安期,通朗博涉。彝遇之,欣然停留累日,结交而别。先是,庾亮每属彝觅一佳吏部,及至都,谓亮曰:‘为卿得一吏部矣。’亮问所在,彝曰:‘人所应有而不必有,人所应无而不必无。徐宁真海岱清士。’因为叙之,即迁吏部郎,竟历显职。”[33]而《晋书·徐宁传》载:“徐宁者,东海郯人也。少知名,为舆县令。时廷尉桓彝称有人伦鉴识,彝尝去职,至广陵寻亲旧。还遇风,停浦中,累日忧悒,因上岸,见一室宇,有似廨署。访之,云是舆县。彝乃造之。宁清惠博涉,相遇欣然,因留数夕。彝大赏之,结交而别。至都,谓庾亮曰‘吾为卿得一佳吏部郎’,语在《彝传》。即迁吏部郎、左将军、江州刺史,卒官。”[34]

关于徐宁的记载,只有在庾翼报兄冰书中谈到一点点:“纪睦、徐宁奉王使纠罪人,船头到渚,桓逸还复,而二使免官。”纪睦曾在陶侃任荆州刺史的时候任鄱阳太守。所以,书中谈到的这个徐宁应该就是被桓彝举荐的徐宁。庾氏兄弟在家书中谈到他,关系匪浅。从中我们可以看出,桓彝与庾亮在公事上是积极配合的。江州刺史一职非同寻常,庾亮能够任用桓彝推荐的人为之,表示两者实质在政治关系方面非常紧密。

王敦叛乱平定后,温峤举荐桓彝为宣城内史。后来即以此位而苦战苏峻,并死于此。这里还要提一提桓彝之子桓温,据说其名就是因温峤而得。“(桓温)生未期而太原温峤见之,曰:‘此儿有奇骨,可试使啼。’及闻其声,曰:‘真英物也。’彝以峤所赏,故遂名之曰温。”[35]之后桓温依附于庾亮、庾冀兄弟,以致坐大荆州,遥控建邺,几乎代晋祚。由此见,桓氏家族的兴起,确实与庾亮兄弟的交往有很大关联。田余庆先生认为桓彝是以依附于大族世家和模仿名士风度而起家,此话不假。但是另一方面,大族也需要利用中小士族作为他们维护门阀,争取家族利益的帮手。桓彝与庾亮的关系便与此相仿。以名士风度交游,以家族利益关系交往,最后各得所需。可以说,庾氏在桓氏的帮助下取得了和其他势力斗争的胜利。桓氏也在与庾氏的交往过程中慢慢壮大家族的势力,最终跻身于门阀大族行列,影响东晋中后期的政局变化。

交游中另一个人物是郭璞。其在西晋惠、怀之际“于是潜结姻昵及交游数十家,欲避地东南”。以此和郭璞日后从事的官职来看,他绝对不是名门大族。“时元帝初镇邺,导令璞筮之……以著受命之符。……及帝为晋王,又使璞筮。”[36]尽管郭璞在劝进方面建树颇多,但由于其出身的卑微以及未立事功等多种原因,元帝只能让他作“著作郎”之类的闲职。

郭璞“顷之,迁尚书郎”。但就在这时:“明帝之在东宫,与温峤、庾亮并有布衣之好。璞亦以才学见重,埒于峤、亮,论者美之。”[37]尽管郭璞职位不高,却与庾亮等人在明帝尚为太子的时候就有交情。也就是在这段时间里,庾亮、温峤到郭璞处,商讨对付王敦的事宜。“王敦之谋逆也,温峤、庾亮使璞筮之,璞对不决。峤、亮复令占己之吉凶,璞曰:‘大吉。’峤等退,相谓曰:‘璞对不了,是不敢有言,或天夺敦魄。今吾等与国家共举大事,而璞云大吉,是为举事必有成也’。于是劝帝讨敦。”[38]王敦于永昌元年四月还武昌之后,朝局表面上维持了一段时间的平静。直到本年十一月元帝崩,明帝即位,局面才悄悄地发生变化。

在元帝死后,明帝就积极谋划铲除王敦。庾亮、温峤作为明帝的心腹,应该是承接明帝之意。去请求郭璞占卜,一作庙算,一作舆论支持。也就是在本年,即太宁元年,温峤被王敦所忌,请之为自己的左司马。这件事情应该发生在郭璞为庾亮、温峤占卜之后,亦即明帝谋划铲除王敦之后。后来,温峤于次年,即太宁二年五月间以离间之计逃离王敦阵营。从这些事情的经历来看,温峤作为王敦左司马这件事情,很有可能是明帝集团事先安排好的。将温作为内线,安插在王敦身边,目的在于探听王的虚实,一旦王敦反意呈现,便用计逃脱。温峤回京师后,便补丹阳尹,以作防备王敦之姿。而王敦在得知温峤叛逃之后,便迁怒于郭璞而杀之。“温峤还都,言敦逆谋。敦怒,欲拔其舌,乃杀郭璞。郭璞为王敦参军,知敦作乱,受假还都。露布以讨温峤为名,乃至建康南坑,杀参军国外璞。初,桓彝尝令璞筮卦。卦成,彝问其故,璞曰:‘卦与吾同。’”[39]

王敦应该是把郭璞看成庾亮、温峤等人的同谋而加以杀害的。但是,实际情况并非如此。假如郭璞是同谋,为何不与温峤一起逃走?以此观之,郭璞并没有真正参与到明帝与庾亮温峤之谋中,除了占卜之外,并没有进入太子东宫的谋划核心集团。

郭璞与庾亮等人在意识形态方面存在很多的相同之处,但也存在很多不同的地方。他放浪形骸,甚至效法中朝人士的不屑世事。“然性轻易,不修威仪,嗜酒好色,时或过度。著作郎干宝常诫之曰:‘此非适性之道也。’璞曰:‘吾所受有本限,用之恒恐不得尽,卿乃忧酒色之为害乎”?[40]完全是中朝王戎、刘伶等人的再版。但是,他的放荡作风,并非完全尚空虚而厌俗事。这一点可以解释为:第一,郭璞作为寒门出身,仕途往往失意。藉放荡之风以发泄不满,也在情理之中。第二,东晋渡江之后,士人儒玄兼修的性格特点也在郭的身上得到了很好的阐述。

他一面尚玄虚，一面参与政治，乐衷世事。只是对放荡行为的嗜好比庾亮等人更加浓厚，但这并不妨碍他进行入世的行为作风。

总之，郭璞既尚玄风，又乐衷世事。他以占卜算卦为参与政治的工具，为庾亮等人的政治行动作预测和舆论支持。但因为自己的小族出身，难以将自己的人生抱负，付诸重视门阀背景的东晋政治，最终死于门阀政治争斗之中。另外，参与清溪池聚会的还有名士羊曼，但是羊曼与庾亮的交往，除此次清溪池聚会以外，史籍没有其他的记载，在政治上的配合也非常之少。故在此不加考述。

三 结语

东晋立国，皇权根基不稳。所以元帝在处理皇权与士族门阀关系的时候，往往力不从心。从“王与马，共天下”的形势来看，元帝几成傀儡之状。所以他援引刘隗、刁协等人试图抑制大族的独断。但这种所谓的“刻碎之政”不久即引发王敦之乱，元帝自己也因兵败郁郁而亡。王夫之在他的《读通鉴论》中分析道：“帝乃树刁协、刘隗于左右，以分其权而自固。然而卒以取祸者，非帝之不宜树人以自辅，隗、协之不宜离党以冀主也，其所以尊主而抑强宗者，非其道也。”[41]明帝太子东宫一族即在这种危难的环境下形成。庾亮、温峤、卞壸、阮放等人，可以代表另一股士族力量，以对抗以王氏为代表的一流大族势力。另则，除卞壸之外，东宫其余诸人皆礼玄双修，符合东晋士人谈玄合儒的大势，所以也能成为东晋主流士人的领衔。同时，以庾亮为中心的东宫诸人，以交游为手段，以共同的意识形态为纽带，连接羊曼、桓彝、郭璞等南渡士人，成功地平定了大族王敦之乱和流民苏峻之乱，度过了东晋开国之初的种种危机。

这次清溪池聚会，既不同于魏晋之际完全的玄学清谈聚会，又不同于诸如二十四友等的政治依附之会，而是以名士玄学为纽带，进行的一次政治聚会。在此次清溪池聚会中，除庾亮属于门阀高门外，温峤、桓彝、郭璞等人，从出身来看，都是中小士族。[42]这就决定了他们在交往时存在着与一般士人交游时所没有的一些特点，也奠定了东晋士人和士族在交往时的一些方式。第一，在政治方面，庾亮作为门阀大族，以交游为手段，以共同的意识形态为纽带，联合温峤、桓彝、郭璞、羊曼等南渡士人，成功地协助明帝平定了大族王敦和流民苏峻之乱，有效地维护了门阀政治的稳定和巩固，使其度过了东晋开国之初的种种危机，奠定了门阀政治在东晋百余年的根基。不仅如此，这次聚会士人的家族政治还间接的影响了东晋中后期的政局。如庾亮诸弟庾冰、庾翼，桓彝、桓温、桓玄都对政局发展有着举足轻重的影响。另一方面，从与会诸人的政治作为来看，大族与中小士族之间的关系不再是完全的政治依附，而是有取舍的政治结盟。第二，这次聚会，虽然继承了中朝名士的清谈聚会之风，但与那种完全以清谈论道，诗词作对的名士聚会还是有很大差别的。表现为士人们并没有再将清谈玄学作为聚会的中心议题，而是以清谈作为一种纽带，实质的内容则是士族建功立业，积极入仕的名与实。

庾亮与众人的这种名士化作风，深刻地影响了之后当权士族的思想和意识形态。他们融玄谈于从政中，将魏晋之际处于分离状态的“自然”与“名教”拉拢，名士既可以谈玄论道，又可以从政务实，建立功业。这两种本来相互矛盾的思想和意识形态，在此间能够很好地磨合在一起。士人不再为在两者之间作抉择而产生巨大的困惑。庾亮等人在清溪池聚会的交游，成为这两种思潮契合的一个很好的典型例子。在东晋之后的士人身上，儒学的入世精神与玄学的出世情怀可以合而为一。这对于中国后世数千年士人人格的形成，都有着非常重大而深远的影响。

注 释

[1] 田余庆：《东晋门阀政治》，北京大学出版社，1989 年。

[2] 陈明：《儒学的历史文化功能：以中古士族现象为个案》，中国社会科学出版社，2005 年。

[3] 王心扬：《东晋士族的双重政治性格》，上海古籍出版社，2010 年。

[4] （北宋）李昉等：《太平御览》，中华书局影印本，1960 年。

[5][6][18][19][25][26][27][33][34][35][36][37][38][40] （唐）房玄龄：《晋书》，中华书局，1974 年。

[7] 《通鉴纪事本末》卷 14《王敦之乱》记“夏四月，敦还武昌”，袁枢撰：《通鉴纪事本末》，中华书局，1955 年。

[8] 连镇标：《郭璞研究》，上海三联书店，2002 年。

[9] （明）解缙编篡：《永乐大典》，中华书局影印本，1984 年。

[10][30] 田余庆：《东晋门阀政治》，北京大学出版社，1989 年。

[11] 胡守为、杨廷福主编：《中国历史大辞典》（魏晋南北朝史），上海辞书出版社，2000 年。此处的“青”与本文考证的“清溪池”中的“清”应该是同一字，只是有时古书记载两字相通，在此作注，以免误解。

[12][13][29][31][32] （南朝宋）刘义庆撰，（梁）刘孝标注，杨勇校笺：《世说新语校笺》，中华书局，2006 年。

[14] 徐坚等著：《初学记》，中华书局，2004 年。

[15] 逯钦立：《先秦汉魏晋南北朝诗》，中华书局，1983 年。

[16] 孟繁冶：《论颍川鄢陵庚氏之崛起（上）》，《许昌师专学报（社会科学版）》1993 年第 1 期。

[17] 余英时：《士与中国文化》，上海人民出版社，1988 年。

[20] （清）贺长龄辑：《皇朝经世文编》，点石斋刻本，清光绪十七年（1891 年）。

[21] （南朝宋）刘义庆撰，（梁）刘孝标注，杨勇校笺：《世说新语校笺》，中华书局，

2006 年。

[22] 此段引自《晋书·温峤传》。但《晋书·王导传》记"桓彝初过江,见朝廷微弱,谓周顗曰:'我以中州多故,来此欲求全活,而寡弱如此,将何以济!'忧惧不乐。往见导,极谈世事,还,谓顗曰:'向见管夷吾,无复忧矣。'"此语似为桓彝所诉,有待商榷。房玄龄:《晋书》,中华书局,1974 年。

[23] 古代博戏。博戏中用于掷采的投子最初是用樗木制成,故称樗蒲。又由于这种木制掷具系五枚一组,所以又叫五木之戏,或简称五木。

[24] "庾氏谱曰:'会字会宗,太尉亮长子。年十九,咸和六年遇害。'"(南朝宋)刘义庆撰,(梁)刘孝标注,杨勇校笺:《世说新语校笺》,中华书局,2006 年。房玄龄:《晋书》,中华书局,1974 年。

[28] 对于此事,张国安先生甚有洞察力,在其文章《庾亮专权与东晋统治集团的内部斗争》中提到"苏峻乐以皇权为号召,故联合宗室起兵。而在《温峤传》、《郗鉴传》等皆宣庾太后口诏,《张闿传》也载王导密宣庾太后诏",可见太后诏、皇帝诏之类的皇权象征还是存在一定的政治效益的。张国安:《庾亮专权与东晋统治集团的内部斗争》,《河南师范大学学报(哲学社会科学版)》1988 年第 2 期。

[39] (清)汤球(撰),乔治忠(校注):《众家编年体晋史》,天津古籍出版社,1989 年。

[41] 王夫之:《读通鉴论》,中华书局,1975 年。

[42] 庾氏家族在东晋之初,即本文记载的元帝永昌年间,并没有崛起为一流的高门大族,甚至是庾氏兄弟当政之时,庾氏也难与真正的一流大族,如琅琊王氏取得完全对等的社会地位。这主要是由庾氏的社会经济地位决定的。但庾氏尽管不是一流大族,却一直属于门阀中的高门。故本文一直将其作为门阀高门加以研究。

宋与高丽书画交流与贸易简析

李 博

【摘要】 宋在与周边民族政权日益紧密的商贸和文化交流中，书画市场向外延伸的速度得到提升。宋代书画艺术达到了一个历史上的高峰，促使“敦尚文雅”的高丽与宋朝形成了良好的书画贸易基础。本文将对宋与高丽之间书画交流与贸易的方式、程度、商人作用以及笔墨纸扇等附属贸易品进行探讨，发掘书画艺术对两国文化交流的特别意义，以此丰富中华文明和周边民族的艺术建构。

【关键词】 宋 高丽 书画 使者 画工 商人

宋代，受商贸经济繁荣的影响，此时的经济贸易开始从物质需求转向更多的精神需求。经济发展、物质生活的丰富、享乐主义的盛行，以及自皇室到平民对艺术的热爱与大力推崇，强有力的促进了书画贸易的推广和繁盛。这一系列条件为中国古代书画市场的一个高峰阶段提供了一个良好的社会环境，也丰富了中华文明和周边民族的艺术建构。

高丽因地缘因素的影响，其文明程度高于周边少数民族政权，这主要源于与唐朝的密切往来关系，并以“惟我东方，旧慕唐风，文物礼乐，悉遵其制”[1]为立国之本，堪称“君子之国”。[2]宋人常言高丽性柔，且笃信释儒，虽先后臣服于辽金，但期间与宋一直保持着密切往来。正是因为高丽的文化属性，其国书画成就也颇为瞩目，《图画见闻志》对之有着较高的评价：“皇朝之盛，遐荒九译来庭者，相属于路。惟高丽国敦尚文雅，渐染华风，至于伎巧之精，他国罕比，固有丹青之妙。”[3]

宋在与周边民族政权日益紧密的商贸和文化交流中，书画市场向外延伸的速度得到提升，宋与高丽之间的书画交流与贸易便在这一成熟的条件下展开。

一 宋丽书画交流贸易以宋向高丽输出为主

中国书画艺术一般呈现出以中原为中心的辐射式传播，对其他少数民族有着比较深的艺术影响。伴随每一次书画艺术的发展与演变，艺术作为文化的一部分会随同传播流广。通过对史料的发掘发现，历史上以使者购求书画的方式引进书画艺术，是比较常见的方法。南北朝时期，百济国派使者入南梁，以“金货数百万”

购得书法家萧子云“书三十纸”;[4]王氏高丽建立后,专门派遣使者欲求著名书法家欧阳询的法书,连唐高祖李渊都赞叹道:“不意询之书名,远播夷狄。”[5]此类交流活动铺就了双方书画贸易及艺术交流的基石。

入宋后,宋丽间的书画贸易接续了前代发展,虽然受到辽金的干扰,高丽使者出访依然络绎不绝。北宋熙宁七年(1074年),高丽使者金良鉴出使期间,亦“访求中国图画,锐意购求,稍精者十无一二,然犹费三百余缗”。[6]高丽使臣金良鉴等利用难得的机会,在宋境较大批量的购买书画,可以说比较可观。而其购买的作品精者不多,却仍然耗费了三百余缗,相当于三百多贯。为便于直观感受画价,我们做一对比:在熙宁五年(1072年),十贯钱可以购买一匹马,三百多贯相当于可购马三十多匹,这已经是牧场的规模了。[7]

另据《高丽史》记:宋徽宗时期,高丽国欲重修本国安和寺,打算“使价如宋求妙笔书匾额”。[8]高丽派遣使者入宋求书匾,一方面说明高丽对宋书画市场的了解,另一方面也说明派使者购买书画是一种常见方式。

宋向高丽输出书画艺术的另一种表现,是派画工、画师。早在南朝梁中大通六年(534年)、大同七年(541年),百济国派使朝贡,都提出请赐中土工匠、画师。[9]此后,高丽也比较频繁地向宋廷请求选派“画塑工”随使者遣往本国。[10]宣和年间,赴高丽出使的徐兢在当地兴王寺见到了早年派往高丽的宋画塑工匠所绘制的壁画,“此文王翊德山(即王徽)遣使告(宋)神宗皇帝,模(摹)得相国寺本,国人得以瞻仰,上感皇恩,故至今宝惜也”。[11]高丽希望以求赐画工的方式,向宋学习优秀的绘画技艺。而在中国古代社会,书画艺术初始功能就是“教化”,高丽正是通过从宋引进传统艺术,以直观且大众能接受的通俗方式达到“以教国人”的目的。[12]

当宋代书画达到中国古代艺术创作的一个顶峰时,作为以儒家为国本的高丽,对宋书画艺术秉持着学习融会的态度。故此,书画艺术从宋向高丽输出也是一种必然性。

二 宋丽书画贸易与往来凸显出双方书画交流的高度

宋与高丽之间的书画贸易与书画交流具有一定的高度,其一个主要前提是彼此官方层面的推动与扶持。较直接的例子即为:宋帝与高丽国王对书画艺术的重视程度。高丽文学家李仁老在《破闲集》中表述:“盖(高丽)睿王以神圣至德,事大宋无远礼,显孝皇帝(宋徽宗)优加褒赏,别赐法书名画珍奇异物不可胜计。”[13]高丽对宋皇帝赠赐的书画十分重视,特设“天章阁于禁中,藏宋帝所赐亲制诏书及御笔书画”。[14]前文提到高丽重修安和寺事,后被宋徽宗赵佶得知,决定予高丽赐御书“能仁”为大殿正匾,并令蔡京书写了寺门额“靖国安和之寺”,另赐该寺十六罗汉塑像。[15]国君的参与,更加凸显出两国间书画往来的密切程度和高度。

另外,上文所述“画塑工”也印证出双方艺术交流的高度。这些画工虽名义上为“工”，但其本身的艺术技巧却不可小觑，宋代书画理论家郭若虚在《图画见闻志》中对高丽派遣的画工有着中肯的评价：“其模画人颇有精于工法者。”[16]北宋时，派往高丽的工匠是经过千挑百选，当时高丽国王王徽派使“乞借医药画塑人……欲求众技之良”，神宗即下诏：“即加精择，特从勤请。”[17]为了贯彻“精择”观，双方选派人员中不少是本国十分优秀的画家，如：宋神宗最为欣赏的山水画家、绘画理论家郭熙，其曾奉旨“作秋景烟岚二赐高丽”；[18]又有“政、宣间两京推以为绝笔”的人物、花鸟画家韩若拙，在宣和末“应募使高丽，写国王真”。[19]高丽也选派了当时国内优秀的画家，其中最为著名的为李宁，据记载：“李宁，全州人，以画知名。（高丽）仁宗朝随枢密使李资德入宋。宋徽宗命翰林待诏王可训、陈德之、田宗仁、赵守宗等从（李）宁学画，且敕宁画本国《礼成江图》，既进，徽宗嗟赏曰：‘比来高丽画工随使至者多矣，惟宁为妙手。’赐酒食绵绮绫绢。”[20]宋徽宗赵佶的艺术造诣极高，李宁被他赞赏为“妙手”实为不易。而且徽宗还命画院众多画师向李宁学画，足见李宁的艺术功底和成就已经远远超出“工”的范畴。也可见这些具有官方背景的画工交流对增进两国文化与艺术交流的特别意义。

在两国来往的使臣都频出擅画者，例如：出使高丽的宋球“密访山川形势、风俗好尚，使还，图纪上之，神宗称善，进通事舍人”；[21]宣和奉使高丽的徐兢，将其在高丽所见所闻“物图其形”绘作成《奉使高丽图经》，南宋时的马端临与周烨皆言其善书能画。[22]高丽使者亦然，苏轼曾记述道：“（高丽）使者所至，图画山川，购买书籍。”[23]虽然双方绘彼此山川人文图景有一些政治和军事的需要，但另一方面是从艺术角度出发的。苏轼因而还赋诗赞曰：“似知金马客，时梦碧鸡坊。冰雪消残腊，烟波写故乡。鸣銮自容与，立马久回翔。乞与三韩使，新图到乐浪。”并自注：“时高丽使在都下，每至胜境，辄图画以归。”[24]

通过上述这些官方层面的交流活动，提升了两国书画贸易往来的高度。

三　以商人为中心的民间贸易具有广泛的基础

宋丽间官方书画贸易和交流的频繁，也带动着广泛的民间贸易和书画品往来。伴随海贸的迅速发展，两国各类商品互通有无，以彼此稀奇佳品为风尚，各具特色，例如：金银铜器、钱币、马具、药材、茶叶、绢绫丝帛、服装、乐器、书籍、瓷器、玉石玳瑁、螺钿、书画、扇子、纸墨笔、漆器以及人参松子一类农产品等等。

商贸往来的密切与商人不无关系，在11世纪至12世纪，宋丽民间商贸往来日益增多，宋曾出台措施“禁人私贩”，但却无法阻止。[25]据统计，宋丽关系中断时期（1031年至1071年），可考的宋商人就多达一千三百余名。[26]在两国关系回到正轨后，宋人对赴高丽经商积极性更为高涨，《宋史》记载，在高丽“王城有华人数百，多闽人因贾舶至者”。[27]甚至高丽礼成江出现“来船去舶首尾相连”的景象。[28]而高丽对与宋的商贸也十分积极，北宋熙宁年间，开放了明州（今宁波）口岸，使“高丽人便于舟楫，多赍辎重”，[29]从而增加了来华贸易量。南宋时，海防曾一次报奏有数百艘高丽商船抵达宋境。[30]

在宋丽商贸往来中，不时出现书画作为贸易品的身影。前文提到的高丽画家李宁，其作品被纳入到交易的范围：“昔睿王時，画局李宁尤工山水，为其图附宋商。久之上求名画于宋商，以其图献焉。”[31]对高丽而言，这是一次颇有戏剧性的海外“回流”。其中的三方关系也颇有意义，即李宁画作被宋商收纳，再经此商转予高丽睿王（即高丽仁宗）。此间，宋代商人向高丽国王进献“土物”、“方物”以及“珍宝”已成惯例。[32]虽然没有更多史料佐证，但高丽国王通过宋商人购进书画应该也不止此一次。不过，从中也可以看出商人在书画贸易和文化交流中起到的桥梁的作用。

南宋时人楼钥讲到其亲身经历的一事，或更能反映出两国民间书画贸易的一些状况：“高丽贾人，有以韩幹马十二匹质于乡人者，题曰《行看子》。接处黄绫上书‘韩幹马’。表饰以绫，尾以精纸，皆丽物也。闻其怀金来取，因命工临写而归之。”[33]宋代典质书画的现象较为常见，北宋相国寺内也接受书画典当的业务，南宋临安城内当铺更是林立。典质的书画作者是重要的估价因素，韩幹是唐代画马第一名手，其作品价值我们可以参考一例：北宋末期，有人以低价五十千抵押了被人视为赝品的唐代韩滉《散牧图》一幅。[34]相对比较，韩幹此幅《十二骏马图》真迹典当价格应该不会比之低，或许要高出很多。文中的高丽商人以此佳作在南宋典当质押，可见其不仅了解中土的书画市场行情，更加熟悉韩幹和该作的艺术价值与经济价值，故能采用质押的方法换取短期流动资金。正因为这幅画作的珍贵，高丽商人又迅速将之赎回秘藏。虽然，此画是否被带回高丽不得而知，但可以肯定的是这幅画作一定是由中土流传而出，辗转被此商获得。

宋代人家藏有高丽书画作品亦非稀奇之事，郭若虚曾见到过“钱忠懿家有着色山水四卷，长安临潼李虞曹家有《本国八老图》二卷，及曾于杨褒虞曹家见细布上画《行道天王》，皆有风格。”[35]想必宋人也比较愿意收藏带有典型高丽绘风的作品。

四　笔墨纸扇等书画附属品扩大了双方贸易交流范围

宋丽间文化商品的贸易比较丰富，其中高丽国出产的摺叠扇、高丽墨、高丽纸、毛笔等书画附属商品也占据了相当比例。

以上商品中，高丽扇最受宋人欢迎。高丽扇主要分为两种，即：高丽松扇和摺叠扇。其中摺扇“用纸而以琴光竹为柄，如市井中所制摺叠扇者。但精致非中国可及，展之广尺三四，合之止两指许”。[36]这种高丽摺叠扇应该就是今日人们所用的纸质或丝绢质折扇，南宋赵彦卫对之有更细致的描述：“今人用摺叠扇，以蒸竹为骨，夹以绫罗，贵家或以象牙为骨，饰以金银，盖出于高丽。鸡林志云：‘高丽叠纸为扇,铜兽靥环,加以银饰,亦有画人物者,中国转加华侈云。’”[37]高丽人在纸或绢质扇面上“所画多作士女乘车、跨马、踏青、拾翠之状,又以金银屑饰地面。及作星汉、星月、人物,粗有形似,以其来远,磨擦故也。其所染青绿奇甚,与中国不同,专以空青、海绿为之。近年所作,尤为精巧。”[38]郭若虚也描述这种摺叠扇“上画本国豪贵,杂以妇人鞍马,或临水为金砂滩,暨莲荷、花木、水禽之类,点缀精巧”。[39]因为此扇便于携带,且扇面上绘有异国风情,又不失精巧雅致的画作,这对于以文盛的宋朝人来说是颇为时尚之物。尤其是文人雅士,以此扇为馈赠礼物受到极大的欢迎,题扇诗也由此流行起来,如黄庭坚作《谢郑闳中惠高丽画扇》云:“会稽内史三韩扇,分送黄门画省中。海外人烟来眼界,全胜博物注鱼虫。苹汀游女能骑马,传道蛾眉画不如。宝扇真成集陈隼,史臣今得杀青书。”[40]

高丽摺叠扇因契合了宋人的喜好,使其源源不断被输送至宋境贸易。《图画见闻志》记述高丽使人“每至中国,或用摺叠扇为私觌物”。[41]所谓私觌物,即外国人以私人身份交换的礼物。宋廷有时会将这些私觌物统一收归中央,在估价之后重新投放回民间市场流通贸易。因为摺叠扇的流行铺广,宋境内开设了许多扇铺,如:南宋都城临安城的“周家折揲扇铺”;[42]南宋画家赵彦放弃进入画院做御画师,也在临安街头开了间画扇市铺。[43]

持高丽摺扇风潮甚至延伸至宫廷之中,前文黄庭坚所作题扇诗中所说“三韩扇”“分送黄门画省中”正是指宋宫廷画院,通过这种交流学习,有助于宫廷画师在技法、题材方面的扩充。不仅如此,明代人陆俨山还收藏有南宋宁宗时期著名的皇室书画家杨妹子“所书绢摺扇,似皆以绢为之”。[44]由此可见,摺叠扇流传之广泛。

高丽墨流入中国较早,据元代学者陶宗仪考证:“唐高丽岁贡松烟墨,用多年老松烟和麋鹿胶造成。”[45]通过朝贡贸易输送笔墨纸扇,到宋代依然在延续。北宋熙宁年间,高丽使臣金良鉴进奉物品中有“大纸二十副,墨四百铤”;[46]宣和年间,高丽使臣持有的“私觌之物”清单内含“大纸八十幅、黄毛笔二十管、松烟墨二十挺、松扇三合、折叠扇二只”。[47]使用高丽墨的多为文人阶层,比如黄庭坚在与友人作诗时曾出示过所藏高丽盘龙墨。[48]而松烟墨的名气,主要还是有赖于苏轼对之进行的改造:“余得高丽墨,碎之,杂以潘谷墨,以清悟和墨法剂之,为握子,殊可用。故知天下无弃物也,在处之如何尔。”[49]制墨讲求烟老则色黑,胶适则光亮。虽然高丽墨使用的是老松烟,但因制作工艺的欠缺,其“色昏而胶少,仍多沙石”,[50]导致墨色昏黑无光泽,这使得高丽墨流传范围比较有限。

宋真宗大中祥符八年,高丽御事民官侍郎郭元来华谈及本国物产有“白硾纸、鼠狼尾笔”等。[51]“鼠狼尾笔”即与前文提到的“黄毛笔”为同物。可能因为此笔较少进入中土,至北宋元丰之后的时期里多传言为“猩猩毛笔”,对此黄庭坚和徐兢都有所怀疑。对这种产自高丽的毛笔评价也褒贬不一,苏轼喜爱“其柔健可人意”以致写起书法来“不能休”;[52]徐兢则认为高丽黄毫“软弱不可书”。[53]或许因高丽黄毫掌控因人而异,使其不太适合大众需求,也影响到了其进入宋土流广。

高丽纸输入比重较大,前文中提到高丽多次进奉所产“大纸”。南宋时陈槱描述:“高丽纸以棉、茧造成,色白如绫,坚韧如帛,用以书写,发墨可爱。此中国所无,亦奇品也。”[54]高丽纸色白光整,坚韧且厚于白皮纸,所以在宋代多用于做书籍衬纸和书画卷首的贴賻。前文提到的韩幹《十二马图》卷轴“尾以精纸”,就是高丽纸。宋代周密在所著《齐东野语》中提到六朝和唐代的一些画作装裱情况,其中多有“高丽纸賻”。[55]所谓“賻”,即书册或书画卷首的贴绫之处,也称“玉池”。高丽纸的特点有利于防止笔墨渗透至书画的卷纸之上,适合题签之用。高丽纸也成为后人鉴定古书画的依据之一,明代沈德符与古董商徐季恒与市集上“见一破碎手卷,纸质坚莹,似高丽旧笺,纯画人物”,结合画风断定为南宋画院侍诏马和之的作品。而且沈德符还高度赞扬高丽纸为“今中外所用纸,推高丽贡笺第一”。[56]可见高丽纸的优良品质,是宋人普遍接受和使用的原因。

注　释

[1] 郑麟趾等撰:《高丽史》卷2《太祖世家二》,《四库全书存目丛书》,齐鲁书社,1996年。

[2] 郑麟趾等撰:《高丽史》卷8《文宗二》,《四库全书存目丛书》,齐鲁书社,1996年。

[3][6][16][35][39][41] 郭若虚:《图画见闻志》卷6,上海古籍出版社,1987年。

[4] (唐)李延寿撰:《南史》卷42《齐高帝诸子上》,中华书局,1987年。

[5] (唐)张彦远:《法书要录》卷8,人民美术出版社,1984年。

[7] 程民生:《宋代物价研究》,人民出版社,2008年。

[8][14] 郑麟趾等撰:《高丽史》卷14《睿宗三》,《四库全书存目丛书》,齐鲁书社,1996年。

[9] (唐)李延寿撰:《南史》卷79,中华书局,1987年。

[10] 李焘:《续资治通鉴长编》卷261,中华书局,1986年。

[11] 徐兢:《宣和奉使高丽图经》卷17《王城内外诸寺》,大象出版社,2008年。

[12][27] (元)脱脱等撰:《宋史》卷487《外国三》,中华书局,1977年。

[13][31] 李仁老:《破闲集》卷中,人民文学出版社,2012年。

[15] 徐兢:《宣和奉使高丽图经》卷17《祠宇》,大象出版社,2008年。

[17][46] 司义祖编:《宋大诏令集》卷237,中华书局,1962年。

[18] 郭熙:《林泉高致》,山东画报出版社,2010年。

[19] 邓椿:《画继》卷6,人民美术出版社,1964年。

[20] 郑麟趾等撰:《高丽史》卷122《方技·李宁》,《四库全书存目丛书》,齐鲁书社,1996年。

[21] (元)脱脱等撰:《宋史》卷 349,中华书局,1977 年。
[22] 马端临:《文献通考》卷 260《经籍考三十三》,中华书局,2011 年;周辉:《清波杂志校注》卷 7,中华书局,1997 年。
[23] 李焘:《续资治通鉴长编》卷 435,中华书局,1986 年。
[24] 苏轼:《苏轼集》卷 21,山西古籍出版社,2007 年。
[25] (元)脱脱等撰:《宋史》卷 186《食货下八》,中华书局,1977 年。
[26][32] 朴真奭:《十一——十二世纪宋与高丽的贸易往来》,《延边大学学报》1979 年第 2 期。
[28] 李奎报:《李奎报作品选集》,《朝鲜古典文学选集(七)》,朝鲜国立文学艺术书籍出版社,1959 年。
[29] 朱彧:《萍洲可谈》卷 2,中华书局,1985 年。
[30] 杨万里:《诚斋集》卷 120,《四部丛刊》,上海书店,1985 年。
[33] 楼钥:《攻媿集》卷 3《题高丽行看子》,浙江古籍出版社,2010 年。
[34] 米芾:《画史》,四库本,上海古籍出版社,1987 年。
[36][38][40] 邓椿:《画继》卷 10,人民美术出版社,1964 年。
[37] 赵彦卫:《云麓漫钞》卷 4,中华书局,1996 年。
[42] 吴自牧:《梦粱录》卷 13,浙江人民出版社,1980 年。
[43] (明)夏文彦:《图绘宝鉴》卷 4,四库本,上海古籍出版社,1987 年。
[44] (明)郎瑛:《七修续稿》卷 6《事物类》,《明清小说资料选编上》,齐鲁书社,1990 年。
[45] (明)陶宗仪:《南村辍耕录》卷 29《墨》,中华书局,2004 年。
[47] 张世南:《游宦纪闻》卷 6,中华书局,2006 年。
[48] 北京大学古文献研究所编:《全宋诗》卷 1158,北京大学出版社,1998 年。
[49] 苏轼:《苏轼文集》卷 70《书别造高丽墨》,中华书局,1986 年。
[50][53] 徐兢:《宣和奉使高丽图经》卷 23《土产》,大象出版社,2008 年。
[51] 马端临:《文献通考》卷 325《四裔考二》,中华书局,2011 年。
[52] 黄庭坚:《山谷诗注内集卷》,丛书集成初编本,中华书局,1985 年。
[54] 陈槱:《负暄野录》,丛书集成初编本,中华书局,1985 年。
[55] 周密:《齐东野语》卷 6,中华书局,2012 年。
[56] (明)沈德符:《万历野获编》卷 26,中华书局,2004 年。

清道人集周盘《实至道大》五言联探析

刘禄山

【摘要】 1911年辛亥革命中,大清倾覆,民主共和新政权建立。是年孟冬,前清两江师范学堂监督、江宁藩司李瑞清集散氏盘字作“实至乃有用”、“道大莫之就”五言联。该联文及上下款共二十四个墨字,取法金文和汉隶的神韵和笔法题写,足显清道人书艺之博大渊深。清道人集周盘五言联所表达的实用主义思想是各种复杂的现实生活环境因素综合的结果,包含了多种内涵。

【关键词】 清道人　散氏盘　《实至道大》　五言联含义

20世纪第一个辛亥年,大清倾覆,专制君权灭,皇皇大道破。是年孟冬,前清两江师范学堂监督、江宁藩司、江西临川人氏李瑞清集姬周散氏盘字作“实至乃有用”、“道大莫之就”五言联,名款更改名姓署“清道人”(图一)。约半个世纪后,此联入藏江西省博物馆。自入藏至今日,又过去了半个世纪,“她”竟然成为寿上百年的旧物。

图一

大浪淘沙，历史上收藏的无数字画经过岁月风雨的洗礼，大多数已经失去了当年的丰韵，所谓流沙尽而真金现，只有少数真金才能丰姿长存；斗转星移，人世沧桑，物虽非而人是，笔者见到此联，反复观赏，发现这个“寿星”还蕴藏着茂盛的“青春”。

一 《实至道大》五言联书艺分析

《实至道大》五言联幅芯纵129、横31厘米，字字斗大。上款题“集周盘字于申浦”七字，上联集姬周散氏盘“实至乃有用”五字，下联集“道大莫之就”五字，下款署“辛亥孟冬清道人”字样。尾押朱文“阿梅”、“清道人”印及白文“黄龙砚斋”印。

显而易见，此联的上款题字用《曹全碑》的神韵和笔法题写，骨格舒张，笔致清丽流畅，匀整优雅，凸现珠圆玉润气象；下款署名是用《夏承碑》的神韵和笔法题写，神采飞扬，形态奇谲，篆籀笔意浓郁，骨气高古。总之，上下款各具风格，皆取汉隶中不同凡响之法，短短一联，共二十四个墨字，足显清道人书艺之博大渊深。

姬周散氏盘（图二），亦称“散盘”、“矢人盘”。晚清时，与大盂鼎、毛公鼎、虢季子白盘号称“四大国宝”。康熙年间（一说“清乾隆初年”）在陕西凤翔出土，现收藏于台北故宫博物院。清末金石学家吴大澂考定《散氏盘》为楚青铜器，国学大师王国维经研究认定，此盘为西周晚期周厉王时期所铸造。

图二

其盘高20.6、口径54.6、腹深9.8、底径41.4厘米，重21.312千克。圆形，浅腹，双附耳，高圈足。腹饰夔纹，圈足饰兽面纹。内底铸有铭文19行、356字（图三、四）。

在所发现的商周青铜器上，金文字势一般为纵势，而《散氏盘》的铭文结构奇古，为横势的圆笔大篆，重心偏低，字形扁平，体势欹侧，线条圆润而凝炼，字体大小随意，字迹豪放质朴，整体显得奇古生动而厚重，有很强烈的“浇铸”感、浑厚感。

图三

图四

其结字变化无穷，如图五的“以”字，其下围有圆、三角、四方等多种形状；如图六的三个“于”字，横斜倾侧长短都不相同；再如图七的“封”字亦是各具美姿妍态。有些字多次出现，无一同者，屡易字之形势，以求变化。

图五

图六

图七

其实,《实至道大》五言联的上款和下款题署也吸取了《散氏盘》铭文书艺的某些结字特征。清道人李瑞清充分认识到《散氏盘》铭文书艺在金文中极为重要的地位,对“其气磅礴,其势横衍”的独特风格和字形“似欹而实正”的结字奥秘及浓重的“金味”顶礼膜拜。他书写《实至道大》五言联,完全是忠实于《散氏盘》铭文的神韵和笔法,甚至有些亦步亦趋的味道,与吴大澂以小篆笔意临摹《散氏盘》铭文的风格完全迥异。

《实至道大》联因为多字为上下结构,字体偏长,与《散氏盘》铭文的整体气质稍异。字内、字外空间分布恰到好处。行笔使用中锋,起、收笔饱满圆润,婉转而灵动,行笔豪放,回锋、搭接、折笔、转向、起止果决,墨浓而有枯。结字寄奇隽于纯正,字字浑朴雄伟、敦厚,壮美多姿。行笔使用了清道人特有的颤笔笔法,极富《散氏盘》金文之凝重、高古浑穆韵味。当代某些著名的书法家批评清道人的颤笔笔法过于夸张,可能是没能真正理解清道人对《散氏盘》铭文浓重“金味”神韵的高度忠诚。

当然,作为金石书派的开创者,清道人不只是以对《散氏盘》金文书艺亦步亦趋为能,还“每用散氏盘笔法临”写北魏的《郑文公碑》,将《郑文公碑》写成“淡雅雍容,不激不厉”、法度严谨、气势恢弘的法书。图八就是他参照散氏盘笔法、字势节临的楷书《郑文公碑》大字纸本中堂(现收藏于江西省博物馆,幅芯纵 137、横 77 厘米)。

该幅中堂择《郑文公碑》文中一段书写,本 27 字,但“才”字多写了一个,写成了 28 个字“和平中,举秀才,答策高第,擢补中书博士,弥以方正自居。虽才才望称官

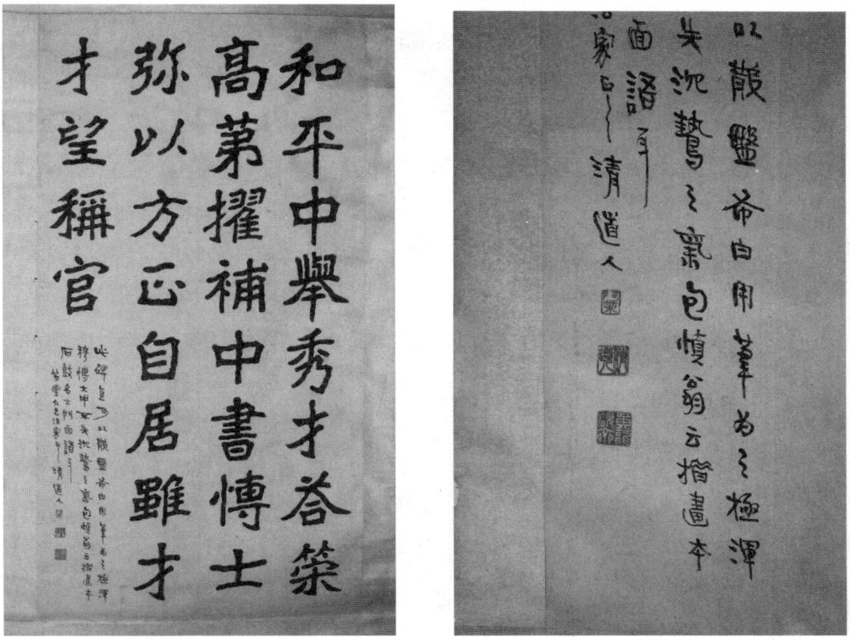

图八

（后句‘而乃历载不迁’）”。左下大段题跋：“此碑直可以散盘，布白用笔，为之极浑穆博大，中不失沉鸷之气，包慎翁云指画本石鼓，名士门面语耳。”下款：“笏堂仁兄法家正之，清道人。”尾钤印与《实至道大》五言联一致，押朱文“阿梅”、“清道人”印及白文“黄龙砚斋”印。

可见，此幅楷书《郑文公碑》大字纸本中堂是送给“笏堂”的。笏堂，即丁立中（1878—1958 年），字笏堂，新建县黄佩乡（现生米镇）集坊丁村人。《南昌市志》载：其人年轻时则以救国救民为己任。1905 年后，先后参加孙中山领导的同盟会与共进会，追随孙中山，为革命出生入死，先后与黄兴、孙武等辗转于湖北、湖南、广东、上海等地，建立秘密机关，发展组织，筹集经费，培植新军和学生军中的革命骨干，购运枪支弹药，自造炸药，并策划起义。1911 年，参与宣传、领导武昌起义，亲自领导了光复南昌的战斗，为推翻帝制创建共和立下功劳，后任军部秘书长，直受孙中山领导。

楷书《郑文公碑》大字纸本中堂墨色浓重，笔势劲健，其书体与《实至道大》联虽然不同，但其结字、字势与幅面气质“金”味十足，颇具散氏盘铭风格，“金”味与《实至道大》联却是如出一辙。

李瑞清一生以篆书书艺自负，其学生、现代著名书家胡小石评曰：“（临川夫子）求隶于石，求篆于金，而大篆复明。”其评至当。

二 《实至道大》五言联内涵探微

对于不熟悉篆文的学者来说,《实至道大》五言联的字面识读确实非常困难。若是写成现代汉字“实至乃有用”、“道大莫之就”十字,对中文稍有阅读能力的读者,都能理解其中的一般含义。

但问题是,《实至道大》五言联的内涵不是如我们理解的一般含义,其中的“道”是关键,有其具体而特定的指向。

首先,它是对孙中山等资产阶级革命党人所极力倡导的“三民主义”、“民主共和”之“大道”的质疑。

这一点比较好理解。1911 年 12 月 6 日,程德全到南京就任江苏都督后,诚恳挽留他出任江苏新政府的顾问。李瑞清回信道:“清本亡国贱俘,难与图存,……(如)必相迫胁,愿甘沸鼎”,表达了誓不与共和政府合作的决心。然后,黄冠道服,携老弱家眷二十余人,前往民国“首阳山”——申浦(上海),与陈三立等清遗民相邻,寓居三牌楼吉祥里对巷,托庇租界之中,更名换姓为“清道人”,且作文大大歌颂了一番这座“首阳”寂山:“此山自盘古以来不与世通。其树多松柏,其泉清冽而甘芳,其草有蕨有薇,鸟无枭,兽无猘。或至之,不耐其荒寂则自去。其民直野而愚,或曰:其山蜿蜒自首阳来;或曰:与桃花源泉通。……此清道人读书处也,其山不在此地球中。”

《实至道大》五言联集姬周散氏盘,下款署“辛亥孟冬清道人”,创作时间正当其时,所展现的正是此时彼之灵台风景,表达了对“新大道”——民主共和的一种质疑:民主共和,替代封建专制,听起来是个非常好的“顺天应人”的“大道”,利国利民,还不好?但问题是:西方的“大道”引到中国来,是否能服中国的水土,具体操作起来,就未必行得通!是否能真的利国利民、“名归”即能“实至”?这就是“道大莫之就”内涵中的一部分意思。

其次,《实至道大》五言联说明清道人对自己一生怀抱的“君国大道”产生了“道大莫之就”的怀疑。

李瑞清生长在封建官吏家庭中,幼时深受孝道以及文天祥、史可法忠贞报国思想的熏陶,这就是先前数度为至亲生病割股、割臂焚香告天、日后他在清亡后退隐上海而不与民国新政府合作、不事袁世凯、而后又参与张勋复辟活动的思想基础。无可置疑,李瑞清的忠贞报国及孝道思想在 1911 年之前或之后,具有一定的连惯性。

但《实至道大》五言联创作于大清倾覆之际的 1911 年,结合李瑞清当时在这个过程中的数事表现,我们也可以看到,彼时彼景、风云际会之中,清道人对自己一生怀抱的“君国大道”也一度产生了“道大莫之就”的疑惑和尴尬。

就像“孝莫大焉”——为至亲生病割股、割臂焚香告天一样,孝是孝了,于事无补，父母亲还是去世了；李瑞清一生处事对大清忠心耿耿，但尽忠是尽忠了，腐朽透顶的大清终究是避免不了灭亡的命运，这一点是看得非常清楚的。于是我们看到了彼时彼景、风云际会之中李瑞清活动的奇特影像：

1911 年 11 月底，江浙革命联军总司令徐绍桢统兵万余合攻南京。城内、城外一片混乱、惶恐，江宁藩司樊增祥首先循逃，两江师范学堂监督李瑞清却依然领着"两江师范学堂学生弦诵未辍"。两江总督张人骏见此情景，立即电保李瑞清补樊增祥之空缺为江宁藩司。

在这十来天改朝换代、翻天覆地的日子里，李瑞清刻一木印为权柄，用一老吏做文书，办了三件大事。第一是他"念危城宜先足食，立从间道运米三十万石，又平粜以济难民"。

第二是出资遣送剪辫子的学子回乡。当时革命势如破竹，一些青年和学生也剪掉了头上的辫子。江宁提督张勋下令拘杀已剪辫子的壮丁和学生。李瑞清自己出资百金送这些学生回乡，又"请得令帜"帮助那些已剪掉辫子的青年逃出城外。

辛亥前夕，立志要"我以我血荐轩辕"的鲁迅在一所中学任教。他对要剪辫子的学生说："没有辫子好，然而我劝你们不要剪。"显然，在剪辫子的问题态度上，李瑞清与已经支持革命的鲁迅没有多大区别。

第三是在南京城破后，坚持与南京共存亡。12 月 2 日革命军攻克南京，两江总督张人骏和江宁将军铁良乘日本舰艇逃往上海，江宁提督张勋败退徐州。而两江师范学堂监督、上任才十来天时间的江宁藩司李瑞清数次拒绝美、日领事及传教士请其避难洋人兵舰的要求，直到革命新政府成立之后、最后城内秩序稳定了，才召集城内名望绅士，将在职时所管藩库中所储数十万两黄金及两江师范学堂清册，全数移交给缙绅。然后才携家眷老弱二十余人，黄冠道服而去上海。

显然，此时此际，李瑞清已经不知如何对大清尽忠了。忠孝之道大，然而世事沧桑，莫之就也，只好来做些"实在"一点的事了。

其三，《实至道大》五言联也包含了李瑞清从事教育实践中得来的体会和感想。

李瑞清成为清道人之前最后一个官职是江宁藩司，但这个职位只干了十来天。此前四年时间担任的是两江师范学堂监督(1907 年，任两江师范学堂监督)。

在 1907 年前后，李瑞清还曾三次任江宁提学使，兼办高等学堂、暨南学堂，并亲赴日本考察教育，在改革教育体制等诸方面成就卓然。1907 年，他第一次在中国的高等师范学堂——两江师范学堂开设了容纳中西美术教育和中国传统的书法教育的"国画手工科"。

两江师范学堂学科设有理化科、农学博物科、历史舆地科和手工图画科，讲授史地、文学、算学、物理、化学、博物、生理、农学、图画、教育学等课程。各种课程已非传统国学，应该算是"洋务学科"了。

尽管其时科举已废两年,但时人思想大多仍然停留在旧时代,认为读书做官才是正路,学洋务(学工学农等实用科学)走的不是正途。

清道人集姬周散氏盘字作"实至乃有用"、"道大莫之就"五言联,显然也是不以此种思想为然的一种表达。

最后,《实至道大》五言联也包含了李瑞清对自己在清亡后一时陷入举措无依境况的自嘲意味。

清王朝的覆灭,李瑞清一时陷入无可名状的痛苦和矛盾之中。来到上海之后,他与好友遗老陈三立相邻而居。陈三立后来回忆道:"道人每乘月夕,相携立桥畔,观流水,话兴亡之陈迹,抚丧乱之靡届,悼人纪之坏散,落落吊影,仰天欷嘘。死生离合几何时,魂魄所依不能忘也。"图九为当时陈三立(中)、清道人(形体魁梧者)、曾熙(长髯者)三人合影。

图九

在南京受藩司职及破城后半个月的时间里,李瑞清即气力日微,咯血,夜间常常惊悸呻吟而不能入睡,左体手足痹麻之疾每遇寒冷日甚。隐居上海后股臀间又生一大痈,痛苦不可言。遗老中也有宦囊极丰者,而李瑞清以文为官,为政清廉,家无余财。本来,清道人作为亡国之臣已是满怀悲凉情愫。"黄冠道服"携眷蛰伏于上海三牌楼吉祥里对巷后,他已无固定的官俸,一些门生旧故见到他众多家眷,用度捉襟见肘，纷纷解囊相助。但李瑞清生来爱好面子，岂肯靠人接济偷活。于是，他与好友曾熙（字子缉，号俟园，晚自号农髯，湖南衡阳人，善书）走上了鬻书卖画自活的生路。能做高官大吏，懂得治国"大道"，但无力经商、做工，仅以卖字鬻画为生，要养活一家大小二十余口，生活是多么的艰难！

陷入贫病交加的清道人处于此种境地之中，其感受、心情可想而知。此情此景，产生"实至乃有用"、"道大莫之就"的感想不是十分顺理成章的事吗？

综上所述，清道人集周盘五言联所表达的实用主义思想是各种复杂的现实生活环境因素综合的结果，包含了多种意思。

李瑞清出生于官宦家庭，青少年时期生活在上流社会的圈子中，锦衣玉食。虽然科举中联捷成进士，却没有出仕为官，一直随侍父亲，仅以名士闻世，思想中理想化、情绪化的东西自然较多。父亲病逝后，年龄已至中年的他只得出世谋生，担当养家糊口大任。但正在此时，遭遇君国败亡之变，他的忠君报国的理想和齐家治国平天下的宏伟抱负完全失去了根基；生活上，李家二十余口又陷入贫病交加的境地；此时中国社会正处于巨变之中，一时没了皇帝，人人都想做皇帝，军阀拥兵自重，城头变幻大王旗，"民主"、"共和"的"大道"成了军人争城掠地的道具，人民苦难不堪。

巨变中，李瑞清一时无所适从，举足无措，忠君已无君可忠，履新无法面对平生素愿。愁立江亭晚，萧萧闻野歌，倒不失一种潇洒。黄冠道服容易，改名清道人容易，但鬻书卖画，"一日仅饱三餐粥，墨饮一升难鼓腹"，任何实际问题解决不了。植根于中国传统农业社会、为传统手工行业发扬光大的实用主义思想一时占据了他思想的主流。

在中国传统的农业时代，形而上唯心主义哲学占据了过于强势的主导地位。在这种社会环境中，实用主义思想虽然是一种落后的、缺乏远见的哲学观，但还是有一定的进步意义的（认为实用主义是由胡适从美国杜威那里引进来的，那是对中国传统社会无知的一种看法。古代中国无论农、工、商，个个都是标准的实用主义者）。

身为士、农、工、商之首的清道人以士大夫自命，在一个特殊的历史节点，认识到本阶层的形而上"大道"不中用，一度信仰了农、工、商之形而下的实用主义哲学观，这就是所谓的历史发展的特殊性的一个范例吧。

注　释

[1]　柳肇嘉：《清道人传》，《清史稿》卷四百八十六。上海古籍出版社，1986 年。

[2]　李瑞清：《与程都督辞顾问官书》、《鬻书引》，沈云龙编《近代中国史料丛刊》第四十二辑，《围城记》，《清道人遗集》。台北文海出版社，1966—1973 年。

[3]　蒋国榜：《临川李文洁公传略》，段晓华注释本《清道人遗集》附，黄山书社，

2011年。
[4] 黄维翰:《江宁布政使李公瑞清传》,《稼溪文存》卷二。段晓华注释本《清道人遗集》附,黄山书社,2011年。
[5] 吴宗慈:《李瑞清传》(国史馆馆刊第1卷4号)。汪辟疆著,王培军整理:《光宣诗坛点将录笺证》,中华书局,2009年。
[6] 王立民:《李瑞清研究》、《李瑞清年谱》,陈振濂主编:《近现代书法史》,天津古籍出版社,1998年。

清光绪《重修府城隍庙碑记》述考

夏华清　郑彩云

【摘要】 现存于江西高安市博物馆的清光绪《重修府城隍庙碑记》碑，主要记述了光绪四年重修瑞州府城隍庙的缘起、经过，以及重建后的整体风貌等内容。通过考证，瑞州府城隍庙供奉刺史应智顼为城隍神，始建于唐武德年间，是古代瑞州府民众祈福求平安的重要场所。该碑刻内容翔实，保存尚好，是研究古代城隍信仰及高安地方史的珍贵史料。

【关键词】 清光绪　瑞州府　城隍庙　碑刻　应智顼

清光绪瑞州府(府治在今高安市)《重修府城隍庙碑记》碑原藏于中共高安县(今改为市)委党校，20世纪80年代初移交高安县博物馆保存，一直镶嵌于馆内围墙，少有人问津。因年久风化，碑文部分字迹模糊甚至脱落。为保护这一珍贵历史文化遗产，目前馆方已将该碑记拓印，并移至室内保管。现笔者根据所能查阅的资料，对碑文的相关内容作一初步的考证，不足之处，敬请专家指正。

一　《重修府城隍庙碑记》形制及录文

《重修府城隍庙碑记》碑为青石质地，灰里泛青，通体磨光，长方形，半圆顶。通高202、宽98、厚6厘米，碑刻环以5厘米宽卷云纹。顶部阴刻篆额4行，每行2字，每字大10×6厘米，镌“重修府城隍庙碑记”。碑文阴刻正楷，自右而左竖书，共15行，满行39字，题1行，款3行，共578字。该碑刻全文在《高安县文物志》中有著录，[1]为研究方便，笔者重新加以句读，移录于下：

重修府城隍庙记

先王之制祀也，有功德于民则祀之，能捍灾御患则祀之，凡祀类然。而今之京国郡县荐盥熏香，呼吁祈请，踘跽维虔者，则莫昵于城隍。故凡祀，皆以时举，而城隍则朔望之外，遇水旱则祷，遇疾疫则祷，甚至民间衔冤屈，盟曲直，莫不于城隍是祷。说者谓城隍与守土者，治兮阴阳者也，故庙中规制若衙署然，有六曹昉六科也，有十殿类丞倅也，至于舆隶书差地则直以其名名之。夫明有礼乐，幽有鬼神，其信然与。瑞郡遭粤匪之乱,庙宇衙署无一完者,前太守柳谋重修之,文武庙及衙署皆次第修葺,而城隍庙仅正殿一楹,未竟工而去。噫!官廨既新,而神棲未妥,可乎哉?余初下车,见神露坐,心愁然者久之,乃稍饰丹雘,添制神龛门屏器具,其他未遑也。戊寅春,郡人以重修请,急捐廉率属以为之倡,三邑之好义者争先踊跃。兴工于四月,告成于十月,计费金钱四千缗有奇。正殿后,缭以周垣,中起夫人殿,西观音殿,稍南阎王殿,侧为地纪司,东吴爷殿,稍南为达敬轩,展谒憩息所也。殿前矗以牌楼,前为茶亭,又前为戏台,左右各架十余楹,六曹十殿,舆隶书差地保,各有厅界。以重门门外头门三楹,东西塑骏马健儿,是皆新建者,亦沿旧规也。呜呼,神之灵妥矣,郡人之礼神虔矣。自今以往,吾知水旱之灾神必弭之,疫疠之作神必驱之,强横吞噬、愚懦陷诬神必阴殛之,而默佑之,德施化普。不独郡人受其赐,而守土者亦赖扶持焉,则肸蠁岂浅鲜哉。至神为唐刺史应智项,夫人为梅妃,郡志武允蹈之详矣,今不具论。是役也,督工者为经历阎缉熙,董其事者为孝廉陈丹书、封职贡生胡照旭、岁贡生熊添华、前署万载县训导皮家骏、增生曾湘等。

例得修书,以示后来,是为记。

诰授中宪大夫前翰林院庶吉士

特用道瑞州府知府加三级、随带军功加三级、卓异加一级、纪录十次楚北黄廷金撰并书。

光绪五年岁次己卯仲春月吉日立。

二　碑记内容述略

在了解瑞州府城隍庙的历史变迁后,我们再来考察碑记的相关内容。其主要讲述了府庙是毁于“粤匪之乱”,因知府频繁更迭重修工程屡屡半途而废,最后在黄廷金任知府时重修完工的经过。

1. 毁于“粤匪之乱”。碑文中云:“瑞郡遭粤匪之乱,庙宇衙署无一完者。”“粤匪”是清统治者对太平天国起义者的蔑称,城隍庙及其它庙宇官署正是在太平军与清兵的交战中化为灰烬。同治《瑞州府志》记载:“(府城隍庙)咸丰三年,贼毁。”[2]志书记载太平军曾先后三次攻占瑞州城,第一次便是发生在咸丰三年。《瑞州府志·兵事》载:“咸丰三年六月,粤逆洪秀全遣贼犯江西省城,七月分兵至瑞州,至七日而去,执高安知县胡光辅于舟中,杀之。”[3]《高安县志·兵事》对此记述更为详细:“咸丰三年六月,粤逆洪秀全遣贼自长江入湖,径犯江西省城,七月初三日分兵至瑞州,至七日而去……江省避兵者多以舟载孥入瑞河,贼蹑之,至高邮市遇楚勇,略接仗,即至郡城,城陷,执知县胡光辅于舟中,后出南昌江,杀之。舟载多被掠,贼据城七日一夜,纵火焚府学及城隍庙,忽登舟去。”[4]此次太平军在瑞州只停留七天,处死了高安知县胡光辅,并且临走时一把火烧毁了城内的府学与城隍庙。

此后官府一直忙于镇压太平天国运动，无暇顾及被毁的庙宇官署。直到同治八年初，局势好转，知府柳渊才着手重建。碑文讲："前太守柳谋重修之，文武庙及衙署皆次第修葺，而城隍庙仅正殿一楹，未竟工而去。"文武庙及衙署皆修葺一新，城隍庙则刚动工，而知府柳渊调往它任，工程也随之而停。继任者孙家铎任职也不到一年，府庙重修也就不了了之。

2. 重修工程。同治九年七月，黄廷金任瑞州知府，刚到高安城，"见(城隍庙)神露坐，心愁然者久之，乃稍饰丹雘，添制神龛门屏器具，其他未遑也"。直到光绪四年(1878 年)，他才决定续修府庙，民众则建议捐献养廉银，得到官员的响应，"三邑"(瑞州府管辖高安、上高、宜丰，故称三邑)之乐善好义者也踊跃捐款。重修工程于光绪四年(1878 年)四月动工，十月竣工，共花费金钱四千多缗。

重修后的府庙规模宏大，基本恢复了原貌。整体建筑以正殿为中心，其后绕以围墙，中间为夫人殿，西为观音殿，靠南为阎王殿；正殿侧边为地纪司，东为吴爷殿，稍南为达敬轩，是民众祭拜歇息之处。正殿前矗以牌楼，前为茶亭，再前是戏台，两边各架十余楹，共六曹十殿，两侧各有廊房，围成内院。庙门三间，门外各有一蹲石马。据碑文讲，这次重修是遵循"沿旧规"的原则，从而为我们展现了古瑞州府城隍庙的真实面貌。

此外，重修的具体负责人员亦有记载。如管理者就有多人，主要有孝廉陈丹书、封职贡生胡照旭、岁贡生熊添华、前署万载县训导皮家骏、增生曾湘等，并有一名督工，为经历阎缉熙。由他们监督、管理此项工程。

3. 主持重修的地方官员。碑文中涉及的几位人物或任职于瑞州或为高安籍绅士，大多是可考且为地方名人，很有必要加以考察。

(1)柳渊即"前太守柳"。同治《瑞州府志・秩官》："柳渊，号时菴，甘肃会宁，进士，五年正月任。"[5]柳渊是今甘肃会宁人，道光二十四年(1844 年)进士，同治五年初至八年底任瑞州知府。据甘肃地方史专家万全琳先生研究，柳渊生于 1814 年，卒于 1881 年。中进士后，在京城工部供职多年，历任主事、员外郎、郎中。后外调江西，历任袁州府(今宜春市)、瑞州府知府。

其父柳迈祖(1766—1837 年)，字宜斋，清乾隆五十二年(1787 年)二甲第二十六名进士。留任翰林院庶吉士，后历任户部主事、员外郎、邢部郎中，在京为官十余年。晚年擢任湖南宝庆府(今邵阳市)知府，更是勤政爱民，劝教农桑；每有廷讼，必当亲躬，深得百姓爱戴。柳渊居官从政，大有父风，州府绅民也无不怀德讴歌。

(2)督工、董事者。督工者为经历阎缉熙，同治《瑞州府志・秩官》载："阎缉熙，直隶万全人，礼部儒士，同治元年任。"[6]即今河北万全县人，礼部儒士出身，同治元年任瑞州府经历，其他不详。董事者大都是地方的绅士，大都有过功名，相关资料较简略。陈丹书，字心衡，号子铭，县城碧落巷人。举人出身，候选教谕。胡照旭，高安人，为封职贡生。其他如"岁贡生熊添华、前署万载县训导皮家骏、增生曾湘等”则史志无载，对于他们的生平事迹，我们不得而知。

(3)知府黄廷金即碑记撰文、书丹者。同治《瑞州府志》有其简介：“黄廷金，号品珊，湖北钟祥人，丙辰进士，(同治)九年七月任。”[7]《清朝朱卷集成》的记载相对详细些：“黄廷金，字品珊，号蕴乡，行五，又行八，道光五年正月二十一日吉时生，安陆府钟祥县学优廪生，咸安宫教习，住清平里。”[8]据此，黄廷金生于道光五年(1825年)，卒年不详。今湖北钟祥县人，咸丰六年(1856年)中进士。殿试后留任翰林院庶吉士，同治八年(1869年)初曾代理饶州知府，九年七月调任瑞州知府。碑文落款特记“诰授中宪大夫……特用道瑞州府知府加三级、随带军功加三级、卓异加一级、纪录十次楚北黄廷金撰并书”。说明他为官政绩显著，屡受朝廷嘉奖。

黄廷金在瑞州知府任内，勤政务实，建树颇多。不仅重修府城隍庙，而且非常重视教育，重建了凤仪书院。史载书院亦在咸丰间毁于兵乱，“同治九年，知府黄廷金率属捐廉重修，又劝三邑绅民捐助膏火。”[9]还积极加固城防，志书记载：“城楼垛口石炮台亦倾圮，(同治)十年辛未，知府黄廷金率属捐廉修葺完固。”[10]期间，黄廷金还主持重修《瑞州府志》，这是我们今天所能见到最为完备的最后一套瑞州府志书。

他还是一位出色的书法家。本碑文即为黄廷金撰文并亲自书丹，此外，高安市尚存两处黄氏题刻字迹。其一为藏于市博物馆的“淬剑池碑”；其二为藏于原高安师范校内的“凤仪书院”石刻牌匾。黄廷金书法以楷书见长，笔力苍拙遒劲，布局率意自然，结体严整，笔法圆熟，堪称大家。

三 瑞州府城隍庙的沿革兴废

关于瑞州府城隍庙旧址，据正德《瑞州府志》载：“城隍庙，在府治凤山西。”[11]一直至清代亦是此地，同治《瑞州府志》载：“城隍庙，在凤山西。”[12]府治即今高安市政府驻地，其后便是碧落山，亦称凤山。所以城隍庙在凤山之西，即是现在的市委党校校址。

瑞州府城隍庙的修建时间最早可以追溯至唐初。宋人武允蹈在《郡城隍庙碑记》中载：“神讳(应)智顼……唐武德五年，安抚使李大亮举众归附，地本豫章之建城县，高祖以神能靖民，深嘉之，授刺史，威惠并行，民赖以安……未几，凤凰翔见于治后，因名凤山。一日忽有樵者告以幞冠蟒衣人坐石而瞑。民视之即神，跏趺逝矣。州人议立祠，祠成，遂承祀事。”又曰：“其功德在人，自唐武德初元始，世远代更，令人称道弗衰。”[13]这段记载说明，应智顼有功于唐，在武德五年(622年)授以刺史。其有恩于民，被民众奉为神，遂立祠祭祀。因此瑞郡城隍庙始建于唐武德年间。此后历朝历代多次重修或改建，每次皆有碑记石刻记述修建的缘起、时间、兴废沿革等，并载之于县、府志中。

至北宋末期，瑞郡城隍庙开始受到朝廷重视，庙制进一步规范。宋徽宗宣和六年(1124年),朝廷“赐庙额利贶建城”[14],并且允许应智顼夫人梅氏配享城隍庙。宋理宗景定元年(1260年),城隍庙毁于战火,后知州陈言在原址重建。元代至元二十四年(1278年),元军征讨新丰乱寇,士兵见“神(应智顼)现城上,皆以虎革冠首”[15],乱军见状落荒而逃。朝廷闻之,大加褒奖,并刺令瑞州路(元称路)大规模修缮和扩建,府庙由此得到迅速发展。

府城隍庙在明初因战乱或岁久失修,非常简陋。一直至弘治十五年(1502年),咸宁刘用斋任知府,适值瑞州城强盗横行,时常骚扰郡城,百姓苦不堪言。这股强盗非常狡猾,“其依险阻,踪迹诡秘,非人谋所能成功”,官府一时无计可施,知府只好“求援”于城隍神,“默然祷于神,辄有奇应”。后来知府率兵征讨,不料马蹶被擒。但当强盗闻知是刘知府时,“跪进饮食,送至新陂,再拜号哭而去”。大家认为是知府盛德感动了城隍神,受其庇佑,才虎口脱险。刘知府也深以为然,乃“维新庙貌,用彰神休”。重修一新的城隍庙“庙制壮丽”,气势非凡。[16]正德八年(1513年),邝璠任瑞州知府,见城隍庙庙基陡峭坚固,且与府学相对而立,为方便民众拜谒,在庙旁修建了达敬楼,庙、楼连为一体,甚为壮观。

据史料记载,清代也曾重修过两次。第一次是在乾隆四十九年(1784年),由时任瑞州知府陈沣主持;第二次是在同治八年(1869年)初,柳渊时任知府,这是志书中最后一次记载。但这次因柳渊的突然离任而停工。直到光绪四年(1878年)黄廷金任知府时,继续重修方完工。后由其亲自撰文立碑,即今之清光绪《重修府城隍庙碑记》。

瑞州府城隍庙在民国初仍尚存。后来,日寇侵华攻占高安县城,府庙毁于炮火之下。新中国成立后,高安人民政府在其旧址建党校,目前尚遗存两根石柱。

四 “城隍神”应智顼考

《说文解字》曰:“城,以盛民也。”“隍,城池也。有水曰池,无水曰隍”。“城隍”这个名词最早的文献记载,可以追溯到《周易·泰封》:“城复于隍,勿用师。”《易经》中又言:“城复于隍,其命乱也。”在这里所说的“城”是指“城廓”、“城壁”、“城墙”,“隍”则是“城堑”,指城外护城的壕沟,也就是指“护城河”,“城隍”的意义就是防守城池的护城河。顾名思义,所谓城隍神是城市的守护神[17],大多由有功于地方民众的名臣英雄充当,是汉族民间和道教崇祀的重要神祇之一。碑文云:“遇水旱则祷,遇疾疫则祷,甚至民间衔冤屈,盟曲直,莫不于城隍是祷。”又云:“水旱之灾神必弭之,疫疠之作神必驱之”。所以城隍神主要职责是调风雨,驱病魔,伸冤屈,佑庇本地百姓和地方的社会稳定。

上文已提到,瑞州府城隍庙始建于唐初,是供奉有功于民的应智顼为城隍神。后信众愈广,影响益增,在南宋时应智顼已成为城隍神的代表人物。宋赵与时《宾退录》卷八云:“(城隍)神之姓名具者,镇江、庆元、宁国、太平、襄阳、兴元、复州、南安诸郡，华亭、芜湖两邑，皆谓纪信；隆兴、赣、袁、江、吉、建昌、临江、南康，皆谓灌婴；福州、江阴，以为周苛；真州、六合，以为英布；和州为范增；襄阳之谷城为萧何；兴国军为姚弋仲……筠州应智顼。”[18]关于应智顼的故事传说武允蹈《城隍庙碑记》、惠洪《高安城隍庙记》有详细记叙，现综述于下。

应智顼，一名应瑱[19]，世居高安调露乡(今高安市华林镇一带)，“长七尺，美鬚髯，赋廪英武，人畏服之”[20]，其事迹主要发生在隋唐之际。

隋大业末，天下大乱，各地农民起义风起云涌。林士宏占据豫章(今南昌)，挥军南下，将攻打高安，应智顼与同乡李英在华林山立寨举义，招募义兵，保障一方。为抵御林士宏来犯，他亲自谋划，指挥作战：

躬率义旅为安民之计。间遣谍鬻巨履于寇中，皆惊问其故，曰吾邑人所常蹑也。或欲复为向导，曰吾地多险阻，如五伯港、死马冈、乌泥垭、沙胡城、梅顿离天三十，皆未易涉也。神又使人货橘寇市而分之，则蜂毒中人多死，寇骇之。进至邑西北五里，神据溪水整师，寇畏服不敢犯，溪流道入蜀江，神引刃叱水应声而止，寇皆举首蹙额，相率而去。[21]在他的带领下，最终击败林士宏军队的进攻。唐武德五年(622年)应智顼归附唐朝，被封为靖州(唐初高安称靖州)刺史。

此外，在高安民间还流传着应智顼“杀巨牛，除民患”的故事。史载：“米山之西有潭，极深险，中隐巨牛。金色赤尾，阴晦辄出伤人畜、害禾稼。神部兵往，牛出潭，命李尉刃斩其尾，因下土实潭，生灵之患遂消。”[22]应智顼在任刺史期间，威惠并行，揖捕盗贼，体察民情，救困扶危，百姓安居乐业，“民爱之如父母”。[23]卒后朝廷追赠为尚书左仆射，同时瑞州百姓为纪念这位护邑安民的英雄，遂以其为神，立祠祀之。

传说供奉为城隍神的应智顼更是法力无边，威灵显赫。既能呼风唤雨，祛除灾厄，又能惩恶扬善，除魔降妖，对老百姓是有求必应。武允蹈叹曰：“夫神之生也，能靖乱宁人，及其殁也，又能御灾弥患，迄今赫张灵异。地方水旱灾蝗疾疫，有叩请无不响应。”因此，上城隍庙祈求的民众越来越多，香火自唐初以来经久不衰。后宋代帝王争相给城隍神加封，其中瑞州府城隍神应智顼“累封灵佑，昭应，忠惠，广烈王，配梅氏，累封灵惠，协佑广助嘉德妃”[24]。

总之，清光绪《重修府城隍庙碑记》不仅有助于我们了解瑞州府城隍庙的历史变迁，而且为研究江南城隍庙与城隍神信仰提供了珍贵资料，尤其是碑文中关于府庙整体建筑、结构布局等内容，对于弥补志书文献之不足具有重要价值。

注　释

[1]　刘裕黑：《高安县文物志》，百花洲文艺出版社，1991年。

[2][3][5]　[清]黄廷金修：同治十二年《瑞州府志》，成文出版社，1970年。

[4] [清]黄廷金:同治十二年《高安县志》,高安博物馆藏。
[6][7][9] [清]黄廷金修:同治十二年《瑞州府志》,成文出版社,1970年。
[8] 顾廷龙:《清朝硃卷集成》,成文出版社,1992年。
[10][12][13] [清]黄廷金修:同治十二年《瑞州府志》,成文出版社,1970年。
[11][16][24] [明]邝播:《瑞州府志》,手抄本,高安博物馆藏。
[14][15][20] [清]黄廷金修:同治十二年《瑞州府志》,成文出版社,1970年。
[17] 萧放:《城隍庙与城隍神信仰》,《文史知识》2007年第3期。
[18] [宋]赵与时:《宾退录》,《宋元笔记小说大观》第四册,上海古籍出版社,2007年。
[19] [宋]惠洪:《石门文字禅》,《文渊阁四库全书》第116册,台湾商务印书馆,1986年。
[21][22][23] [清]黄廷金修:同治十二年《瑞州府志》,成文出版社,1970年。

清末民初报人群体的形成与身份认同

王小琴

【摘要】 近代中国处于中西文化碰撞交流的一个过渡时代,大量传教士在中国创办报刊杂志,把西方的办报方式带入中国。在外国报业的影响下,中国报业随之兴起,第一批报人群体逐渐形成,但他们的角色转变并非一蹴而就,长期处于由传统士人向近代知识分子和自由职业者的过渡阶段,其身份认同经历了一个艰辛的历程。

【关键词】 清末民初　报人群体　身份认同

随着西方列强的入侵,来华传教士在中国创办报刊,近代报业随之兴起,并催生了新的职业群体——报人。创办报刊,不仅成为知识分子安身立命的场所,更成为知识分子施展抱负与理想的舞台,成为知识分子影响近代中国历史的一种重要方式。在动荡不安的时局中,报人群体大量兴起,他们在险象环生的现实中面临巨大困境,进行着痛苦的嬗蜕。

一　中国近代报刊的出现

中国近代报业肇始于外国传教士在华创办的教会报刊。鸦片战争结束后,在华的外国报纸迅速发展,报馆规模日渐扩张,对从业人员的需求逐渐增加,部分中国人开始参与编辑工作。而外国人所创办的中文商业性报刊为迎合中国人的阅读习惯,尽可能使报刊中国化,聘请华人主笔蔚然成风。一部分教会报刊也多聘用华人为主笔或编辑,如《万国公报》的沈毓桂、蔡尔康,《六合丛谈》的王韬等。在这样的背景下,报人作为一种全新的职业群体产生了。

早期来华的传教士以南洋为基地办报传教,一方面通过云集在当地的华侨将报刊扩散到中国本土,同时也派人专门送往中国境内。此时的传教士报刊主要有《察世俗每月统记传》、《特选撮要每月纪传》和《天下新闻》,其中,1815 年创刊的《察世俗每月统记传》影响最大,作为第一家中文近代报刊,它不仅为其他的传教士报刊树立了榜样,而且表现得最为顽强,前后共出版七年,英国传教协会散布四方的许多宗教小册子便出自该刊发表的传教文章。19世纪30年代，传教士的对华宣传有了新的进展，他们利用清政府管理上的漏洞，把报刊办在了中国境内的广州。鸦片战争后，倚仗不平等条约的庇护，传教士可以在中国自由传教，报刊成为诸多传教手段之中的一种，而且，这时的传教士似乎对中国的政治投入了更多的关注，不再热衷于传教布道了，其报刊的宗教内容逐渐减少，甚至完全取消。

对于传教士报刊来说，西学具有特殊的利用价值，所以无论是早期的传教士报刊，还是鸦片战争以后的传教士报刊，都注意对西学的引介。一开始，西学就被用作改造中国人的世界观、攻破中国人思想防线的工具。鸦片战争以后，在传教士报刊的宣传宗旨发生了深刻变化的情况下，西学非但没有失去往日的角色光彩，反而更加奕奕夺目。各传教士报刊都以宣传西学相标榜，"科学"、"天文地理格致之学"成为其必备的栏目。有的把"本报之设，使阅者知西学而知时务"之类的文字写入章程，如《益闻录》。有的则干脆把这项内容列为报名，如《格致新报》、《新学月报》。[1]

在华的外国报纸介绍西学，对启迪民智、改变人民思想方面的作用使近代一些开明的知识分子甚为看重，他们开始效仿西方创办报纸，以启迪民智，进而挽救民族危亡。随着知识分子自主创办报刊呼声的高涨，知识分子自办报刊开始渐次问世。据不完全统计，自1873年至1895年的20余年中，知识分子自办报刊约有30余种。[2]随着政治形势的急遽演变，传统士人尝试办报活动开启了知识分子群体大规模办报的时代，近代中国开始迅速步入到一个报业勃兴的时代，酝酿了戊戌维新、民主革命、共和初立三次办报高潮。据史和等《中国近代报刊名录》记载，1896年至1911年，中国有1600多种报刊；据戈公振《中国报学史》记载，1912年至二次革命(1915年)，中国有500多种报刊。此外，上海图书馆编《中国近代期刊篇目汇录》中记载了1857年至1918年间比较重要的期刊495种；丁守和主编的《辛亥革命时期期刊介绍》中记载1900年至1918年间的期刊有700至800种。这些数字足以佐证近代报业之繁荣。

二 近代报业团体的出现和报人群体的形成

清政府实行"新政"后，逐步放开报禁与言禁，中国民族报业进入蓬勃发展时期，曾经不齿于士林的报人开始得到社会的普遍尊重。与此同时，共同的利害关系使越来越多的报人意识到彼此为同类群体中的一份子，他们开始按照新的组织形式相互联系聚合，以增强自身能量，提高社会地位，扩大社会影响。

1905年3月13日，上海《时报》发表《宜创全国报馆记者同盟会说》，倡议组织全国性的记者同盟会，"报界之知有团体，似自此始"。[3]《时报》的提议产生相当大的反响，3月14日，《申报》刊载《赞成报馆记者同盟会之论》一文，对其主张极表同情。此后，天津、武汉、北京等地报界同仁陆续表达组建团体的意愿。1906年7月

1日,天津报界同业组织—天津报馆俱乐部在天津日本租界旭街芙蓉馆举行第一次集会,宣布正式成立,除《商报》刘伯年外,各报馆均有代表出席。[4]时隔不久,上海日报公会宣告成立,郑孝胥曾应其邀请出席"报界庆祝立宪会"。[5]据刘望龄考证,武汉第一个新闻团体"汉口报界总发行所"于1906年10月由《汉江报》、《汉口中西报》、《汉报》、《公论报》、《公论新报》等五家报馆联合组成,公推《汉口中西报》、经理王华轩、《公论新报》主笔宦诲之、《汉报》主笔郑江灝三人主持。1907年12月,广州报界公会正式成立[6],成为当时颇有影响的社会团体之一。北京报界公会则在1908年成立,朱淇当选会长,《中央大同日报》康士铎为副会长,此后"遇有报界公共之事,均由报界公会代表与官厅接洽"。[7]

不过,1910年之前成立的报界团体均是以报馆为会员单位的区域性同业组织,与《时报》创建全国性记者团体的初衷略微相异。1909年11月3日,《民吁日报》刊发《今日创设通信部之不可缓》一文,倡议全国报界联合成立通信部采访国际新闻,以打破外报垄断国际新闻的局面,再次表达了报界对全国联合的向往。1910年9月,借南洋劝业会开会,各地报人汇集南京,为全国报界共聚一堂提供了一个绝好的时机。《时报》与《神州日报》把握这一机遇,联名呼吁趁此机会创立中国报界俱进会,实现全国报界大联合。两报的倡导得到上海日报公会的认同与首肯。9月4日,在上海日报公会的主持下,中国报界俱进会正式成立,以"结合群力,联络声气,以督促报界进步为宗旨"。[8]报界联合规模的不断扩大,显示了同业群体的崛起及其社会地位的上升。

辛亥革命后,各地报纸急剧增加,呈现出空前繁荣,迎来"报界的黄金时代"。1912年1月14日,报界同人合集省内各报馆在贵阳成立贵州报界同盟会,组建了贵州第一个报界团体组织。[9]在四川,也于民国元年建立起当地第一个报界团体组织——四川报界公会。[10]1912年6月,湖南报界联合会宣告成立。1912年3月28日,天津报界因原有天津报馆俱乐部已陷于停顿,在《中华报》馆召开报界会议,组建天津报界联合会,与会者达数十人之多,当场拟定位于法租界的《中华报》馆为报界联合会会址。[11]同年3月,由《大汉报》经理胡石庵发起,武昌报界同人联合组织武汉报界联合会,《大汉报》、《中华民国公报》、《民心报》、《国报》、《群报》等五家报馆参与其事。6月10日,《强国公报》、《国民新报》、《共和民报》、《震旦民报》、《大江报》、《汉口民国日报》、《繁华报》七家报馆又联合组织武汉报界联合会汉口事务所,以便加强汉口各报馆之间的联系。[12]各地报界纷纷组建报界团体,加强联系,使报界内部联络呈现扩散趋势。在此影响与推动下,1912年6月4日,中国报界俱进会在上海召开特别大会,上海、天津、北京、江西、浙江、江苏、湖北等各地报界代表三十余人出席大会,先后通过"不认有报律案"、"自办造纸厂案"、"设立新闻学校案"、"设立通信社案"、"设立广告社案"、"组织记者俱乐部案"等多项决议案,出于响应民国成立的考虑,将中国报界俱进会改名为"中华民国报馆俱进会",比较全面表达了报界的共同愿望与要求。

这些报业团体的出现为报人的联络互动提供了场所和保障，使他们的凝聚力和认同感大大增强，同时也成为一支对抗政府以争取自己合法权益的生力军，在社会上发挥了越来越重要的作用。各地报界团体相继组建之后，致力于维护报界公益，势力与影响颇为显赫，不容小视。1908 年，北京报界公会成立后，曾多次呈请民政部、法部和直隶总督赦免彭冀仲。1909 年 12 月，报界公会又以彭冀仲已满三年刑期，申请酌量宽免。[13]清廷下诏缩短立宪年限之时，北京各报馆再次联名上书，请求释放彭翼仲。广州报界公会则为维护报界声誉与地方官吏进行多次交涉。中国报界俱进会也曾多次通电声援遇地方官厅无理压制的报馆，确保言论自由权，成为报界对抗官府的前驱和重镇。当统治地位得到巩固与加强后，袁世凯政府于 1914 年 4 月 2 日颁布了《报纸条例》，力图加强对报业的全面管制，地处天子脚下的北京报界承受的压力甚重。为了生存的需要和维护仅存的言论自由权，北京报界同志会背水一战，率先与政府多方交涉，屡起冲突，一扫附庸形象，在抗争中发挥了核心作用，表现尤为突出。在《报纸条例》颁布的当天，北京报界同志会即召开报界会议，商议对策。此次报界会议上，各报馆的意见未能达成一致，与会报人提出四种不同建议：一、挂洋旗，雇用一日本人充主笔或将报馆全盘卖给外国人；二、同盟罢工，各报一律停版，所有主笔到外国报馆就职；三、设法向大总统、法制局、内务部请愿；四、到天津租界印刷、发行或迁往上海、香港发表自由言论。虽然采取的方法不同，但各报馆反对袁世凯政府过度压制报界的态度却相当一致，甚至袁世凯政府的机关报——《亚细亚报》对《报纸条例》也表示不满。[14]北京报界同志会在积极抵制《报纸条例》，维护报界权益和言论自由，与当局处于明显的对立状态，以维护报界的利益，显示了报界人的群体觉醒。

传统知识分子大量演变为具有新式职业的近代知识分子，成为了清末民初独立性的社会群体。报人知识分子群体迤逦而来，成为其中的翘楚。有人以上海为例作过估计，在戊戌维新时期，上海新型文化人约有 1200 名，而从事报纸媒介的就达二分之一，1909 年增加到了 4000 人。[15]从上海这个个例可以看出报人的迅速增加，报人作为一个群体性势力崛起从甲午之后的三次办报高潮活动中不难看出端倪，报人群体崛起已是势之必然。报人群体以报刊媒体为活动背景、以报业团体为依托与公共生活紧密相连。他们依托报纸媒介而诞生，反过来又促进了报纸媒介的发展壮大，二者形成了良性的互动关系。

三 清末民初报人群体的身份认同

随着近代报刊的兴起，报人也随之出现，由于这是一个新兴的职业，而报人也是处在一个与传统知识分子向近代职业报人转变的过渡时期，他们的身份认同不明确，有些人认为自己是知识分子，以创办报刊为手段以达到救国救民的目的，而一些人则把报刊看作是一个职业，以赢利为目的，来迎合世人的需求。这就造成了他们的身份认同危机和社会地位的缺失。1901年,梁启超忧心忡忡地写道,“由于主笔、访事等员之位置不为世所重,高才之辈,莫肯俯就”,“从事斯业之人,思想浅陋,学识迂愚,才力薄弱,无思易天下之心,无自张其军之力”。[16]潘公弼在论及第一代报人的社会地位时,曾深有感触:“社会之视报人,或尊之为清高,以其文字生涯,‘士居四民之首’,而非以其为报人;或鄙之为无聊,以其不务‘正业’,是则根本不了解报纸为何物。”其言不虚,道出了报人社会地位低下的原因在于报纸影响力太弱,中国人“几不知新闻纸为何物,尚不知阅报为何事”,大都以为报纸仅仅是酒余饭后之谈助。

社会地位的低下致使报人面临严重的职业认同危机,他们对所从事的职业讳莫如深,不敢以此自鸣于世。姚公鹤曾回忆说:“吾乡沈任诠君,光绪初年即就沪上某报之聘,转辗蝉联,至光绪末年而止,然对人则嗫嚅不敢出口也。”[17]澳门《知新报》在开创之初感慨:“至等秉笔政于市侩,无行者相伯仲。”[18]更有甚者,部分报人对报业提出质疑:“笔墨生涯原是文人学士之本分,既不能立朝赓歌扬言,又不能在家著书立说,至降而为新报,已属文人下等艺业,此亦不得已而为之耳。”[19]王韬亦感叹道:“韬逐臭海滨,为西人佣书,计非得已,然舍此无可适者。欲为禄仕以谋升斗,而疆埸有事,不得不供驱策;男儿以马革裹尸,诚为仕事,但有老母在,不敢以身许国。壮志渐消,分阴可惜,拊髀自叹,安能郁郁久居此哉!”[20]

清末报人社会地位的改观,得益于报纸数量的逐年递增。据《中国近代报刊名录》对当时有创办时间记载的297种报刊的统计,这一时期新创办的中文报刊,1901年为33种,1902年为46种,1903年为54种,1904年为76种,1905年为88种。报纸数量与销量的增加使报纸的重要性广为人知,社会对报纸的看法发生明显转变,日益认同报纸这一新的大众传播形式。订阅报刊者由官绅商学平分秋色,一般市民也加入订阅行列。在改变了对报纸的看法之后,各级官吏对原本被视为“斯文败类”的报人极力笼络。

由于报人社会地位得到极大的提升,报界“朝气甚盛,上足以监督政府,下足以指导人民”。汪精卫一度担心报界攻击,不肯回粤就职。为此,孙中山曾劝说报界改易方针:“报纸在专制时代,则利用其攻击,以政府非人民之政府;报纸在共和时代,则不利用攻击,以政府乃人民之政府也。”[21]不仅报人以“监督与向导”自任,各报馆也竞相以此作标榜。《大公报》创刊之际即宣称:“报之宗旨在开风气、牖民智,挹彼欧西学术,启我同胞聪明。”[22]后又称:“报馆宗旨首在开通民智,盖提醒其精神,振新其耳目,非报馆不为功。而报馆之专责,即以开民智为首务。”[23]《苏报》则称:“报馆者,发表舆论者也。舆论何自起,必起于民气之不平,民气之不平,官场有以激之也。是故舆论者,与官场万不能相容者也,既不相容,必生冲突。于是业报馆者以为之监督,曰某事有碍于国民之公利,曰某官不能容于国民,然后官场所忌惮或能逐渐改良以成就多数之幸福。此报馆之天职者,即国民隐托之于报馆者也”,“若以报馆论,官场视之当如神圣不可侵犯;而业报馆者之应付官场,当如严父之教训其劣子,丝毫不肯放过”。[24]其发表的《说报界》一文说:“报馆之性质乃移人而非移于人者也，乃监督人而非监督于人者也。惟有此性质，是必出于其强硬之手段，运其灵敏之思想，无所曲徇，无所瞻顾，对于政府为唯一之政监，对于国民为唯一之向导。然后可以少博其价值，而有国会议院之倾向。"[25]

上述表明，伴随报业发展，报人逐步得到社会的普遍认可，其自我定位与职业身份认同随之转变，职业意识日益自觉。各地的报业团体相继成立，相互之间的联系增强，力量壮大，社会影响力逐渐增强，在清末民初的社会舆论导向中发挥了重要作用。

注 释

[1] 方汉奇：《中国近代报刊史》，山西教育出版社，1981 年。
[2] 黄瑚：《中国新闻事业发展史》，复旦大学出版社，2001 年。
[3] 戈公振：《中国报学史》，商务印书馆，1927 年。
[4] 方豪：《英敛之先生日记遗稿》，见沈云龙主编：《近代中国史料丛刊续编》第 23 辑，台湾文海出版社，1966 年。
[5] 中国历史博物馆编：《郑孝胥日记(二)》，中华书局，1993 年。
[6]《报界团体会议案》，《中国日报》1907 年 12 月 25 日。
[7] 徐凌宵、徐一士：《凌宵一士随笔》，山西古籍出版社，1997 年。
[8]《报界俱进会大会纪事》，《申报》1910 年 9 月 7 日。
[9]《贵州报界同盛会致各省报馆书》，《申报》1912 年 2 月 23 日。
[10] 孙少荆：《成都报界回想录》，见杨光辉等编：《中国近代报刊发展概况》，新华出版社，1986 年。
[11]《报界联合会开会纪事》，《大公报》1912 年 3 月 28 日。
[12] 刘望龄：《黑血·金鼓——辛亥前后湖北报刊史事长编》，湖北教育出版社，1991 年。
[13]《彭冀仲可望赦免》，《盛京时报》1909 年 12 月 26 日。
[14]《北京报界公呈大总统、国务总理、内务部文》，《北京日报》1914 年 4 月 11 日。
[15] 熊月之：《略论晚清上海新型文化人的产生与汇聚》，《近代史研究》1997 年第 4 期。
[16] 梁启超：《本馆第一百册祝辞并论报馆之责任及本馆之经历》，《清议报》1901 年 12 月 21 日。
[17] 姚公鹤：《上海报纸小史》，《东方杂志》第 14 卷第 6 号，1917 年。
[18] 吴恒炜：《知新报缘起》，《知新报》1897 年 2 月 22 日。
[19]《论新报体裁》，《申报》1875 年 10 月 8 日。

[20] 王韬:《弢园尺牍·再寄孙惕庵》,见孙邦华:《弢园老民自传》,江苏人民出版社,1999年。
[21] 《孙先生之治粤谈》,《民立报》1912年4月27日。
[22] 《大公报序》,《大公报》1902年6月17日。
[23] 《论报馆与开民智之关系》,《大公报》1902年9月2日。
[24] 《论湖南官报之腐败》,《苏报》1903年5月26日、27日。
[25] 《说报界》,《苏报》1903年6月4日。

简析魏源以“缓本急标”论为基础的经济思想

应宗华

【摘要】 1840年鸦片战争以后，中国由封建社会一步步地转变为半殖民地半封建社会，这也标志着中国经济思想的发展也正经历着一个划时代的转折点。在中国社会各方面都发生巨变的动乱年代，尖锐的社会矛盾和反对外来侵略的民族斗争，促使和激励着一批地主阶级改革派思想家开始面对社会现实，思考和探索各自不同于中国传统经济思想的新内容，尤其是魏源，他所提出的经济思想已从某些方面勾画出在特定的历史环境下如何发展中国经济的问题。魏源的经济思想是当时社会政治经济激烈变革在思想意识形态领域的集中反映，是社会变革思想的重要组成部分，这些经济思想既继承了中国古代许多传统的经济观念，也在渐进演变中体现出社会发展的新趋势。

【关键词】 魏源 缓本急标 经济思想

一 魏源经济思想产生的社会环境与时代背景

魏源（1794—1857年），字默深，湖南邵阳人。他曾经自称为“荆楚之南”的一个“积感之民”，[1]生活在中国近代初期由封建社会向半殖民地半封建社会转变时期，他的经济思想可以说正是由这种“积感”之所发。魏源生时，清朝统治已处于由盛转衰的转折点上，在他的幼年、少年时代，白莲教、天理教起义此起彼伏，充分表明了清朝统治下社会矛盾的尖锐。嘉庆十八年（1813年），魏源的父亲调任京官，他随父到京，由此开始与社会的广泛接触，帮助他更多更深入地了解社会现实，在京期间，魏源开始向著名今文经学家刘逢禄学习《公羊春秋》，并且同龚自珍交好，共同研究，互相砥砺。道光二年（1822年），他考中举人，1825年，他受江苏布政使贺长龄聘请，代为编辑《皇朝经世文编》，并协助江苏巡抚陶澍筹议漕粮海运、改行票盐以及地方水利等社会经济问题。编辑《皇朝经世文编》，使他广泛接触清朝建立以来论述经济、政治等问题的各种文献资料，参与一些实际的社会经济问题的筹议和改革，又使他对当时一些重要的财政经济问题获得了较丰富的阅历和经验。道光八年（1828年），魏源在京任内阁中书，这个职务使他有机会广泛阅览内阁收藏的各种文献资料。1831年,他再度南下,重入陶澍幕府,以后就长期定居江苏,先后协助陶澍、林则徐、陆建瀛等名臣处理各种实际政治、经济工作,成为当时著名的漕、盐、水利三大问题的专家。

魏源活动的时期,又正是外国鸦片走私和侵略威胁日趋严重的时期。鸦片战争的失败,使当时一些具有进步思想的爱国之士逐渐觉醒,痛陈时弊,呼吁自强,另一方面,与外国资本主义侵略的斗争,迫使他们去了解和研究西方国家的情况,从而获得了前所未闻的知识,在探索中扩大了他们的视野和襟怀。鸦片战争时期,魏源曾在钦差大臣裕谦幕府策划浙江防线,清政府在这场战争中的失败使他大受打击,就在《江宁条约》签订的当月,他写出《圣武记》一书,想用清代盛世的武功激励人们发奋图强;接着,他又受林则徐委托,在林则徐编辑的《四洲志》的基础上,编成了《海国图志》50卷,主要探索中国在鸦片战争中失败的原因,提倡了解和研究西方,以便有效地抵抗西方侵略。1846至1847年,他把《海国图志》增补为60卷,1852年又增为100卷。对西方资本主义国家政治经济发展情况的收集和研究,使他较为深入地接触到一般地主阶级知识分子很少接触到的知识,为他的经济思想进一步发展和提高创造了重要的条件。事实上,对魏源经济思想的发展来说,鸦片战争是一个重要的界标,从此,西方列强和中国各族人民的矛盾、国内封建主义和人民大众的矛盾成为中国社会的主要矛盾,并且日益激化,这就迫使人们重新思考问题,认清形势,寻找出路。急剧变化的国内外形势,给以魏源为代表的地主阶级改革派思想家的经济思想创新提供了有利的社会背景,他所具备的深厚学术理论基础及对实际财政经济问题的丰富经验,再加上当时堪称一流的西学知识,为其经济思想的革新创造了必要条件。

二 “缓本急标”论——魏源经济思想的基本观点

(一)在“本”和“末”关系问题上的基本观点

“缓本急标”论,即对“本”和“末”相互关系的认识和态度,这是魏源经济思想的主要理论基础,实际上这一理论是对中国封建正统经济思想教条“重本抑末”论所作的重要修正。“重本抑末”论在战国时期已经出现,到汉代就成为封建正统经济思想的重要组成部分,是封建自然经济的维护者敌视商品货币经济在思想领域的重要表现。到了近代初期,地主阶级改革派作为地主阶级的一部分,在“本末”关系上提出了和保守派不同的思想观点,他们主张在“重本”的基础上不赞成或者不强调“抑末”。

在“本”和“末”关系的问题上,魏源作为当时地主阶级改革派的主要代表人物,依然沿用中国传统社会思想中“本富”和“末富”的概念,把农业中所生产的自然形态的财富(“食”)看作“本富”,而把表现为货币形态的财富(“货”)看作“末富”。在此基础上,对“本”和“末”的关系提出了具有创新思想的新观点,并对传统的“重本抑末”论进行了重要的修正，这主要表现在以下几个方面：

第一，重视“本富”，维护“末富”。在鸦片战争以前，魏源一直把封建生产关系下的农业视为“本业”，把“富民”分为“有田之富民”（地主）和“无田之富民”（商人），他主张对两者都要加以保护。相比之下，他更为强调对“有田之富民”的保护和扶持，认为他们是国家财力的主要基础，国家政策必须保护而不能伤害他们的利益，要求政府减免他们所负担的赋税徭役，以使他们“敢顾家业”。[2]譬如直到1852年在最后增补《海国图志》时，尽管他对西方国家工商业发达的情况已经有了较深的了解，但仍然把美国和秘鲁作为“重本”主张的佐证，他说：“美利坚产谷棉而以富称，孛鲁诸国产金银而以贫闻。金玉非宝，稼穑为宝，古训昭然，荒裔其能或异哉！”[3]在论证必须“重本”时，他认为富民对整个社会都有着不可替代的重要作用，体现在上“足君”而下“养民”。他说：“富民一方之元气，公家有大征伐，大兵燹，大饥馑，皆仰给焉。”[4]富民既然如此重要，那么国家政策就应该以保护、扶植富民的发展为主要出发点；反之如果损害了富民的利益，就必然会破坏国家本身的基础。因此，他一再宣称“土无富户则国贫，土无中户则国危。”[5]但是，现实的需要最终又迫使他对传统的“重本抑末”论进行一定的修正，这就表现在他虽极力主张“重本”，但并不要求“抑末”。鸦片战争后，鸦片走私所引起的严重白银外流使货币、工商业发展及通商等实际经济问题有了更广泛的意义，魏源长期以来只局限于实际改革活动中脱离“抑末”原则的做法，显然已经不能适应新的形势发展，于是，他开始从思想理论上为自己更加重视货币财富和工商业发展的立场寻找根据，在论证自己不主张“抑末”的过程中提出了“缓本急标”的观点，认为“语今生粟死之训，重本抑末之谊，则食先于货；语今日缓本急标之法，则货先于食。”[6]这就是说，从一般意义上看，“本”还是比“末”重要，“食”还是比“货”居于优先地位；但是从当前的形势需要来看，“标”或“末”却较“本”更为急迫，“货”的问题应该放在更优先的地位。

第二，借助海商进行漕运改革。魏源协助进行的重要改革之一，是所谓海运南漕。这项改革也明显体现着他经济思想中重视“末”或“标”的特点。由于负责漕运的封建官僚机构的腐败和低能，运输费用和损耗极大，加上征集和运送途中各级官吏、兵丁及其他有关人员的贪污勒索，使政府漕运负担不断加重，对京城的粮食储备也造成了威胁，漕运由此也就成了清朝统治下积弊最多的“大政”之一。在改革漕运这个问题上，包世臣、魏源等人所主张的改革办法是：雇佣航行于上海至东北沿海的商船，把由江浙等省征集来的粮米改由海道运往天津，以节省运费，减少损耗，保证京城粮食供应，并减轻江南地区的负担。魏源在海运南漕问题上，比包世臣更敢于公开地维护商人的利益，他一反传统的“抑末”观点，直言不讳地把海商的利益同国计、民生联系起来。他说“海运之事，其所利者有三：国计也，民生也，海商也。”[7]并且充分肯定了海运的优越性：“其优于河运者有四利：利国、利民、利官、利商。”[8]魏源把依靠海商运送漕粮说成是天时、地利、人事发展所形成的必然之势,而官运漕粮已势不可行,除了发挥商人的作用来代替封建官僚机构外,别无出路,他把自己的这个认识概括为一个明确的论点:“官告竭,非商不为功也。”[9]这个论点的提出在当时还是很大胆的,把自唐代刘晏以来的进步思想家在社会经济活动中发挥商人作用的思想提到了理论的高度。

第三,以“票盐”代替“纲盐”的盐政改革。在食盐运销的问题上,魏源的改革主张是:以一般商人自由运销的“票盐”代替官吏和封建垄断商人相勾结的“纲盐”。道光十年(1830年),刚刚升任两江总督兼两淮盐政的陶澍看到两淮盐务败坏,决心对“疲敝之极”的淮盐进行改革。他上书朝廷,奏请改变两淮盐法。道光帝批准了这一请求。于是,陶澍立即把魏源召入幕府,共同商讨和策划两淮盐务改革。当时的盐务问题,从表面上看,似乎主要是私盐问题,即贩运私盐的人越来越多,以致阻碍了官盐的销路。所以很多人都积极主张要大力“缉私”,即抓拿贩运私盐的人,以杜绝私盐运销的泛滥。魏源和他们的意见却不尽相同,他认为,要从根本上铲除盐务中的积弊,必须进行实质性的改革。只有改革旧时的盐法,才能裁剪不必要的开支,只有裁剪开支,才能降低食盐的运销成本,使盐价低廉;官盐价格低廉,私盐自然无法畅销,私盐商贩则不必缉拿自会绝迹,盐务问题也就自然迎刃而解。陶澍完全赞同魏源的观点,于是,由魏源执笔,拟定了改革盐法十五条,主要的改革措施是废止专商垄断的“纲盐”制,改为由一般商人领票纳税自由运销的“票盐”制,商人领票到盐场买盐,就场纳税,纳税后就可自由运销,不受地区限制。“票盐”制的实行,打破了封建特权商人对食盐运销的垄断,使食盐的价格大幅度下降,销售量则大为增加,国家的盐税收入也随之大增。事实上,“票盐”制并不是魏源的首创,唐代的刘晏已实行了类似于票盐的自由运销制度,但是对魏源来说,这却不仅仅是一项具体的改革主张,而是他一贯坚持的“急标”思想的一种外在表现。同他海运南漕的主张一样,票盐的改革也是要依靠商人的力量来改善国家的财政经济状况,同时也通过国家的财政经济改革来为商人资本的活动创造更有利的条件,开辟更广阔的活动范围。

(二)魏源对“黜奢崇俭”的新解释

在以“缓本急标”论为基础的思想指导下,魏源对“黜奢崇俭”作出了新的解释。“黜奢崇俭”论是封建正统经济思想中的另一个主要教条,它把在消费方面的“俭约”看作是一种美德,而把与此相反的“奢靡”看作是一种罪恶,因而提倡“黜奢崇俭”。封建的“黜奢崇俭”论的实质是尽量压低社会下层等级的生活标准,以榨取更多的民脂民膏。魏源也是黜奢崇俭论者,他也把“俭”看成“美德”,把“黜奢崇俭”看作是“美政”。他的“黜奢崇俭”论同地主阶级改革派其他人一样,具有既要约束上层统治者又要压制下层人民的双重要求。但是他又有不同于其他地主阶级改革派人物的观点,这就是:“黜奢崇俭”论不应普遍适用于所有的人,而应把政治上不当权经济上却富有的地主(“有田之富民”)和商人(“无田之富民”)作为例外。用他的话说，就是黜奢崇俭的要求“可以励上，不可以律下；可以训贫，不可以规富。”[10]他看来，对于社会底层的贫民来说，“奢”是“非分”的事情，如果他们要改善生活而求“奢”，就会造成“不足之势”，即会减少富民的剥削收入，所以必须以“黜奢崇俭”来“训贫”。上层统治者如果生活过于奢侈，则必然会增加赋税和徭役，这也会加重富民的负担，所以也应该以“黜奢崇俭”来“励上”。至于一般富民，魏源认为他们的生活可以过得奢侈一些，因为这样可以让他们把大量钱财花费在车马、酒食、声乐等各种消费上，这些社会消费品的需求增多有利于促进“通工宜事”，有利于商业和手工业的发展。由此看来，魏源对“黜奢崇俭”作出的新解释，也是出于保护和发展“末业”所带来的利益，因而也很明显地体现出“缓本急标”的思想原则。

(三)魏源的货币观点

魏源的货币观点，也很明显地体现出他的“缓本急标”思想。在鸦片战争前，地主阶级改革派主要想依靠禁烟来解决白银外流问题。在鸦片战争后禁烟无法实行的情况下，魏源企图从货币本身想办法，提出了“采金”(开采银矿)和“更币”的主张。采金是为了“浚银之源”，即增加白银的生产。在开采方式上，魏源反对官采，主张听任商民开采，只收取十分之一二的矿税。他认为官采的效能低而且贪污弊病多，只会得不偿失，而商采则可增加生产，增加税收，使“银之出不可思议，税之入不可胜用”。[11]采金的主张虽然不是他首次提出，但却反映出他重视商人作用、保护商人利益的明显态度。“更币”则是为了“佐银之穷”，即在白银缺乏的情况下设法节省白银或用其他合适的材料替代白银。魏源“更币”的具体措施是：“仿铸西洋之银钱，兼行古时之玉币、贝币。”[12]

他在货币问题上有两个主要观点：一是认为货币改革的出发点应该是“一意便民而不在罔利”，[13]二是认为货币必须是“五行百产之精华”、“天地自然之珍”。[14]所谓“一意便民而不在罔利”，是指货币改革应该有利于商品流通和商业发展，而不应把发行货币作为增加财政收入的手段。认为货币是“天地自然之珍”，实质上是把货币归为具有较高价值的商品。但是魏源却忽视了货币作为一般等价物的本质属性，而把其看作是一般性的流通商品。他想通过“兼行古时之玉币、贝币”来“佐银之穷”的主张就表现出对货币的这种错误认识。

从以上两个观点出发，魏源坚决反对发行不能兑换的纸币。在他看来，纸币本身并无价值可言，所以发行不兑现纸币是“罔民”，而且不兑现纸币在流通过程中也必然会日益贬值，最终成为“不堪覆瓿”的废纸。很明显，魏源对纸币及其作用的理解是不正确的，他不懂得纸币的社会属性，纸币的贬值与否不在于它是否能和金银相兑换，而在于它的发行数量是否超过了商品流通所需的货币量。而他“仿铸西洋之银钱”的主张在当时社会则是具有一定进步意义的观点，它符合于铸币代替称量货币的货币发展趋势，同时又有着抵制外国铸币在中国流通的作用。

三 "师夷制夷"论——魏源经济思想的重要组成部分

鸦片战争失败后,魏源认真总结历史经验,努力研究世界形势,积极寻找富国强民的道路,在《海国图志》中他表达出了这样的基本主张:要使国家富强,就要一方面整顿内治和学习西方的长处,以增强抵御外国侵略的实力,做到"威足慑之";另一方面要在不损害中国主权的前提下,和西方国家进行贸易,做到"利足怀之"。在此书中,魏源提出了向西方学习的具体内容,从仿造火器、战舰到在民间设厂造船,甚至于借鉴西方的民主制度。随着《海国图志》的不断增补,从中表现出的学习传播西方先进科学技术和资产阶级思想的倾向也越来越明显,在一百卷本的《海国图志》里,魏源已经注意到了西方国家的工商业,他所主张向西方学习,不仅仅局限于战舰、火器、养兵练兵之法,而且还要学习西方资本主义国家的工商业。因此,学习西方国家先进科学技术和兴办新式工业,使中国实现富国强兵以立足于世界先进国家之林,是魏源经济思想的一个重要组成部分。

(一)在学习借鉴西方新式工业方面的主张

魏源是中国近代最先起来驳斥封建顽固保守势力将西方新式工业和科学技术称为"奇技淫巧"的人,他把林则徐在鸦片战争中取得的认识加以充实和发展,并且概括成"师夷长技以制夷"[15]的口号。他始终坚信,学习和借鉴西方的机器、技术,具有开风气和启迪智慧的作用,中国"师夷长技"的结果,将会使"风气日开,智慧日出,方见东海之民,犹西海之民"。[16]他的"师夷长技以制夷"口号的要旨,是从西方国家引进工业设备和技术,在中国以自设造船厂和火器局为开端,建立和发展我国独立自主的新式工业,以求实现富国强兵。对外国的"长技",魏源认为"夷之长技三:一战舰,二火器,三养兵练兵之法"。[17]在这种认识下,他提出了聘请外国技术人员传授、自行设厂制造军舰和新式枪炮的主张,这也进一步细化了林则徐"船坚炮利"的建议。

但是,魏源在如何向西方学习、向西方学习哪些具体内容方面比林则徐看得更为深刻。他采纳了资本主义市场经济思想中把工业生产和市场需求结合起来的观点,并开始从仿造外国军舰引申到造商轮,从仿造新式枪炮联想到制造一些民用工业产品。他认为大机器工业这一新式生产力,在民用方面比军事方面具有更广阔的发展前景。在他一贯坚持的利商思想的指导下,魏源提出了"官局"(国营工厂)生产的轮船和工业器械也可向商人出售,政府的海军舰艇也可为出洋贸易的商船护航等主张。此外,他还建议新式工业除了官办之外,也可允许民办,"沿海商民有自愿仿设厂局以造船械或自用、或出售者听之。"[18]"盖船厂非徒造战舰也,""凡有益于民用者,皆可于此造之。"[19]魏源的这种主张不仅超越了反映封建社会一般商业资本利益所要求的"用商"、"利商"观点,而且他所提倡的由商民制造现代工业品而自行设置的工厂，实际上已是有利于中国近代民族资本主义产生和发展的资本主义性质的企业。由此可见，魏源不仅是主张主要由商民私人投资办新式工业的首倡者，而且实际上也发挥了资产阶级改良派先驱者的作用。

（二）在对外贸易问题上的见解

在魏源看来，开放对外贸易是具有重大意义的，它不但有利于国计民生，还能增强国防力量，改善中外关系。因此，他坚决地提出了“激变绝不由缴烟，而由于停贸易”的观点。[20]在深入分析为何不能停止正当外贸的原因的基础上，魏源发展了林则徐的“通夷”思想，基于西方列强“兵贾相资”的理念，提出了开关通商、“以货易货”等更为具体丰富的外贸思想。如“西洋贸易，不但航海，即其在本国水陆运载亦力求易简轻便之术。一曰运渠，一曰铁路”。“但求一劳永逸，不为惜费苟安”等等，“皆中国所无，亦中国所当法。”[21]这样，首次把学习西方国家先进贸易经验的问题提到了国人的面前。魏源向国人介绍英国“不止贸易一国一地，乃与天下万国通商”的特点，及“其广推贸易之法”，有轮船、火车等，还较为详细地介绍了货运中的保险问题，及银行方面的知识，并指出：“列国中惟英国银局最信，各国之商俱寄资取焉。”[22]涉及到了银行商誉及跨国银行的问题。再如商业保险问题，魏源也有相当全面的认识，他说：“惟担保会，则中国无之，其会有三，一曰船担保……二曰宅担保……三曰命担保。”[23]银行和保险业都是促进商品经济发展的重要因素之一，林则徐曾提到合伙经营的方式，魏源则介绍了作为商业活动实体的公司的来龙去脉及一般公司的运作特征。如“公司者，数十商辏资营运，出则通力合作，归则计本均分，其局大而联”，“惟英吉利公司商船最盛”，“其用兵饷费出于公司各港所征税，公司得收三十年，期满始归国王”。[24]公司制是近代化进程中的一个重要内容，魏源首次把资本主义公司组织介绍过来，显示了他思想中近代化的积极因素。

在具体经济贸易上，魏源呼吁从外国进口有利于国防与经济发展的物资，如大米、武器之类，主张对进口的洋米免税百分之五十，对利用运米船装运中国土货出口的，也应适当降低其出口税。魏源还将以货易货，换取武器装备作为“师夷长技”的一条重要渠道，提出“有洋船、洋炮、火箭、火药，愿售者听，不惟以货易货，而且以货易船，易火器，准以船械火药抵茶叶、湖丝之税”。[25]他还进一步指出，不但要允许外国商人“以船炮售官抵税”，且要允许中国商人从外国“购船炮，缴官受值”。魏源设想如能真正停止鸦片贸易，则不但可“许其多运洋米入口”，还允许其国“于进口之茶、丝，出口之棉、米、呢、羽，酌增其税，以补鸦片旧额。此外铅、铁、硝、布等有益中国之物，亦可多运多销”。[26]可见，魏源在继林则徐提出引进先进技术之后，又首倡引进国外的生产资料和工业资料，这是极为难得的思想。不过，魏源主张对外贸易是有原则的，他要求的是一种平等贸易，如他说：“英夷国律例，凡他国商携违禁货物入境者，罚其货价三倍。是即科以彼国之法，亦无可辞”。[27]

四 魏源经济思想的历史地位及影响

魏源是中国古代经济思想向近代经济思想转变时期承前启后的人物,他的经济思想在中国近代经济思想史上具有非常重要的地位。他吸收、运用和发展了一些传统的经济观点来论述封建制度日趋没落时期的社会经济问题,并开始研究近代初期同西方资本主义相接触后引起的一些新的经济问题。从"缓本急标"论和"师夷制夷"论这两个观点出发,魏源阐明了自己主要的经济思想。这些思想不但充分代表了中华民族赶超先进的西方世界的伟大抱负和志气,也充分反映了中国追求现代化的历史发展的总趋势,并在以后成为中国实行资产阶级改良运动的理论先驱。他的《海国图志》是近代先进的中国人为了救国救民而研究西方的第一部专著,其中的思想更是影响了中国旧民主主义革命的整个时代。也正因为此,魏源当之无愧地成为中国近代史上值得称赞的首倡改革开放的爱国主义思想家。

注 释

[1][2][4] 魏源:《魏源集》,中华书局,1976年。
[3] 魏源:《海国图志》,岳麓书社,1998年。
[6] 魏源:《圣武记》,中华书局,1984年。
[5][7][8] 魏源:《魏源集》,中华书局,1976年。
[9][10] 魏源:《魏源集》,中华书局,1976年。
[11][12] 魏源:《圣武记》,中华书局,1984年。
[13][14][21] 魏源:《圣武记》,中华书局,1984年。
[15][16][17] 魏源:《海国图志》,岳麓书社,1998年。
[18][19][20] 魏源:《海国图志》,岳麓书社,1998年。
[22][23][24] 魏源:《海国图志》,岳麓书社,1998年。
[25][26][27] 魏源:《海国图志》,岳麓书社,1998年。

中央苏区货币政策初探

沙晓芸

【摘要】 中华苏维埃共和国临时中央政府在瑞金宣告成立,标志着中国共产党开始了治国安邦的伟大实践。中华苏维埃共和国国家银行的成立,打响了以货币为主的金融战争。中华苏维埃共和国实施自己的货币政策,发行自己的货币,占领了中央苏区的金融市场,支持了中央苏区的军事斗争和经济建设。

【关键词】 货币　政策　流通　局限性

1931年9月,中国工农红军第一方面军取得了第三次反"围剿"战争的胜利,赣西南和闽西两块革命根据地连成一片,形成了以瑞金为中心,包括21个县,人口约250万的中央革命根据地,成为全国最大的革命根据地,被称为中央苏区。

1931年11月7日,中华苏维埃共和国临时中央政府在瑞金宣告成立,标志着中国共产党开始了治国安邦的伟大实践。中华苏维埃共和国临时中央政府制定了一系列促进中央苏区经济发展的政策。本文就中央苏区的货币政策、货币的流通和货币政策的局限性进行探讨。

一　中央苏区的货币政策

中央苏区面临着两个战场的战争,一个是充满硝烟的战争,同国民党军队作战,保卫红色政权;另一个是没有硝烟的战争,就是以货币为主的金融战争,发行自己的货币,占领苏区的金融市场,支持苏区的军事斗争和经济建设。

1931年11月,中华苏维埃第一次全国代表大会通过的《关于经济政策的决议案》中就货币政策规定:"为着实行统一币制并帮助全体劳苦群众起见,苏维埃应开办工农银行,并在苏维埃区域内设立分行,这个银行有发行货币之特权"。同时,"对各土著及大私人银行与钱庄,苏维埃机关派代表监督其行动。禁止这些银行发行任何货币,苏维埃严禁银行家利用本地银行实行反革命活动的一切企图"。从法律上确立了"苏维埃应发行苏维埃货币,外来的货币,须一律兑换苏维埃发行之货币",才能在中央苏区流通。为了落实货币政策,临时中央政府采取了一系列措施:

(一)掌握货币的发行权,统一货币

1. 成立中华苏维埃共和国国家银行

中华苏维埃共和国国家银行成立之前,中央苏区流通的货币有:江西工农银行的铜元券,闽西工农银行的银元券,还有光洋和国民党的纸币,人们购买物品,抓一把各式各样的票子出来,有时连账也算不清。不仅老百姓头疼,商家也是不胜其烦。各式各样的杂钞劣币充斥市场。

1931 年 11 月 27 日,中华苏维埃共和国临时中央政府决定筹建中华苏维埃共和国国家银行,并于 1932 年 2 月 1 日在瑞金叶坪正式开业,毛泽民任行长。

2. 建立中央造币厂和中央印刷厂

中华苏维埃共和国国家银行成立后,为了统一货币发行权和货币印造权,于 1931 年九、十月间,在瑞金叶坪下陂坞村建立了中央印刷厂,统一印刷纸币。由于当时客观条件和印刷技术等原因的制约,直到 1932 年 7 月 7 日,中华苏维埃共和国国家银行才开始印制发行纸币。1932 年 7 月至 1934 年 8 月,国家银行印制发行了壹圆、伍角、贰角、壹角、伍分的纸币。(图一—图十)

图一 1933 年中华苏维埃共和国国家银行壹元纸币(正面)

图二 1933 年中华苏维埃共和国国家银行壹元纸币(反面)

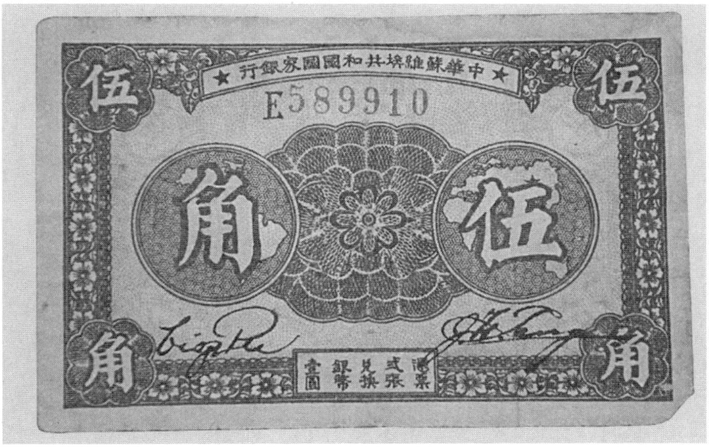

图三 1933 年中华苏维埃共和国国家银行五角纸币(正面)

图四 1933 年中华苏维埃共和国国家银行五角纸币(反面)

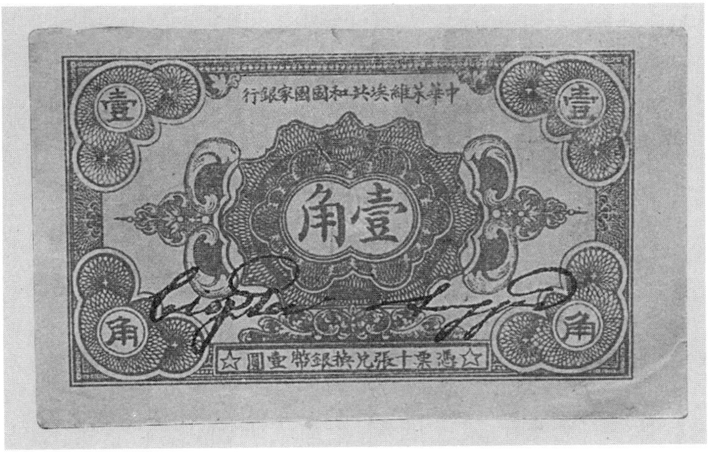

图五 1932 年中华苏维埃共和国国家银行壹角纸币(正面)

图六　1932年中华苏维埃共和国国家银行壹角纸币(反面)

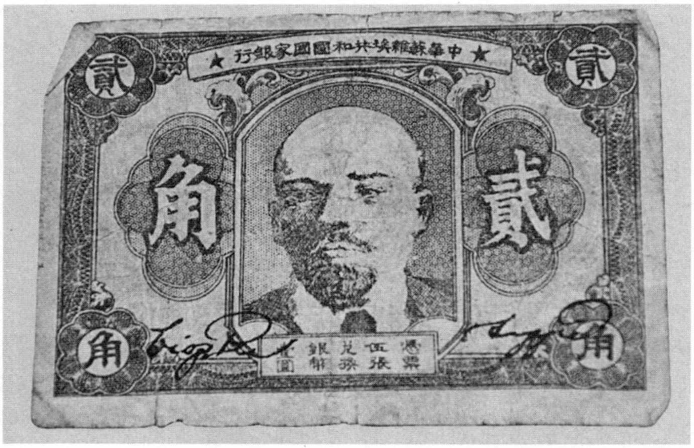

图七　1934年中华苏维埃共和国国家银行贰角纸币(正面)

图八　1934年中华苏维埃共和国国家银行贰角纸币(反面)

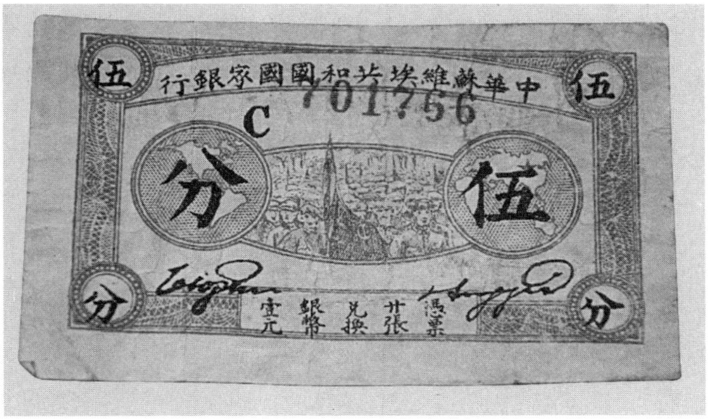

图九　1932 年中华苏维埃共和国国家银行伍分纸币(正面)

图十　1932 年中华苏维埃共和国国家银行伍分纸币(反面)

1932 年春，在瑞金叶坪洋溪村建立了中央造币厂，统一铸造硬币。从 1932 年春到 1933 年 7 月，国家银行铸造二种不同类的硬币，一类是在中央苏区内流通的银角币和铜分币的辅币。有贰角银币、壹分和五分铜币。另一类是可在中央苏区外使用的仿造银元。有“袁大头”、“孙小头”和墨西哥“鹰洋”银元。（图十一—图十二）

图十一　1932 年中华苏维埃共和国贰角银币(正面)

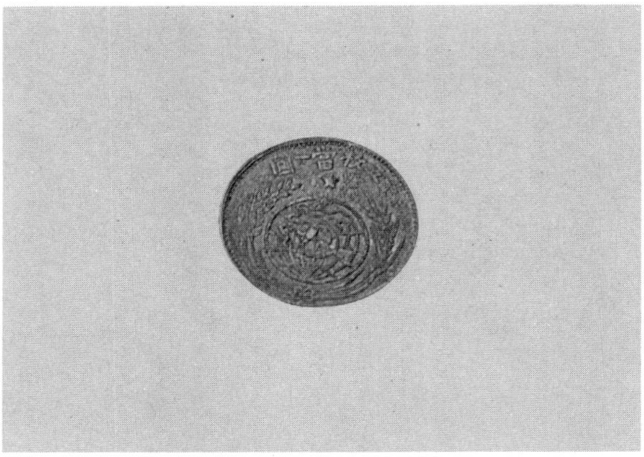

图十二 1932年中华苏维埃共和国贰角银币(反面)

(二)统一金融机构,规范管理

为了统一金融机构,规范管理,集中发行货币,国家银行于1932年2月取消了原江西工农银行,其发行的铜元票全部收回,并于1933年2月1日在博生县(今宁都县)成立了国家银行江西分行,承担发行国家银行纸币的任务。同时,1932年8月在长汀设立国家银行福建分行,承担发行国家银行纸币的任务,原来的闽西工农银行停止其纸币发行权。

国家银行发行的货币是以银元为本位,纸币为银币券,1元银币券兑换1银元,银币券为国币。有了统一的货币,国家银行同苏区财政部门宣布:"一切交易和纳税均按国币计算,国民党的纸币禁止流通,原苏区银行发行的货币按比例限期收回,不再使用。"

二 中央苏区货币的流通

为了确保中央苏区货币的流通,中华苏维埃共和国临时中央政府采取了以下措施:

(一)提高苏区货币的信誉

1. 加强对苏区货币的宣传力度

为了提高苏区人民对国家银行发行纸币的认识和信任,中央苏区的各级政府大力宣传苏维埃纸币的作用,确保货币能在群众的信任中流通。"各级政府,今后须将发行国币的意义,向群众作广泛的宣传,县政府要督促区政府派人至各乡政府,召集代表会议及选民大会",提出"苏维埃公民及一切居民,都要用苏维埃国币"的口号,以鼓起群众爱用国币的热情"。1932年7月10日,临时中央政府人民委员会发布第十七号命令:"国家银行所发行的货币,为苏维埃国币,凡苏区境内,均一律十足通用,无论何人,不得阻碍通行或抑低价格以破坏国币信用。"1933年上半年，苏区出现财政困难，币值一度出现波动，部分地方出现了挤兑现象，共青团中央局和中共江西省委再次开展宣传国家银行发行货币的意义的群众活动，提出了“拥护苏维埃纸币、银毫”、“革命群众用革命纸币”等口号。

2. 确立苏区货币的法律地位

为了坚定群众对国币的信心，确立国家银行货币的法律地位，1932 年 6 月 21 日，临时中央政府人民委员会下达第十四号命令，规定：“一切税收要完全交纳国家银行钞票及苏维埃二角银币，其他杂币概不收受。”同时，颁布的《国家银行暂行章程》第八条规定：“国家发行的纸币可按照纸币面额十足缴纳国税。”

为了保证货币兑换流通，国家银行的钞票，“一元钞票一张，兑换光洋一元，如光洋与杂洋价格不同的地方，杂洋应照补水。”“一角辅币券每十张兑换光洋一元，不满一元者不兑。”“对持票要求兑换者，须尽量兑付现洋，不得拒绝”。1934 年 4 月，财政人民委员部发出紧急通令，要求各级政府机关及群众团体一切费用须一律使用国家银行纸币，不准自由动用银元以妨碍银行兑现。为了维护国家银行的信誉，中央造币厂若铸出质量不合标准的银元，一律不准出厂。

1934 年 3 月 20 日，国家银行开始办理储蓄存款业务。《国家银行储蓄存款暂行章程》规定：“各种储蓄存款，无论是存入还是提取，都以国家银行货币为本位，其他货币都折合成国家银行货币计算。”

1934 年初，由于红军第五次反“围剿”战争失败，中央苏区财政恶化，纸币流通受阻，信誉降低。为了提高纸币信誉和稳定金融秩序，国家银行行长毛泽民指示国家金库拿出银元，公开向群众换回国家银行纸币，严格按照规定以 1 元纸币兑换 1 元现洋。同时，苏区的合作社大量出售苏区缺乏的日用品、食盐、布匹，规定只收纸币，不收银元。中华苏维埃共和国国家银行坚决执行提高国币信用和保证纸币兑现的政策，不仅使货币流通出现良性循环，而且大大提高了中国共产党和苏维埃政权在人民群众中的威望，获得了群众衷心的拥护。

（二）控制货币发行量，防止货币贬值

货币发行一定要遵循货币流通的规律，就是流通中的全部纸币所代表的价值量等于流通中货币的需要量，如果纸币发行量超过货币需要量，就会造成通货膨胀，引起纸币贬值。为了稳定币值，防止货币因超量发行而贬值，1932 年 8 月通过的《中华苏维埃共和国国家银行暂行章程》第十条明确规定：“发行纸币，至少须有十分之三的现金，或贵重金属，或外国货币为现金准备，其余应以易于变售之货物或短期汇票，或他种证券为保证准备。”1932 年底，国家银行总行及福建分行的现金准备余额为 389480 元，其中银元 339335 元，生金银 12811 元，造币 37230 元，各种货品 104 元，而国家银行发行的纸币余额为 656175 元。现金准备占纸币发行量的 59.36%，比《国家银行暂行章程》规定的比例高出 29.36 个百分点。因此，1932 年下半年国家银行发行的纸币信用度高，币值稳定。

同时,临时中央政府积极发行经济建设公债、强化现金管理、实行现金出口登记制度、发展储蓄业务,回笼现金;另一方面政府大力开展增产节约运动和扩大对外贸易以增加商品供应,通过这些措施来充实纸币发行基金,稳定币值。

(三)开展货币斗争,稳定金融秩序

为了维护中央苏区货币的正常流通,稳定苏区的金融秩序,苏维埃国家银行在临时中央政府领导下,与破坏苏区货币流通的敌人进行了坚决的斗争。敌人的破坏活动主要表现在以下几个方面:(1)伪造苏维埃银毫和国家银行纸币。(2)故意压低国家银行纸币价格。(3)搜藏现洋偷运出境。(4)拒用国家银行纸币。

对于敌人破坏金融的活动,苏维埃政权进行了严厉的镇压。1932 年 6 月 25 日公布的《革命战争短期公债条例》第八条规定:"如有人故意破坏信用、破坏价格者,以破坏苏维埃与革命战争论罪。"1933 年 8 月,在《红色中华》第 106 期发表的《开展拥护国币的群众运动》一文中指出:"对于破坏金融者,特别是奸商、地主、富农,从速捕禁、罚款以至没收、枪决。"1933 年 12 月 28 日,江西省第二次工农兵代表大会通过的《经济建设决议案》中决定:"对于富农、奸商及反革命派破坏国币、运送现金出口、运进假票和银毫混淆国币信用的,采取最严厉的手段予以镇压。"1934 年 4 月临时中央政府中央执行委员会颁布的《中华苏维埃共和国惩治反革命条例》中规定:"以破坏中华苏维埃共和国经济为目的,制造或输入假的苏维埃货币、公债票及信用券者,或煽动居民拒绝使用苏维埃的各种货币或抑低苏维埃各种货币的价格引起市面恐慌者,或煽动居民向苏维埃银行挤兑现金、或藏匿大批现金、或偷运大批现金出口故意扰乱苏维埃金融者,均处以死刑,其情形较轻者处六个月以上的监禁。"

同时,苏维埃共和国临时中央政府采取了相应的防范措施,阻止敌人破坏金融的活动。1933 年中央苏区发现伪造苏维埃银毫后,中央造币厂立即出布告,告诉群众识别假银毫的方法,以防止假银毫在苏区流通。1933 年 3 月 27 日《红色中华》发表的《向富农捐募三十万,发动群众停止挤兑》文章,要求广大群众流通现金,停止挤兑,监视并侦察破坏国家金融的反革命活动。1933 年 4 月 28 日,临时中央政府财政人民委员部发布第 19 号训令——建立现金出口登记制度,并颁布《现金出口登记条例》,以防止豪绅、地主、富农、资本家私藏大洋,妨碍苏区现金流通或假冒办货名义私运现大洋外逃。

苏维埃政权开展货币斗争,沉重地打击了反革命分子破坏苏区金融的嚣张气焰,大大提高了国家银行纸币的信誉,稳定了中央苏区的金融秩序。

三 中央苏区货币的局限性

中央苏区的经济是战时经济,只有红色政权的存在,才有苏区经济的发展,因此,苏区的经济活动首先是为革命战争服务的,必须确保前方红军作战的供给,保

障军事上的胜利。正如一份文件所指出:“财政部的主要任务,是保证红军的给养、巩固苏维埃金融。”正是因为这个特殊性,中央苏区货币具有一定的局限性。

(一)货币是财政收入

中央苏区的货币是通过财政、信贷和对外贸易支出渠道投放市场的,由于红军正处在反“围剿”战争时期,政府开支巨大,财政支出超量,而国家银行的信贷支出,主要用于支持财政。如 1932 年 7 月,国家银行开始发行纸币,这些纸币即被财政人民委员部支去,到年底,财政在国家银行透支总数达 563.836 元。苏区国家银行通过发行货币来增加财政收入。正如邓子恢在回忆中所说:“苏区人口只有 300 万,税收有限,苏区内已无土豪可打,政府收入少、供养多,又不能向外发展,脱离了当时可能情况很难生存。事实上只有靠发钞票来养军队,我自己亲自掌握印钞票。”由于货币发行量大,引起苏区通货膨胀,影响了国家银行货币的信誉。

(二)货币发行量有时超过苏区经济发展的需要

货币的发行是为经济服务的,1934 年 1 月下旬召开中华苏维埃第二次全国代表大会时,临时中央政府主席毛泽东在大会做工作报告中强调“国家银行发行纸票的原则,应该根据国民经济发展的需要,财政的需要只能放在次要的地位,这一方面的充分注意是绝对必需的”。大会通过的《关于苏维埃经济建设的决议》指出:“纸币的发行如超过市场所需要的定额外,必然会使纸币跌价,会使物价腾贵,使工农生活恶化起来,以致影响到工农的联合”。要求“苏维埃政府对于纸币的发行,应该极端的审慎”,必须“更有计划的来发行纸币,发展维护国币的运动”,以在“相当限度内维护纸币的信用。”

中国共产党领导中央苏区人民开展了以货币为主的金融保卫战,实施了自己的货币政策;发行了自己的货币;占领了中央苏区的金融市场;稳定了中央苏区的金融秩序;促进了苏区经济的发展;支援了苏区的军事斗争。

注 释

[1] 许勤主编:《中央革命根据地财政经济史长编》(下),人民出版社,1982 年。

[2] 余兆鹏、张美琴:《中央苏区货币流通的经验与教训》,《南昌大学学报》(人社版)2003 年第 3 期。

[3] 汤萌、刘统:《从货币政策看中央苏区的财政问题》,《学术界》2011 年 10 月。

[4] 罗开华、罗贤福主编:《湘赣革命根据地货币史》,中国金融出版社,1992 年。

[5] 中国人民银行金融研究所、财政部财政科学研究所编:《中国革命根据地货币》(上),文物出版社,1982 年。

中央苏区识字运动浅谈

李剑琴　罗　琳

【摘要】 从中央苏区开辟始，党就十分重视对苏区人民的文化教育。其中识字教育实践就是对苏区人民进行文化教育的重要内容之一，党和政府通过开办学校、组建俱乐部、识字班等形式使苏区人民文化水平有了相当大的提高。

【关键词】 中央苏区　扫盲　识字班

1931年11月，中华苏维埃第一次全国代表大会宣言和大会制定的宪法大纲均规定："中国苏维埃政权以保证工农劳苦民众有受教育的权利为目的。"[1] 自毛泽东率领秋收起义部队进驻井冈山，开始创建中国第一块革命根据地到中央红军长征撤出中央苏区，党为了保存革命火种、为了争取革命胜利，采取和实施了一系列政治、经济、文化方面的措施。识字教育实践就是对苏区人民进行文化教育的重要内容之一。

一　开展识字运动的背景

中国共产党领导的民主革命与以前的革命有本质区别，广大工农是新民主主义革命的革命前途及革命所倚靠的力量。当秋收起义队伍进入井冈山，在毛泽东的带领下开始走上了农村包围城市的革命道路，中国革命面貌焕然一新，革命队伍不断壮大，同时开展了旨在提高民众文化水平的识字运动实践。

(一)新民主主义革命的必然要求

新民主主义革命的对象是帝国主义、封建主义、官僚资本主义，其依靠的力量是无产阶级、农民、小资产阶级和民族资产阶级，其中农民是中国革命的主力军。在文化上，新民主主义文化是无产阶级领导的人民大众的反帝反封建文化，是以共产主义思想为指导的民族的科学的大众的文化。推翻封建文化，是劳苦大众平等享有文化的权利，是新民主主义革命在文化方面的终极目标。

（二）党和军队建设的需要

在中央苏区时期，党员发展非常迅速，同时党员的文化水平参差不齐，有的党员甚至是文盲。

于都中心县委党员统计表[2] 单位：人

数量	党员总数	2732	成份	产业工人	24
	正式党员	2134		手业工人	489
	候补党员	570		苦力	52
	原有党员	1910		雇农	225
	发展党员	769		店员	6
	兼团的党员	43		贫农	1732
性别	男	2578		独立劳动	9
	女	1177		中农	174
党龄	一年以内	2777		自由职业	7
	二年	208		知识分子	20
	三年	70		中 小 商	30
	四年以上	27		其他	

注：数据为原始统计表数据。

从这份表可以看出党员发展相当快，但知识分子只有20名。应该说无论是新发展的党员还是原来的党员其文化水平都比较低。因此，在党内进行识字教育是有必要的，这一方面关系到党的自身素质，另一方面也关系到党领导的革命事业的成败与否。

同样，在军队中也是如此，特别是1932年的扩红运动时期。随着红军队伍的迅速增加，红军队伍的整体素质水平并没有相应得到提高，特别是文化水平。在战争年代，对军人的培养往往军事技能重于文化素质，中央苏区时期就是如此。1932年苏区扩红模范兴国县从9月20日起到30日止，全县扩红1600余人，其中党员353人，团员447人，工人雇农苦力372人。[3]雇农苦力所占比重很大，同时这部分人往往文化水平低，甚至是文盲，因此在扩红的同时开展识字实践，迅速扫盲对提高红军战力很有必要。

二　相关识字教育的政策

苏区识字教育是文教事业的一个方面，苏区文化教育总方针是“在于以共产主义的精神来教育广大的劳苦民众，在于使文化教育为革命战争与阶级斗争服务,在于使教育与劳动联系起来,在于使广大中国民众都成为享受文明幸福的人。"要享受文明,就必须对苏区民众进行文化教育。文教教育的中心任务是:"厉行全部的义务教育,是发展广泛的社会教育,是努力扫除文盲,是创造大批领导斗争的高级干部"。[4]不难看出,努力扫除文盲是苏区时期党和政府十分重视的教育问题。

三 开展识字运动的途径与方式

(一)学校(小学、半日学校、夜校、俱乐部等)

小学,主要针对学龄儿童。学龄儿童是革命的下一代,是革命的未来,为了使革命的新一代更好的完成时代所赋予的历史使命,苏区政府十分重视小学教育,其形式是开办列宁小学,对儿童进行包括识字在内的文化知识的传输。据1934年中央苏区统计:"在二千九百三十二个乡中,有列宁小学三千零五十二所,学生八万九千七百一十人。"[5]

半日学校,苏区人民进行自我文化的方式之一。其主要针对人员是成人。这部分学员,夜间不便上学,白天劳动强度不是很大,有相对剩余时间用来学习。

夜校,主要是针对16岁以上苏区成人的教育。白天参加劳动,晚上上课进行文化学习是苏区人民自我文化的重要途径。据1933年统计,"在江西、福建和粤赣三个地区的二九三二个乡中,共有夜校六四六二所,学生九四五一七人。"[6]夜校学习人员多数为妇女同志,"妇女占夜校学员很大比数,兴国县长冈乡,女生占70%。"[7]

俱乐部,苏区人民进行自我文化的有益补充。比如《中共安远县委工作报告——各县革命竞赛工作报告之十一(一九三二年十月七日)》谈到苏维埃工作第7条"列宁学校X六处,学生一百四十,俱乐部有三个,各区乡亦有建立。"[8]

(二)识字组、识字班

识字组组员多为年龄较大而又有家务之人。他们每十人一组,设组长一人,规定每五天认识五个生字,扫盲标准是每人识字三千。中央苏区识字组的开设相当普遍。"1934年仅江西、粤赣两地区就有三二三八八组,学员一五五三七一人,有效地扫除了大批文盲。"[9]

识字班的成员为苏区文盲人员,随着妇女运动的发展,苏区妇女的受教育的权利普遍得到落实,针对苏区文盲人员妇女所占比例较大,中央苏区有些地区还开设过妇女识字班。在1932年10月10日《赣县妇女第二次分组革命竞赛总结》中,记载建立有妇女识字班的有江口区、良口区、茅店区、大湖江区。[10]

（三）识字牌

识字牌是苏区进行自我文化的一大创举，对于没有时间参加学校及识字班的成员，识字牌是一有益补充。识字牌通常设在道路边，识字牌上绘图写字，两三天更换一次。每次写两三个字，由日校老师负责更换。

胜利全县列宁小学、平民夜校、识字班、俱乐部统计表（一九三二年十月）[11]

<table>
<tr><th>小学校</th><th>男学生</th><th>女学生</th><th>平民夜校</th><th>识字班</th><th>俱乐部</th><th>其他</th></tr>
<tr><td rowspan="3">222 所</td><td>6410 人</td><td>2456 人</td><td rowspan="3">136 所</td><td rowspan="3">454 班</td><td rowspan="3">3 个</td><td rowspan="3"></td></tr>
<tr><td colspan="2">统计</td></tr>
<tr><td colspan="2">8866 人</td></tr>
</table>

四　识字内容特点

（一）革命性

识字教育的内容离不开大的时代背景和政治氛围。中央苏区是在长期的革命实践中、是在残酷的战火中创建和发展起来的红色区域，所以苏区识字教育实践也必然带有炙热的革命性和强烈的斗争性。中华苏维埃共和国临时中央政府教育人民委员会颁发的第一号训令中指出："苏区当前文化教育的任务，是要用教育与学习的方法启发群众的阶级觉悟，提高群众的文化水平与政治水平，打破旧社会思想的习惯传统，以深入思想斗争，使之能更有力的动员起来，加入战争，深入阶级斗争和参加苏维埃各方面建设。"[12]并明确指出："要适合目前斗争环境的原则。"苏区政府明确宣布"用共产主义的文化教育，做斗争的工具，同时用斗争，做文化教育的工具，斗争和教育，绝对不可分离。"[13]为此，苏区政府制定学校教育方针时就特别强调了教育与斗争联系起来的内容。

其实，除了识字教育实践，其他教育内容也同样有革命性，比如当时出版的各种报刊、书籍、文章等内容处处体现着积极向上的革命性与斗争性，这是中央苏区文化教育的最大特点。

（二）生活性

苏区识字教育实践的另一个特点是教育内容的生活化。识字课本或识字表其包含的内容大多是日常生活中的常用字词。如果要分类大致可分为动物类、植物类、政治类、日常用具类等。动物类如猪、牛、羊、马、狗等家畜，还有鸡、鸭、鹅等家禽；植物类有树木、瓜果、蔬菜等；政治类有常用的政治用语及标语之类的。

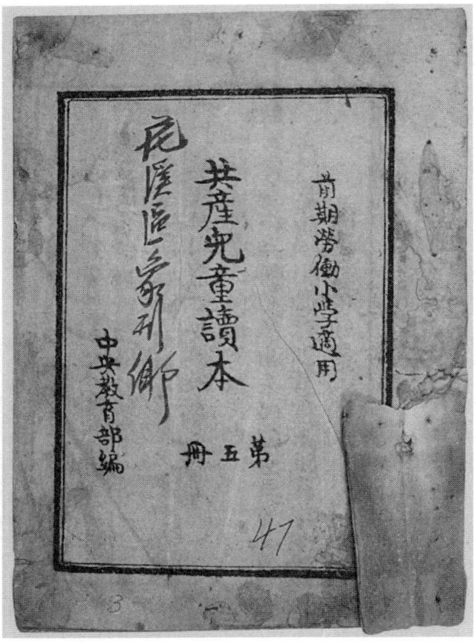

《共产儿童读本》(第五册)封面

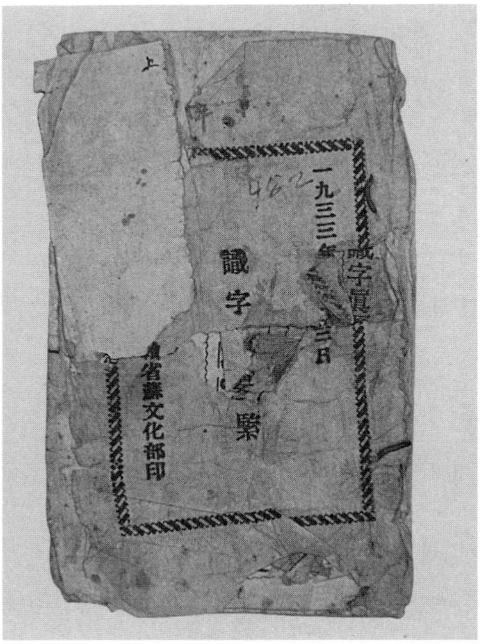

《识字真要紧》封面

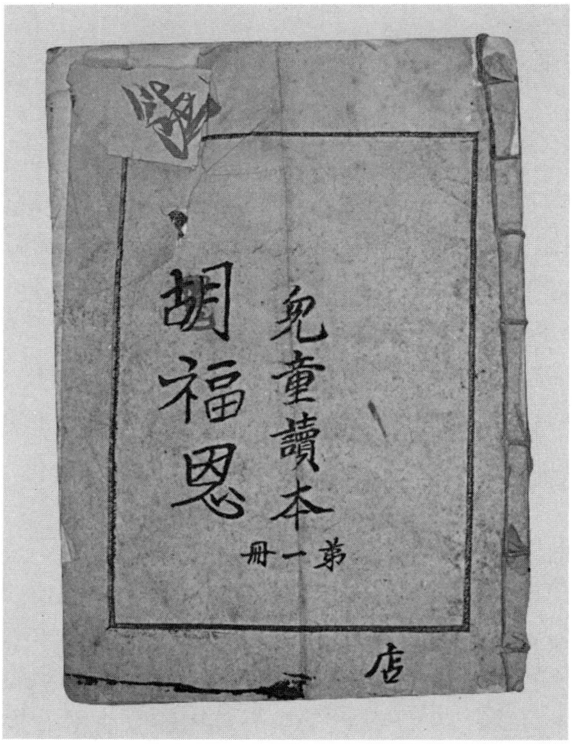

《儿童读本》(第一册)封面

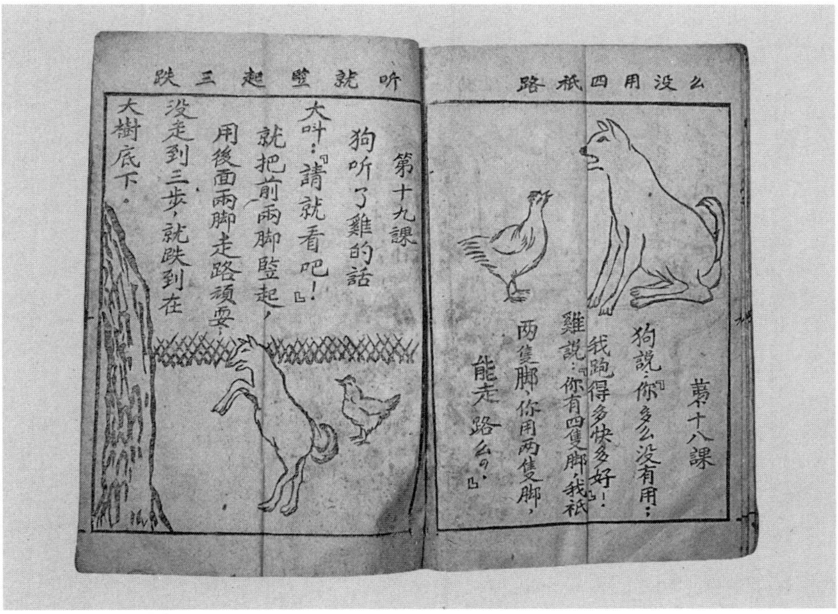
听就竖起三跌
第十九课
狗听了雞的話
大叫:『請就看吧!』
就把前兩脚竪起,
用後面兩脚走路頂要,
沒走到三步,就跌到在
大樹底下。

么没用四祇路
第十八課
狗說:『你多么沒有用:
我跑得多快多好!』
雞說:『你有四隻脚,我祇
兩隻脚,你用兩隻脚,
能走路么?』

《儿童读本》第十八、十九课

(三)简洁性

苏区文化教育,特别是识字教育,语言简明扼要,没有繁文缛节。对字词的解释说明通常都是运用通俗的语言。

《识字真要紧　儿童读书去》封面

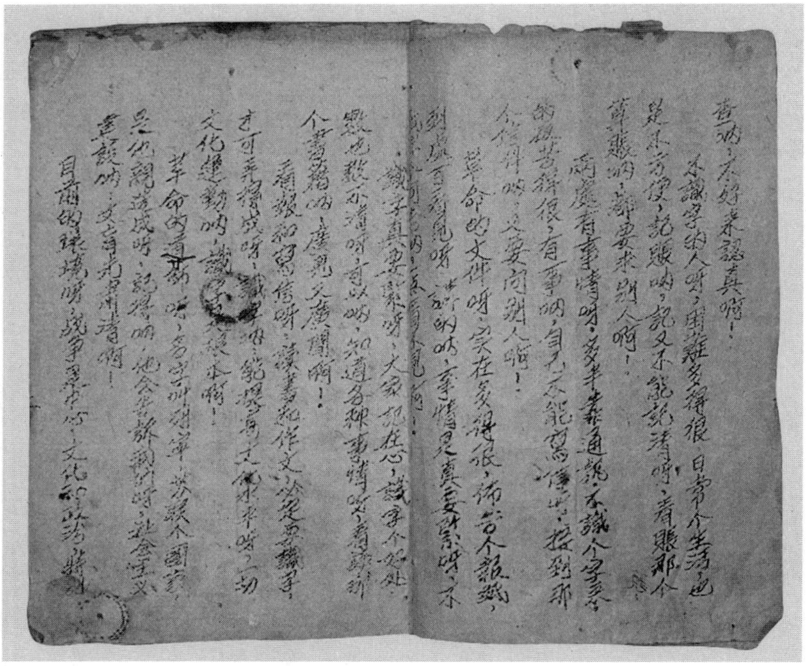

《识字真要紧　儿童读书去》正文照

结　语

中央苏区识字实践是时代的要求，也是新民主主义革命的内在要求，尽管它只是苏区时期文化教育的一个方面，但很重要，识字教育提高了军队素质，发展了苏区民众素质。短短的几年时间里，积累了丰富的经验，中央苏区的文化教育把马列主义的文化教育基本理论与中央苏区的实际结合起来，制定适应当时历史条件的方针政策，全面进行苏维埃文化教育的建设事业，取得了巨大成绩，对新民主主义革命时期的文化教育的发展乃至中国民主革命的胜利起到了不可低估的作用。

注　释

[1] 《苏区教育资料选编》(1929—1934年)，江西人民出版社，1981年。

[2] 《中共于都中心县委两个月冲锋工作报告——十月二十日到十二月二十日止》(1932年12月24日)，中央档案馆、江西省档案馆:《江西革命历史文件汇集》一九三二年(二)，江西省委办公厅印刷厂。

[3] 此数据来源于《江西兴国县扩大红军记录》(1932年)，中央档案馆、江西省档

案馆:《江西革命历史文件汇集》一九三二年(二),江西省委办公厅印刷厂。
[4] 毛泽东:《毛泽东同志论教育工作》,人民教育出版社,1958 年。
[5] 《中华苏维埃共和国中央执行委员会与人民委员会对第二此全国苏维埃代表大会的报告》,《苏维埃中国》。转引自孔永松、林天乙、戴金生编:《中央革命根据地史要》,江西人民出版社,1985 年。李新、彭明等编:《中国新民主主义革命时期通史第二卷》,人民出版社,1962 年。
[6][7][9] 李新、彭明等编:《中国新民主主义革命时期通史第二卷》,人民出版社,1962 年。
[8] 中央档案馆、江西省档案馆:《江西革命历史文件汇集》一九三二年(二),江西省委办公厅印刷厂。
[10] 此处可参考中央档案馆、江西省档案馆:《江西革命历史文件汇集》一九三二年(二),江西省委办公厅印刷厂。
[11] 此表数据根据中央档案馆、江西省档案馆:《江西革命历史文件汇集》一九三二年(二),江西省委办公厅印刷厂。
[12] 谢春勇:《苏区语言文字的特性》,《红都文博》2013 年第 4 期。
[13] 中央教育人民委员会:《小学教育制度草案》,1933 年 10 月 4 日发布。

江西苏区发行公债券初探

郑颖丽　蔡长斌

【摘要】 土地革命时期,中国共产党为了冲破国民党的经济封锁,争取革命的胜利,先后发行革命战争公债券第一期、第二期,以及经济建设公债券。尽管在发行过程有过一些失误,但总体来说公债券的发行对中国革命度过困难时期,最终走向胜利起了至关重要的作用。

【关键词】 土地革命　公债　经济

1932年6月,苏区开始展开第四次反"围剿"斗争,为了保障反"围剿"所需战时经费,使红军能继续胜利,以争取江西首先的胜利。中央政府除加紧开发财源外,决定"向全苏区工农群众募集'革命战争'短期公债六十万元,专为充裕革命战争的用费。"[1] 1932年10月,"为了更充分的保障这一次战争的完全胜利,充分准备战争的经济,特别是动员一切工农群众,更迅速完成这一准备,中央政府特再发行第二期革命战争短期公债一百二十万元"。[2]

在苏区发行公债券运动中,由于革命重心在江西,中央政府及苏维埃共和国国都在江西瑞金,江西就成为公债运动的主要区域。江西苏区人民积极响应党的号召,积极购买公债券。尽管在后来的公债发行过程中出现过急、形式化等错误,但江西苏区基本完成了购买公债任务,为中国革命作出了重要贡献。

一　相关规定

(一)第一期"革命战争"公债发行的相关规定

发行革命战争公债券的历史背景是:"目前革命战争在全国苏维埃运动的新发展和红军的积极行动之下,已大大开展起来,继续不断的在全国获得最伟大的胜利,反动统治——帝国主义、国民党军阀等,在革命战争胜利的极端威胁之下,为挽救他将要死亡的统治,要集全力来抵抗革命,帝国主义已由秘密的帮助国民党军阀到直接公开的以武力来干涉中国革命,最近国民党军阀动员中部、南部的全部反动武装来向全国苏区和红军作全线的四次围攻。但全国苏区工农群众与红军的英勇作战已开始给国民党军阀四次围攻的计划以严重破坏。现在我们是动员与领导全国苏区工农群众与红军有配合的、互相呼应的、作全线的进攻去粉碎敌人四次围攻，争取江西和邻近几省的首先胜利。中央政府除积极领导全国红军和工农群众有计划的积极进行革命战争，更为充分准备革命战争经济，使红军能继续胜利去消灭敌人争取江西首先胜利。除加紧开发财源征收商业税，城市房租计划、土地税的征收，组织游击队到白区筹款外，更要动员群众在经济上的帮助来保障革命战争的经费，不受其任何困难和阻碍，而影响革命战争的进行，因此本政府决定向全苏区工农群众募集革命战争短期公债六十万元。"[3]发行公债的使用、分配中央政府也做了相应规定："专为充裕革命战争的用费，除以十万元由湘赣、湘鄂赣两省推行外，在江西与福建发行者共五十万元，分五期发行，每期十万元。"[4]公债发行各地区分配数目及发行具体办法的规定是："(一)发行分配数目(1)红军共四万元。一、前方三万元。二、红校一千元。三、江西、福建军区及后方办事处各三千元。(2)城市商人共六万元。一、汀州三万元。二、瑞金五千元。三、龙岩四千元。四、筠门岭四千元。五、会昌三千元。六、于都二千元。七、广昌二千元。八、宁都三千元。九、石城二千元。十、寻乌二千元。十一、安远二千元。十二、兴国一千元。(3)各县共三十九万元。一、兴国、长汀、瑞金各三万五千元。二、上杭三万元。三、赣县二万五千元。四、胜利、公略、万泰、会昌、宁都各二万元。五、于都一万七千元。六、南广、寻乌、永丰各一万五千元。七、乐安一万二千元。八、永定、新泉、安远、石城各一万元。九、龙岩、宁化、武平各四千。十、连城、信康各二千元。(4)其他党团政府共一万元。(二)发行日期的分配和缴款日期：(1)第一期十万元七月一号发出十五号款项集中。(2)第二期十万元七月五号发出二十号款项集中。(3)第三期十万元七月十号发出三十号款项集中。(4)第四期十万元七月十五发出八月十号款项集中。(5)第五期十万元七月二十号发出八月十五号款项集中。(三)集中款项地点如下：(1)福建各县及军区集中汀州省苏转解中央。(2)江西：石城、宁都、会昌、瑞金红校直接将款集中中央国家银行。(3)江西：永丰、石城、乐安、胜利、公略、万泰、赣县、兴国集中江西省苏。(4)江西：于都、安远、寻乌、会昌后方集中安远江西军区。(5)□方红军集中总经理部。(四)湘赣、湘鄂赣两省，根据以上原则由改两省苏负责执行以上所拟各种办法，特别是分配数目与集中款项日子，是要按期运到，丝毫不能迟延或贻误，必须百分之百的做到，才能适合战争的发展需要。"[5]

此外，对发行公债的后期事宜及发行的方法也都做了明确规定，一期革命战争公债券限定半年照款由政府归还，另按年利一分付息，六个月满后，除还本外每元另付半年息洋五分，并准许买卖抵押，及完纳国家租税。发行的方法是："(一)用宣传鼓动的方法去鼓动工农群众自愿来买公债券，切不能用命令强迫，但对于富农大中商人可以责令购买。(二)由区市乡召集乡代表会议做报告讨论推销和鼓动群众的办法,由城乡政府和代表召集商民大会,报告政府发行公债券的意义与公民的义务,特别要从政治上参加革命战争上来鼓动,使群众自动的购买。(三)用革命竞赛方法,县与县,区与区,乡与乡,村与村,团体与团体比赛,谁购买多缴款迅速,谁就胜利,由上一级政府,给奖旗和名誉奖。(四)各村各市由代表及城乡政府负责将款转解上级。(五)各级政府根据以上各项来决定本身执行的具体办法,如鼓动方法、收款方法等。"[6]后伯钊在《怎样发动群众热烈的来购买革命战争公债》中指出了在发行公债要注意的事项:一是要向群众说明发行公债之意义。二是防止政府工作人员采取过去的强迫、命令式的工作方法,脱离群众的推销办法。动员办法大体有如下三点:(一)通过会议研究正确的工作方法。(二)与党团机关一致动员社会群体组织。(三)通过群众的革命团体。同时,颁布了发行"革命战争"短期公债条例如下:

第一条 临时中央政府为发展革命战争起见,特募集公债以充裕战争经费,故定名为"革命战争"公债券。

第二条 本项公债定额为国币六十万元。

第三条 本项公债利率定为周年一分。

第四条 本项公债票分为三种:一、五角,二、壹元,三、五元。

第五条 本项公债规定半年还本付息,以一九三三年一月一日起为还本息时期,届时本利同时兑还。

第六条 本项公债完全得以十足作用的完纳商业税土地税等等国家租税,但缴纳今年税款则无利息。

第七条 本项公债准许买卖抵押及代其他各种现款的担保品之用。

第八条 如有人故意破坏信用、破坏价格者,以破坏苏维埃与革命战争论罪。

第九条 本项公债负经售债票及还本付息由各级政府财政机关、红军经理部、国家银行及政府所委托之各地工农银行合作社等分别办理。

第十条 本条例自一九三二年七月一日公布施行。

公历一九三二年六月二十五日。[7]

(二)第二期"革命战争"公债发行的相关规定

《中央执行委员会第十七号训令——为发行第二期革命战争公债》中指出:"因为革命发展,特别是苏维埃与红军胜利的开展,敌人正倾全力加紧布置对于中央区的大举进攻。中央政府除已下战争紧急动员令来领导全苏区工农群众去彻底粉碎敌人的大举进攻,实现江西首先胜利外,为更充分的保障这一次战争的完全胜利,充分准备战争的经济,特别是动员一切工农群众,更迅速完成这一准备,中央政府特再发行第二期革命战争短期公债一百二十万元,专为充裕战争的用费。各级政府接此训令，必须根据过去经验，马上讨论推销计划，限期执行。兹将发行具体办法列下：

1. 债款分配数目

(1)商家共十五万。

汀州市七万。宁化五千。瑞金二万。会昌八千。均门岭一万八千。广昌六千。宁都五千。兴国八千。于都三千。石城三千。安远二千。寻乌二千。

(2)各县共九十八万六千。

福建：长汀六万。上杭六万。龙岩二万。永定一万五千。新泉一万五千。宁化一万。汀州市四千。武平一千。

江西：瑞金十二万。兴国十二万。宁都八万。会昌六万四千。赣县六万。胜利六万。公略五万。于都五万。广昌四万。石城四万。永丰三万。安远一万五千。寻乌一万五千。乐安一万。宜黄五千。信丰二千。万泰四万。

(3)红军共六万。

前方四万。后方办事处一万。红军学校二千。赣军区五千。闽军区三千。

(4)党政团体共四千。

前总执行局二千七百。少先队总队部五百。中央政府直属机关四百。列宁师范二百。中央局一百(注：原文如此，可能是印刷的原因，笔者认为中央局应为二百)。

2. 发行和收款日期

第一期共三十万零六千。

十月二十六日由中央送出。

十一月一日各地发行。

十一月十五日收清。

龙岩二万。永定一万五千。武平一千。乐安一万。宜黄五千。广昌四万六千。宁都八万五千。安远一万七千。寻乌一万七千。会昌、筠门岭共九万。

第二期共三十六万。

十月三十日送出。

十一月一日发行。

十一月十五日收清。

瑞金十四万。于都五万三千。汀州市七万四千。宁化一万五千。上杭六万。新泉一万五千。闽军区三千。

第三期共三十一万。

十一月五日送出。

十一月十二日发行。

十一月底收清。

兴国十二万八千。赣县六万。公略五万。万泰四万。永丰三万。信丰二千。

第四期共十八万四千。

十一月八日送出。十一月十二日发行。十一月底收清。

长汀六万。石城四万一千。胜利六万。后方办事处一万。赣军区五千。红军学校四千。党政团体四千。

第五期共四万。

前方红军四万。

十一月十二日送出。

十一月二十日发行。

十二月一日收清。

3. 集中款项地点:

(1)福建各市县及军区集中国家银行福建分行。

(2)江西瑞金,石城,会昌,寻乌,安远,于都,胜利,宁都,广昌,江西军区,党政团体,直接解交中央国家银行。

(3)江西之兴国,赣县,公略,永丰,宜黄,万泰,乐安,信丰集中江西省苏。

4. 动员群众办法:

(1)用宣传鼓动的方法,鼓动工农群众自动购买,切不能用命令强迫,但对于富农大中商人可以事前派定,责令购买。

(2)由区、市、乡召集代表会议做报告讨论。推销和鼓动群众的办法,由城乡政府和代表召集选民大会,报告政府发行公债券的意义与公民的义务,特别要从政治上参加革命战争上来鼓动,使群众自动的购买。

(3)用革命竞赛方法,区与区,县与县,乡与乡,村与村,团体与团体比赛,谁购买得多,缴款得快,谁就胜利。由上一级政府,给奖旗和名誉奖。

(4)各村各市由代表及城乡政府负责将款转解上级。

(5)各级政府根据以上各项来决定本身执行的具体办法,如分配方法、鼓动方法、收款方法等。总之,决定公债的发行,能按以上规定实际做到,最主要的是靠我们动员与鼓动群众工作如何来决定,谁能积极去动员群众,谁就能够达到任务,必须严肃纠正过去不发动群众,专靠用命令的错误工作方法。

第二期公债之发行,完全是为彻底粉碎敌人大举进攻的战争需要,现值秋收之后,工农劳苦群众及居民在经济战线上都更活跃,尤其在第一期公债发行之后,公债票之信用,更容易取得群众之拥护,各级政府必须根据过去经验,尽量去鼓动群众,坚决纠正过去不经过宣传鼓动而命令指派的错误行为,无论如何各处必须按期销售,如限缴款,以完成战争任务,如再发现如过去之敷衍怠工者就给以革命纪律的处罚。切切此令!

主　席　毛泽东

副主席　项　英

张国焘

一九三二年十月二十一日。”[8]

发行第二期公债条例

第一条　临时中央政府为彻底粉碎帝国主义国民党的大举进攻，争取江西首先胜利，特再发行公债，以裕战费，故定名为第二期革命战争公债。

第二条　本项公债定额为国币一百二十万元。

第三条　本项公债利率定为周年一分。

第四条　本项公债分为三种：(一)五角，(二)壹元，(三)伍元。

第五条　本项公债规定期限半年，一九三三年六月一日起换本付息。

第六条　本项公债于满期内准予完纳一切租税，十足通用，期未满前不准抵纳租税。

第七条　本项公债准许买卖抵押及代其他种现款的担保品之用。

第八条　如有人故意破坏信用，破坏价格者以破坏苏维埃革命战争论罪。

第九条　本项公债之经售收款及换本付息事宜由各级政府财政机关、红军经理部、国家银行及政府所委托各地工农银行合作社等，分别办理。

第十条　本条例自一九三二年十一月一日起公布施行。[9]

第二期公债发行在发行方法上做了改进，努力克服第一期发行过程中出现的问题。重视公债信用，主要方法是宣传鼓动，核心是做到自愿认购，严防命令摊派。

二　发行情况

在中央政府作出发行革命战争公债券的决定后，苏区广大军民热烈响应政府号召积极购买公债券。一期革命战争公债券的发行，在中央机关、人民团体、红军、学校及工农群众中先后出现购买公债券的热情。如“中央政府工作人员及中央印刷局于六月二十八日开全体反帝大同盟支部大会，讨论全苏反帝代表大会总结报告，一致的热烈拥护大会决议，并立即讨论大会决议的执行办法，关于大会号召工农积极来参加革命战争，购买革命战争公债一项，大会一致的通过实行革命竞赛。中央印刷局工人，自动提议最低限度是每个工人拿出半月的工资来购买公债票，甚至有的愿将全月的工资全数购买，此外，中央政府工作人员及印刷局工人，又决定每日抽出伙食费一分，帮助革命战争，决议一致通过，于二十八日开始实行，由此可见苏区工人及工作同志对革命的热烈云。”[10]踊跃购买公债在红军部队系统内同样热烈，当时江西军区政治部及直属队原定推销公债票五十元，后来通过节省伙食尾子等方式实际销足了二百元。政治部：“有一次分伙食尾子时，竟买了二十多元公债券，特别是传令兵最为热烈。现在大家准备再销五十元的公债券，凑足二百五十元（比原定数目超过五分之四），同时大家为充足革命组织经费决定捐出一分钱伙食以帮助前方红军。”[11]尤其可贵的是广大工农群众,他们通过各种形式来参加革命、支援革命,购买公债就是他们参加革命的一种表现形式。在广大工农群众购买公债的过程中,各地也先后出现购买公债的热潮。他们争先恐后的购买,甚至通过竞赛的办法来推销公债。如:“胜利县半迳区虎井乡,本是最近才赤化的区域,但该乡工农群众,对于苏维埃和红军的拥护,并不下于老苏区,对于参加革命战争工作,都有很大的成绩,尤其是购买公债票,更是争先恐后,半迳区所决定的改乡应销售数目,经过乡苏召集群众大会报告后,群众热烈的发言,极端拥护、只经过三天,不仅完成,而且超过了半数以上云。”[12]会昌县“按照中央政府的命令,会昌应推销二万七千元公债票。会昌县政府为推销公债票等问题,曾召集各区主席联席会议,各区再召集了各乡主席联席会议、苏维埃的代表会议,并召集了各群众团体会议,把公债票各区各乡各群众团体分配去推销。一般群众对于推销公债票很踊跃,尤其是筠门岭的工人群众特别努力,现在推销的结果超过了中央政府所规定的二万七千元,共推销了三万五千元,此不能不算是推销公债票工作中之好现象云。”[13]

在广大军民的热烈拥护下,在革命竞赛精神的鼓舞下,苏区革命战争公债券的发行情况空前热烈,实际推销数量也远远超过规定数目。下面是两期公债券的实际推销数目:

一期革命战争公债券

兴国推销了公债票五万五千六百元
雩都推销了公债票三万一千元
胜利推销了公债票二万九千元
永丰推销了公债票二万二千元
公略推销了公债票二万九千元
万太推销了公债票三万零六百元
宁都推销了公债票二万零四十五元
会昌推销了公债票三万五千元
南广推销了公债票一万六千元
石城推销了公债票一万一千九百六十元
乐安推销了公债票七千元
安远推销了公债票一万元
寻乌推销了公债票一万元
宜黄推销了公债票四千元
信康推销了公债票九百零五元五角

二期革命战争公债

兴国各区十二万元，城市商人八千元

宁都各区八万元，城市商人五千元

会昌各区六万四千元，城市商人八千元，筠门岭商人一万八千元

赣县五万五千元

公略万万元

万泰四万元

永丰三万元

胜利五万五千元

广昌四万元，城市商人六千元

石城三万元，城市商人六千元

信康二千元

寻乌一万五千元，城市商人二千元

安远一万五千元，城市商人二千元

乐安一万元

宜黄五千元

于都五万元，城市商人四千元[14]

三　经济建设公债券

"革命战争更大的开展，红军日益扩大，因之对红军的给养与一切战争经费的保障更加重要。同时苏维埃经济建设工作之紧张发展，政府需要有大批经费来帮助各地各种生产事业尤其是合作的发展。"[15]同时为了打破敌人的经济封锁，抵制反动势力的残酷压迫，发展苏区经济，以便建立革命战争的物质基础。1933 年 7 月，中央执行委员会特批准"瑞金、于都、胜利、博生、石城、宁化、长汀、会昌八县苏维埃工作人员查田运动大会及八县贫农团代表大会的建议，发行经济建设公债三百万元，并准购买者以粮食或金钱自愿交付。"[16]

（一）相关条例

发行经济建设公债券中央政府通过颁布《发现经济建设公债条例》，对公债券的目的、使用分配、发行量、公债利率、本息支付年限、购买形式、公债面额等都做了详细规定。经济建设公债于 1933 年 8 月 1 日起发行，主要目的是为了发展苏区经济事业，改善群众生活，充实战争力量。公债的三分之二用作发展对外贸易，调剂粮食，发展合作社、农业、工业生产；三分之一作为军事费用。公债面额为 5 角、1 元、2 元、3 元、5 元五种。公债周年利息 5 厘，于每年 10 月 1 日付息，从 1934 年 7 月起分 7 年支付。1936 年 10 月起还本，分 5 年偿还。

还本付息基金以粮食调剂局、对外贸易局及其他国营企业所得利润。购买公债的形式较为自由,交谷交钱都行,交谷者,谷价以当地政府公布的价格为准。

(二)发行情况

经济建设公债发行后,得到了江西苏区广大人民群众的拥护。他们积极响应党的号召购买公债券,掀起了购买热潮。和前两次公债发行一样,此次发行无论是在国家机关还是在红军部队,或是在群众团体中都十分热烈。

机关:“中府工农检察部,土地部与运输队等三个单位,自俱乐部大会上热烈地他们先承认购买公债后,回去作了深入的宣传鼓动工作,工作人员不但自愿的把伙食尾子节省三个月来购买公债,而且还写信回家去宣传家里的人寄钱来添买,结果不仅很快地完成了原定数目,而且超过了一倍以上。”[17]列表如下:

部门	中府工农检察部	中府土地部	中府运输队
原定数目	六十元	一百元	十四元
超过数目	二十元	五十元	五十元

群众:“推销建设公债:在区委召集支部活动份子会讨论后,杰村不但在三天当中完成四千二百元之数目,同时还增加了二百元之数,而且还集中了百余担谷子,建立粮食消费生产合作社,自杰村创造这一光荣的模范后,曾田乡承认并增加三千三百元之数,潭路乡承认并增加三千三百六十元,也旋即在一星期内完成了,现改三乡已向区债委会清理了手续,报清了数目,……现全区推销有二万元左右。”[18]

经济战线上的各个捷电:

“公略县苏工作人员,在一个会议上十分钟推销了公债九十三元,特别是曾洪栋、罗□洪二同志,个人购买了五元。(斐□□)

太雷县湖陂区白泥乡李□炜同志,自动购买公债三十元,把六担谷子亲自送到仓库保管委员会,这一光荣的模范鼓舞了全区工农劳苦群众,大家都来学习他,纷纷购买公债,所以改区仓库,在三天内收集了谷子一千一百担。(刘希红)

上杭工人推销了公债一百九十三元,超过了认承购买的数字。(张贵招)

公略水东区院背乡,原是边区,常受白匪围剿骚扰,但群众积极性很高,一下子推销了公债八百元。(斐□□)

会昌县政治保卫局为着打破敌人经济封锁,帮助红军战费,全体工作人员及各区特派员自动节省伙食费共二十一元六角。”[19]

1933年8月召开中央苏区南部17县经济建设大会，与会各县认销公债353.65万元，超过了发行数。为此大会提出增发200万元经济建设公债的要求。不久江西省苏维埃政府和石城县乡主席大会也先后写信要求中央政府增发公债。现将江西省苏和石城县给中央政府的信摘录如下：

中央政府：

九县查田运动大会详细的讨论了查田运动与经济建设的关系，一致拥护中央政府国民经济人民委员部发展苏区经济的突击计划，在半年之内完成每乡一个粮食合作社和一个消费合作社以抵制投机商人对于广大群众的残酷剥削，发展整个苏区的经济以抵抗敌人的经济封锁，为了完成这一当前重大的任务，大会一致建议请求中央政府发行五百万元经济建设公债（除原发三百万外，再加发二百万），一方面充裕红军给养，一方面发展经济建设，更加改善群众生活，省苏根据大会这一建议特转呈中央政府请求予以批准并请早日发行以便发动广大群众推销，此致赤礼！

江西省苏主席　曾山

副主席　陈正人　吴家俊

七月二十五日[20]

毛主席并转人民委员会：

我们听到了王观澜同志关于经济动员报告之后，一致认为大规模的开展经济建设战线上的突击，这在目前猛烈开展着的国内战争环境之下，在帝国主义国民党正在准备新的更残酷的五次“围剿”面前，为着巩固和扩大土地革命胜利，粉碎敌人新的进攻，冲破敌人经济封锁，充裕苏区粮食，充实战争经费，更进一步的改善工农群众生活，是很大的中心任务。同时也是广大工农群众所最希望要求解决的问题。经济建设公债是保护一切经济建设工作更顺利进行的前提。八县查田运动大会，要求中央政府发行经济建设公债三百万元，我们石城自认十三万元。现在我们对这一重大问题，更清楚了解了，因此特再要求中央政府增发二百万元共发五百万元，石城增加二万元共推销十五万元，我们在这一推销工作进程中，坚决不留情的打击地主富农及一切反动派别的造谣破坏的阴谋，务使这一工作更顺利进行，发动石城广大群众热烈购买，来完成并超过这一计划。此致革命胜利敬礼！

石城全县乡主席大会

八月七日[21]

经济建设公债券发行以来，得到了江西各苏区群众的热烈拥护，发行数目远远超过了计划数目，发行速度也大大超过预期，前三个月江西全省推销经济建设公债券数据如下表：

县名	已领去数目	收到了的款子	备注
兴国	二十四万九千六百元	六万三千七百八十元九二五	本表的统计从发行公债日起到1933年11月15日止
公略	一十七万元	四万三千三百零五元一零六	
万泰	一十二万元	四万四千三百八十四元四五零	
赣县	一十七万元	五万一千八百五十九元八零三	
胜利	二十二万元	六万零三百七十八元九二五	
吉水	一十二万元	八百七十四元六六零	
石城	一十三万一千元	四万四千零五十八元一一六	
博生	一十六万八千元	二万六千七百八十一元五零五	
广昌	一十六万元	三千八百二十四元五零零	
宜黄	五万元	一百三十四元	
乐安	九万元	二万二千三百八十元九二九	
永丰	十万元	四万一千四百九十八元四七零	
杨殷	五万元	未缴一钱到支库	
南丰	二万元	同上	
太雷	七万七千元	同上	
长胜	一十二万元	同上	
崇仁	五千元	同上	
洛口	一十五万元	六千五百七十二元五二八	
龙岗	一十五万元	一万四千八百零八元八五四	
总计	二百三十二万零五百元	四十二万二千二百四九元二三二	

注:此表来源为《中共江西省委关于全省推销经济建设公债的初步总结》(1933年11月)

四 结语

发行公债,是革命战争年代党为了解决经济困难,缓解国民党对苏区经济压力而采取的一项临时性的经济措施,在革命战争环境下,这一措施对中国革命的胜利起了十分重要的作用,通过对几次公债发行情况的考察,有几个方面值得我们深思:

一是,正如毛泽东所说:"革命战争是群众的战争,只有动员群众才能进行战争,只有依靠群众才能进行战争。"[22]积极购买公债,乃至后来退回二期公债运动都是群众参与革命、支援革命的有力行动。人民群众是最可爱的人,在困难的战时环境中,我们最可爱的人民群众通过各种方式参加革命,支援革命,正是有了最广大的人民群众的支持，中国革命才有了最可靠的动力。

二是，在发行公债过程中，尤其是第一次出现了方法过激，有些地方采取以人口和地产来命令摊派，甚至有些政府机关工作人员在公债发行过程中出现玩忽职守，这些都严重影响了公债在人民群众中的信用。后来党通过发布公告、布告等形式，纠正了这些错误，使公债发行走上正规、健康之路。正是有了中国共产党的领导，公债这一战时经济措施才得以发挥其最大作用，中国革命才能不断冲破国民党的经济封锁，使中国革命最终走向胜利。

注 释

[1] 《临时中央政府布告第九号》，《红色中华》1932 年 6 月 23 日第 24 期。

[2] 《中央执行委员会第十七号训令——为发行第二期革命战争公债》，《红色中华》1932 年 11 月 1 日第 38 期。

[3] 《为发行革命战争短期公债券事》，《红色中华》1932 年 6 月 23 日第 24 期。

[4][5][6] 《中华苏维埃共和国临时中央政府执行委员会训令—执字第十三号·为发行革命战争短期公债券事》。《红色中华》1932 年 6 月 23 日第 24 期。

[7] 《发行革命战争短期公债条例》，《红色中华》1932 年 6 月 23 日第 24 期。

[8] 《为发行第二期革命战争公债》，《红色中华》1932 年 11 月 1 日第 38 期。

[9] 《发行第二期公债条例》，《红色中华》1932 年 11 月 1 日第 38 期。

[10] 《中央机关工作人员购买革命战争公债的热烈》，《红色中华》1932 年 6 月 30 日第 25 期。

[11] 《江西军区政治部直属队工作人员热烈买公债组织夏收队的情形》，《红色中华》1932 年 8 月 4 日第 30 期。

[12] 《虎井工农群众购买公债热烈》，《红色中华》1932 年 8 月 30 日第 31 期。

[13] 《会昌群众踊跃购买公债票》，《红色中华》1932 年 8 月 4 日第 30 期

[14] 《江西省苏报告》，《红色中华》1932 年 11 月 28 日第 42 期。

[15] 《中共江西省委关于全省推销经济建设公债的初步总结》(1933 年 11 月)《江西革命历史文件汇集》一九三三年—一九三四年及补遗部分，江西省委办公厅印刷厂，1933 年 3 月。

[16] 《中央执行委员会关于发行经济建设公债的决议》，《红色中华》1933 年 7 月 26 日第 66 期。

[17] 李增辉：《这是推销公债的优胜者》，《红色中华》1933 年 10 月 27 日第 122 期。

[18][19] 《模范区经济建设成绩——兴国杰村群众热烈动员》，《红色中华》1933 年 11 月 2 日第 123 期。

[20] 《红色中华》1933 年 8 月 19 日第 103 期。

[21] 华桐主编:《江西省财政志》,江西人民出版社,1999 年。革命根据地财政经济史编写组:《革命根据地财政经济史长篇·土地革命时期》(下),内部资料,浙江新华印刷厂印刷,1978 年。

[22] 《红色中华》1933 年 8 月 19 日第 103 期。华桐主编:《江西省财政志》,江西人民出版社,1999 年。

论万家岭战役取胜的原因

袁兴钱

【摘要】 1938年发生在德安的万家岭大捷，是武汉会战的外围战，尽管武汉会战以武汉沦陷告终，但万家岭战役在中国军民的全民抗争下，在国际和平力量的援助下，几乎全歼日松浦军团，是继平型关大捷、台儿庄大捷后所取得的又一辉煌胜利。

【关键词】 万家岭　抗日　取胜　原因

1938年武汉会战期间，作为武汉会战的外围战，中国军队在赣北一带展开了一系列会战。诸如九江保卫战、南浔会战、庐山保卫战等，其中以在德安进行的万家岭战役最为有名，万家岭战役是中国军队在正面战场第一次歼敌过万的战役，日军106师团几乎惨遭全歼。

万家岭战役是指1938年10月，中国军队在抗日名将薛岳指挥下，巧设"口袋阵"，在万家岭歼灭侵华日军106师团1万余人，史称"万家岭大捷"。至今，当地还流传着"山不在高，歼敌则名"的佳话。

1937年12月13日南京失守之前，国民政府虽宣布迁都重庆，但实际上，"除国府主席林森率领一部分工作人员进驻山城之外，全国各政党、各文化机构、军委会机关大多聚集于九省通衢的武汉，武汉成了战时中国的临时首都"。[1]日本人为了攻占武汉，企图从外围赣北九江沿南浔线两侧南下取南昌，攻长沙，实现对武汉的包围。

一　战役经过

1938年7月，国民政府军委会授权蒋介石为武汉保卫战总指挥，重新将全国划定为九个战区，并向各战区下达了《武汉会战方针及指导要领》。[2]该《作战方针》明确指出："第九战区的作战区域在鄂、皖两省的江南地区及赣、湘两省的全部，其下辖薛岳为总司令的第1兵团和以张发奎为总司令的第2兵团。"[3]

紧急战地工作会议旧址——观音阁

7 月下旬至 8 月初，日军第 106 师团沿南浔铁路两侧向德安方向推进，在沙河镇、南昌铺一带与薛岳部第 8 军及第 64 军进行了 7 天 7 夜的反复争夺，遭受重创，参与进攻的 16000 多人伤亡过半。

日军 106 师指挥所旧址正面

8 月 27 日零时起，在空军及炮兵的火力支援下，日军第 106 师团向薛岳部第 70 军、第 64 军及第 4 军正面阵地展开猛攻。

9 月 4 日，日军占领马回岭，但伤亡过大。为此，冈村宁次将从杭州地区调来的第 11 军第 22 师团的山炮兵第 52 联队配属给 106 师团。

9月下旬，日军企图切断南浔路与武宁路中国守军间的联系，冈村宁次便命令第106师团向西推进。第106师团接到命令后迅速行动。

10月2日，第106师团主力孤军深入到了万家岭地区。薛岳乃从德星路、南浔路、瑞武路三个方面抽调第66军、第74军、第187师、第139师的一个旅、第91师、新编第13师、新编第15师的一个旅、第142师、第60师、预备第6师、第19师，会同负责正面阻击。

10月1日至3日，第4军部第58师在万家岭、哔叽街一带与日军激战。

10月4日，双方在小金山、万家岭、张古山、箭炉苏一带连续激战，阵地几度易手。

10月5、6两日，第1兵团主力第74军等部在长岭、背溪街、张古山、狮子岩等处与敌激战。

10月6日，薛岳下达总攻击的作战命令并于当天下午打响。第66军以第195师及160师向石堡山攻击前进；74军第51师在师长王耀武的指挥下，向长岭北端和张古山制高点发起攻击；第305团团长张灵甫率一支精干的小部队，从日军疏于防范的后山绝壁上进攻，经过白刃格斗，占领张古山主阵地。

激战至10月9日，在中国军队的打击下，日军第106师团损失惨重，特别是日军基层军官伤亡惨重，华中派遣军司令官畑俊六大将亲自组织向万家岭地区空投了200多名联队长以下军官，以加强力量，这在整个中国抗日战争中是绝无仅有的。

同日，蒋介石命令薛岳，务必在10月9日24时前全歼该敌，结束战斗，作为给“双十节”的献礼。15时，薛岳命令各部队选拔勇壮士兵200至500人组成奋勇队，担任先头突击。同时各部长官一律靠前指挥，薛岳自己也亲临一线。18时，炮火准备。19时，奋勇队出击，各主力部队紧随其后，向箭炉苏、万家岭、田步苏、雷鸣鼓刘、杨家山等地全线攻击。经一夜血战，106师团的防御阵地彻底崩溃。

10日晨，第66军收复万家岭、田步苏，第4军收复大金山西南高地和箭炉苏以东高地，第74军收复张古山，第91师收复杨家山东北无名村，第142师收复杨家山北端高地。

11日，第106师团残部退守雷鸣鼓刘、石马坑刘、桶汉傅、松树熊等不到5平方公里的地区内固守待援。冈村宁次严令各部不惜代价，增援万家岭。鉴于基本歼灭106师团的主要目的已经达到，而各部队伤亡均极惨重，薛岳命令各部撤出战斗，全军退守永丰桥、郭背山、柘林一线。至此万家岭战役结束。

二　中国军队取胜原因分析

1. 抗日统一战线的建立是此次胜利的根本原因。1931年日军制造九一八事变，然而国民政府采取“不抵抗”政策，蒋介石“攘外必先安内”政策，使日本在此之前的诸多战役轻易取胜,可以说是不战而胜。国民党的重心都放在剿共,这极大的消耗了抗日力量。1937 年 7 月 16 日至 26 日,蒋介石在庐山举行了两期各党派及无党派人士参加的谈话会。17 日,蒋介石发表抗日宣言"如果战端一开,那就是地无南北,年无分老幼,无论何人,皆有守土抗战之责任,皆有抱定牺牲一切之决心,全国应战以后之局势,就只有牺牲到底,无丝毫侥幸求免之理。"[4] 1937 年 9 月 23 日,蒋介石发表关于国共合作的谈话,自此第二次国共合作和抗日民族统一战线正式形成。当全中华民族都参加到抗日战争,日本法西斯侵略的失败就不可避免。

2. 为了配合武汉保卫战,1938 年夏,刘伯承、邓小平率八路军第 129 师和第 115 师各一部分出击平汉铁路南段的日军。新四军第一、第二、第三、第四支队先后挺进苏南、皖南,在长江北岸敌后区积极发动抗日游击战,牵制和消灭了日军一部分兵力。1938 年 6 月 18 日,新四军在镇江、句容公路上开始了第一次战斗,毁敌四辆汽车,毙敌数十人。"七月一日又袭击了新丰车站的敌人,消耗了敌兵百余人,六、七、八三个月,进行了三十多次战斗,给敌人很大的打击。"[5] 此外,1938 年日寇入侵江西后,赣北红军游击队扩编为抗日游击队,刘为泗任队长,在九江、德安、瑞昌一带展开斗争。中共赣北游击队为支援万家岭战役,10 月 3 日在万家岭以北的蔡家垄伏击日军增援骑兵,击毙日军 30 多名。游击队战术灵活,虽然不能大量歼灭日军,但无时无刻不骚扰日军,使其不能专心于正面战场。

3. 赣北地处武汉外围是日军沿长江南岸西进武汉的必经之路。日军以冈村宁次的第 11 军负责此地区的进攻。国民政府也在此投入两个兵团,重兵把守。张发奎的第 2 兵团布防于瑞(昌)武(宁)公路及沿江各要点。薛岳的第 1 兵团任南浔正面金官桥、德安等地之守备。万家岭一带,重峦叠岭,地形复杂,山路崎岖,连驮马都不易通过。"在妙智铺有两条歧路,一登庐山,一通德安。地图上的线很清楚,实地却不易。"[6] 日军对地形的判断失误是其失败的原因之一,以前日军主要在华北、东三省作战,其平原作战经验在江西德安地区几乎无法使用,同时日方孤军冒险轻进犯了兵家之大忌。

4. 双方兵力比约为 5∶1,中国军队占有绝对优势。战前中国方面为第九战区代司令长官薛岳指挥的第 1 集团军、第 9 集团军、第 10 集团军、第 4 军欧震、第 66 军叶肇、第 74 军俞济时,第 187 师、第 91 师、第 142 师、第 60 师、第 19 师、新编第 13 师、预备第 6 师、第 139 师的一个旅,新编第 15 师的一个旅,共十万余人。前敌总指挥为第 9 集团军司令吴奇伟。日本方面为侵华派遣军第 106 师团,师团长为松浦淳六郎中将。第 106 师团下辖步兵第 111 旅团(步兵 113 联队、147 联队)和第 136 旅团(步兵 123 联队、145 联队),以及骑兵、炮兵、工兵、辎重各一个联队。1938 年 9 月 25 日,第 106 师团现员(包括现地入院的患者 1321 人)19091 人。日军武器先进,中国军队武器落后,在 1∶1 的情况下中国军队几无胜机,但在人员配比超过对方的情况下中国军队取得战争胜利是可能的。

5. 指挥官的正确的战略战术。薛岳根据万家岭一带地形，巧设一反八字阵型，当冈村宁次从空军侦察中发现薛岳给他的106师团伏下了一个口袋阵，立即命令106师团向北转进，向第27师团靠拢，同时命令27师团警戒106师团右翼，企图把106师团接出重围。日军第106师团师团长松浦淳六郎中将接到冈村命令，准备北转，然而由于地图无法识别、指南针又失灵，日军如无头苍蝇般在山中冲撞一两日，仍然无法突围，106师团注定了在劫难逃。

6. 抗日将领的英勇和身先士卒极高的提升了中国军队的战斗士气。薛岳在整个战役进行期间，始终坚守在指挥岗位上，他让部下安置一张行军床，疲倦至极就在床上迷糊一下。战事紧张或遇到苦战，他便亲临前线指挥，“硝烟起前，弹雨纷集”，随从们都万分紧张，他依旧“指挥泰然”，全然不顾任何危险。

万家岭战役的前敌总指挥为国民革命军第9集团军总司令吴奇伟。和薛岳一样，吴奇伟也是身先士卒，亲临第一线指挥。有次他正与第4军军长欧震通电话，敌机俯冲扫射，吴奇伟毫不理会，直至敌机把他的电话机打碎。战斗主力是蒋介石的嫡系第74军，万家岭战役打响之前，蒋介石致电薛岳，要他把伤亡惨重的74军调到长沙休整。薛岳回电：“调不下来。”蒋二次来电：“第74军在岷山伤亡甚大，应予调下整补。”薛回电：“赣北各军作战时间都比74军长，伤亡都比74军大，各军都未调下整补，对74军也请缓予调下整补。”好一副“将在外，君命有所不受”的架势，事实证明他是对的。

再如张灵甫的第153旅在争夺万家岭战役主要阵地张古山阵地时，在日军飞机轰炸及山炮的打击下，阵地几乎成为焦土，中国军队舍命拼杀，经过反复争夺，中国军成功守住张古山阵地。在张古山战斗中，“第306团一营副营长王鸿范，率领第二连冲锋时，与敌军反复冲杀，连长阵亡，全连生存者仅三十余人”。[7]“张古山是一个制高点，双方在此争夺肉搏，从尸骨可见当时战斗激烈程度”。[8]正因中国将士这种英勇无畏、不怕牺牲的战斗精神，才使得万家岭一战几乎全歼松浦106师团。

三　战后评价

万家岭大捷的胜利喜讯传开后，全国各地热烈祝贺。各电台、报刊都以醒目标题刊登万家岭大捷的消息，并给予了高度评价。《中央日报》、《申报》、《大公报》、重庆《扫荡报》、《江西民国日报》、《力报》等对万家岭战役的经过和胜利消息给予及时的宣传报道。10月11日《大公报》发表社评称：“这种胜利是抗战以来的第一次，其意义重大，远过于四月初旬之台儿庄。”中国共产党创办的《新华日报》于10月11日发表了叶剑英撰写的社论《论南浔路的胜利》，指出：“这次南浔以西的胜利，的确发挥并且超过了忻口、平型关、徐州等战役的优点，正因为这样，所以才收获到更大的歼灭效果。”在万家岭战役中，中央通讯社的随军记者从9月29日起到10月10日,共发电讯消息27条,及时报告战况。外国《七米斯报》曾评价这次战役:"南浔一线,德安大捷,使敌军对汉口之前进,受极重之打击,可为今后史家大书特书。"叶挺将军评价说:"万家岭大捷,挽洪都于垂危,作江汉之保障,并与平型关、台儿庄鼎足而三,盛名当垂不朽。"[9]

总之,发生于1938年的万家岭大捷,是抗日战争初中国军队在抗日战场上继平型关之战、台儿庄大战之后所取得的又一辉煌胜利,这次战役奇迹般几乎全歼日军106师团。日本法西斯发动侵华战争,在战争中多次使用毒气、细菌等生化武器,其侵略行径令人发指,其侵略目的路人皆知。在此过程中,国联只不过是西方国家获取利益的工具,在阻止日本侵略行为时作用微乎其微。万家岭大捷是中国军民用血的代价换取的胜利;是国际爱好和平的人们的胜利,此次大捷乃至此后抗战的全面胜利,向世人说明,在和平的力量面前任何企图制造事端,发动侵略的行径都注定会失败。

注 释

[1][2][3] 《万家岭大战——薛岳大败冈村宁次歼敌万人》,凤凰网2007年5月2日。

[4] 魏宏运主编:《中国现代史资料选编》第四册,黑龙江人民出版社,1981年。

[5] 曹聚仁、舒宗侨:《中国抗战画报史》,中国文史出版社,2013年。

[6] 日本新闻记者九鬼丰二:《江南山岳战——往德安途中》,转引自曹聚仁、舒宗侨:《中国抗战画报史》,中国文史出版社,2013年。

[7] 陈荣华主编:《江西抗日战争史》,江西人民出版社,2005年。

[8] 张洪涛、张朴宽:《燃烧的太阳——国民党正面战场抗战纪实》,团结出版社,1994年。

[9] 何友良著:《江西通史·民国卷》,江西人民出版社,2008年。

谈谈上高大捷

晏伟锋 袁兴钱

【摘要】 1941年春，在上高发生的上高会战，在中国抗战史上有着十分重要的意义，然而却未受到学界足够的重视。对其进行回顾、缅怀在上高牺牲的先烈，对当代珍爱和平，开创美好未来有重大意义。

【关键词】 抗战 上高 大捷

一般来说，我们看历史，无论是多么惨烈的、辉煌的历史事件或王朝，它都属于过去，然而探寻其背后的规律却对现实有着十分重要的意义。下面就谈谈在抗日战争史上有着特殊地位的“上高大捷”。

上高会战遗址中国军队第74军战地医院旧址正面照

一 历史背景

上高会战是南昌会战后，日军占领南昌，为了巩固南昌的外围据点确保南昌占领区安全，于1941年初发动的针对中国第九战区实施军事打击而发生的一次会战。

全面抗战爆发以来，日军速战之美梦彻底破灭。南昌会战为抗战进入相持阶段后第一次全国性大会战，南昌虽然陷入敌手，但从此日军亦再无力发动大规模军事进攻。由于战线太长，日军为保证占领区安全企图采取先声夺人，对战场实施其所谓的扫荡，南昌城周边之扫荡名为“鄱阳湖作战”。日军“企图一举攻略上高后，即经新余、清江，东渡赣江，骚扰樟树、丰城，扫荡我赣江两岸物资，即企图横扫本集团军正面，以巩固南昌外围，达到扫荡战之目的”。[1]

二 简要经过

1941年3月15日起，日军两师团一旅团共五万余人，由北、中、南，兵分三路，大举西进，以上高为目标采取分进合击之势。

3月15日3时，北路樱井指挥的第33师团主力由干洲南下，中午陷奉新，后在棺材山东坪、猪婆大邱被击退，后被中国军队诱击于下观童、花门楼、苦竹坳一带，日军伤亡两千余人。19日，敌主力突围经上富窜回奉新。

南路之敌是由池田旅团长指挥的第二十混成旅共八千余人。3月15日在锦江与赣江合流之处渡过锦江，16日在仙姑岭、梅仙岭遭中国军队狙击。19日敌军与中国军队在来脊岭、猪头山发生激战，来犯两股日军几陷全歼，“上高会战胜利，我锦河南岸部队，实居首功也。十九日来脊岭、猪头山两战，各歼敌八百余，该两战地，敌遗尸四百余具。”[2]坂本大队长指挥的南路之赣江支队，18日窜泉港街、张家渡等地，19日偷渡赣江企图进犯樟树均遭中国军队阻击，后在崇桢观、蜀家坡附近遭到中国军队歼灭性打击。

中路是由大贺师团长指挥的第34师团，兵力两万多人。16日开始行动，分两路一路西进犯祥符观，一路南进犯莲花山。该敌18日抵龙潭汙，19日窜至上高会战决战阵地官桥、泗溪。

3月24日，进攻锦河南岸之敌进入中国军队包围圈。

3月29、30日，进犯之日军经过数度围歼，伤亡惨重，残军随后向东溃退。

4月9日，中国军队奉命停止攻击，会战结束。

三 会战结果

此次会战，就战略目标来讲，是日军失败，中国军队胜利。日本进犯上高县

日军遗弃毒气弹旧址

妇女战地服务团旧址舞台

城，一次都没有打进过镜山，一次都没有进入过上高县城，虽数度派兵增援奈中国军队防线始终未破，且遭到中国军队数度围歼，参战官兵伤亡近16000人。因此，日军没有达到扫荡南昌外围据点的目的，其占领的南昌并没有因此次军事行动变得更为安全，所以"鄱阳湖作战"计划是为失败。

下面看看双方的战后相关伤亡、损失统计[3]：

表一 上高会战中国军队毙伤日军概计表(出自中国第二历史档案馆)

作战部队 \ 人数		日军伤亡概计					
		师计(人)		军计(人)		合计	
		伤	亡	伤	亡	伤	亡
第74军	第51师	1678	1223	4463	3137	9537	6652
	第57师	1450	1007				
	第58师	1335	907				
第49军	第105师	599	399	2148	1430		
	预备第5师	113	80				
	第26师	1436	951				
第70军	第19师	958	968	1896	1435		
	第107师	365	212				
	预备第9师	573	255				
第72军	第14师	130	70	500	380		
	第15师	370	310				
第2挺进纵队		500	250	500	250		
江西保安纵队		30	20	30	20		

表二 上高会战中国军队人马伤亡统计表(中国第二历史档案馆)

区　分		数　目	区　分		数　目
官佐	负　伤	355人	士兵	负　伤	7823人
	阵　亡	246人		阵　亡	9295人
	失　踪	51人		失　踪	2763人
	小　计	652人		小　计	19881人
官兵小计		20533人			
马匹	负　伤	80匹			
	阵　亡	210匹			
	失　踪				

表三 上高会战中国军俘获战利品统计表(出自中国第二历史档案馆)

品　名	单　位	合　计	品　名	单　位	合　计
俘虏	名	17	烟幕罐	个	376
山炮	门	6	防毒面具	具	77

续表

品名	单位	合计	品名	单位	合计
迫击炮	门	1	钢盔	顶	252
轰炸机遗骸	件	21	军刀	把	4
重机枪	挺	2	军用鸽	羽	5
轻机枪	挺	24	军用犬	头	1
步枪	枝	408	军马	匹	181
掷弹筒	个	24	驮鞍	具	34
毒气罐	个	189	炮弹	颗	56
迫击炮弹	颗	186	大园锹	把	5
掷榴弹	颗	464	小园锹	把	6
手榴弹	个	91	军服	件	15
步弹	粒	110	军帽	顶	23
枪管	枝	3	望远镜	付	1
步枪刺刀	把	110	背囊	具	28
飞机用机关枪	挺	1	皮鞋	双	16
信空通信布板	块	8	太阳旗	面	39
降落伞	把	2	文件	件	886

表四　上高会战中国军武器损失统计表(出自中国第二历史档案馆)

种类	损失数量	种类	损失数量	种类	损失数量
步马枪	1131 支	手提机枪	4 挺	郑弹筒	8 个
轻机枪	53 挺	信号枪	2 支	枪榴筒	99 个
重机枪	9 挺	八三迫击炮	3 门	步枪刺刀	1553 把
手枪	75 支	四七迫击炮			

从表一可以清楚看出日军伤亡情况，且伤亡区域都大致可以确定，其伤亡总数为 16189 人，阵亡 6652 人。伤亡人数占总参战人数近 40%，这在日军侵华史上绝无仅有。

表二，中国军队伤亡数为 20533，阵亡 9541 人，另有 2814 人计为失踪。上高会战中国军队参战人数“约为 7.2 万人”[4] 伤亡比约为 28%，如另计失踪人员约 33%。

比较得出日中伤亡比为 0.76∶1，阵亡比约为 0.67∶1，如计失踪在内的阵亡比约为 0.5∶1。因此从这个角度看，尽管上高会战在后来得到很高的评价，但上高会战的胜利应该是惨胜。当然从历史的视角来看，次此会战的伤亡比从甲午中日战争时约 100∶1 到 2∶1 也是一种进步。

四　评　价

此次会战，取得胜利，总指挥官罗卓英从敌我双方总结了十五条原因。其中日军失败原因四条为："一、战略上敌指挥运用错误；二、指挥上，敌缺乏前进指挥机关；三、行动上，敌犯'轻'、'急'、'忽'三字；四、天候与交通影响。"[5]中国军队方面十一条："战争指导方针明确，准备尽力；战场指挥，争取主动，主宰战场；发挥内线作战的原则，各个击破敌人；变包围为反包围；正面抵抗坚决，使包围轴稳固；机动部队运动迅速，能发挥极大机动力；各级决心正确，上下信赖诚笃，达成'以战斗保障战术的胜利，以战术保障战略的成功'；民众用命，彻底破坏交通，使敌解除优势装备，达成'以破坏战保障歼灭战的成功'；敌后挺进队与潜伏敌后之地方团队对日军的牵制；通信灵活；后勤良好"。[6]此外国际新闻社特邀军事记者戾天认为中国取胜主要有"中国军民的爱国主义精神，战士敢于胜利的精神、指挥官的镇定指挥等"。[7]会战结束后，4 月 2 日，军事委员会参谋总长何应钦对新闻记者发表谈话说："上高会战，是抗战四年来最精彩之战。"[8]上高会战后，日军遭到重创，"且敌阀急欲南进，因此上高战后，华中各战场无重大战斗发生"。[9]

中央日報

上高會戰成果最大
影響今後作戰指導
何部長強調抗戰到底之解釋

贛北續克重要據點
粵東圍攻潮陽縣城

郭大使惜別
對英記者發表聲明
預祝英人成功

敵閣又改組

中央日报关于上高会战的评价

如是,上高会战是在中共上高地下党组织正确执行抗日民族统一战线,广泛动员民众积极支前的基础上,中国军队以劣势装备打败了装备优良的日军,取得了抗战以来罕见的胜利。此次会战改变了中日军队"历次会战兵力六比一之惯例"[10],是正面战场作战唯一一次以不足二比一兵力取得重大胜利的作战。

注 释

[1][5][6] 罗卓英:《上高会战概述》,薛岳、薛星明等《闽浙赣抗战》,中国文史出版社,2003 年。

[2] 薛岳、薛星明等:《闽浙赣抗战》,中国文史出版社,2003 年。

[3] 本文四表均来自上高县博物馆。

[4][10] 何友良:《江西通史》民国卷,江西人民出版社,2008 年。

[7] 庾天:《锦江会战记》,薛岳、薛星明等:《闽浙赣抗战》,中国文史出版社,2003 年。

[8] 蓝介愚:《上高会战始末》,薛岳、薛星明等:《闽浙赣抗战》,中国文史出版社,2003 年。

[9] 曹聚任、舒宗侨:《中国抗战画史》,中国文史出版社,2013 年。

[10] 何友良:《中国通史·民国卷》,江西人民出版社,2008 年。

侵华日军在江西的累累罪行

——纪念中国人民抗日战争暨世界反法西斯战争胜利70周年

高劲松 赵 磊

【摘要】 日本走向军国主义发展道路后,一直图谋侵占整个东亚、称霸亚太。继侵占朝鲜半岛、中国东北后,1937年7月7日,日本驻中国华北侵略军制造卢沟桥事变,发动全面侵华战争。1937年8月15日,日军14架战机首次空袭南昌。从此,江西这片富饶而美丽的山河遭受了长达八年的蹂躏,这片土地上生活的同胞陷入了空前的灾难之中。

【关键词】 抗日战争 屠杀 轰炸 细菌战

侵华日军在江西杀人放火、奸淫劫掠,其居心和手段及其险恶和毒辣,所犯下的滔天罪行罄竹难书,给江西人民带来了物质上前所未有的损失和精神上的巨大创伤。八年抗战,全省共有76个县市遭到日军蹂躏,伤亡人口达504450人之多,毁坏房屋391874栋,财产损失约计1007202334千元法币。折合人民币约50360116700元。(见表一、表二)

表一 抗战期间江西省财产损失统计表[24] 单位:千元(法币)

地 名	直接损失	间接损失	合 计	备注
南昌	262182971	61072349	323255320	
九江	105798363	45184799	150983162	
景德镇	5939666	53677708	59617374	
萍乡	13426655	8154439	21581094	
新余	2854076	2754173	5608249	
鹰潭	13738956	7297071	21036027	
赣州	16754390	28653660	45408050	
宜春	101989838	39242020	141231858	
上饶	24756085	37817188	62573273	
吉安	20529954	20549530	41079484	
抚州	35174793	22670977	61845770	

续表

地　　名	直接损失	间接损失	合　　计	备注
光泽(现属福建南平)	48517	1248626	1297143	1934年划归江西
合计	603194264	332322540	935516804	
省级机关学校	18289610	2891222	21180832	
全省公教员工	50504698		50504698	
共计	671988572	335213762	1007202334	

表二　抗战时期江西省各地人口伤亡统计表[25]　　单位:人

地名	死				合计	伤			合计	备注	
	男	女	儿童	不明		男	女	儿童		重	轻
南昌	39605	17883	6060	872	64420	7119	2752	1260	11131	5435	5696
九江	70284	22461	5625	91	98461	44558	23620	13005	81183	33398	47785
景德镇	197	190	73	1	461	193	180	69	442	89	353
萍乡	1760	374	127	1	2262	600	177	5	782	524	258
新余	331	45	21	1	398	199	252	42	493	182	311
鹰潭	5156	2515	1299	24	8994	2003	817	231	3051	1377	1674
赣州	2493	881	314	7	3695	1857	812	151	2820	1562	1258
宜春	45900	28239	16016	153	90308	20608	12741	5760	39109	20231	18878
上饶	7341	3791	1154	27	12313	2275	1202	452	3929	1987	1942
吉安	7268	1735	306	8	9317	29538	6755	1216	37509	12725	24784
抚州	13381	6254	2893	46	22574	5156	3788	1772	10716	6012	4704
光泽(现属福建南平)	23	11	12		46	25	6	5	36	7	29
共计	193739	84379	33900	1231	313249	114131	53102	23968	191201	83529	107672
总计	504450										

一　狂轰滥炸

全国抗战爆发后,日军飞机经常对江西省实施狂轰滥炸。所造成的直接和间接损失,难以数计。1937年上海"八·一三"抗战开始后,日军开始对江西多个城市进行轰炸,仅两天后,日军战机就对南昌进行了袭击。当日,日机投弹十多枚,共炸死我同胞6人。至1939年3月南昌沦陷,日机对南昌轰炸次数达49次,投弹

1559枚，中弹点431处。仅1938年3月至9月间，日军战机共计142架次轰炸南昌，共有1225人遇难，大片房屋被烧毁。[1]

1938年6月，日军沿长江西犯，侵入江西境内，先后对九江城区、彭泽、德安等地进行多次空袭，仅九江一地在1938年6月15日至7月25日晚7时半九江沦陷期间，九江各地(含县市)死亡23537人，伤4795人。[2]

被日机轰炸的南昌市中心区残破遗迹

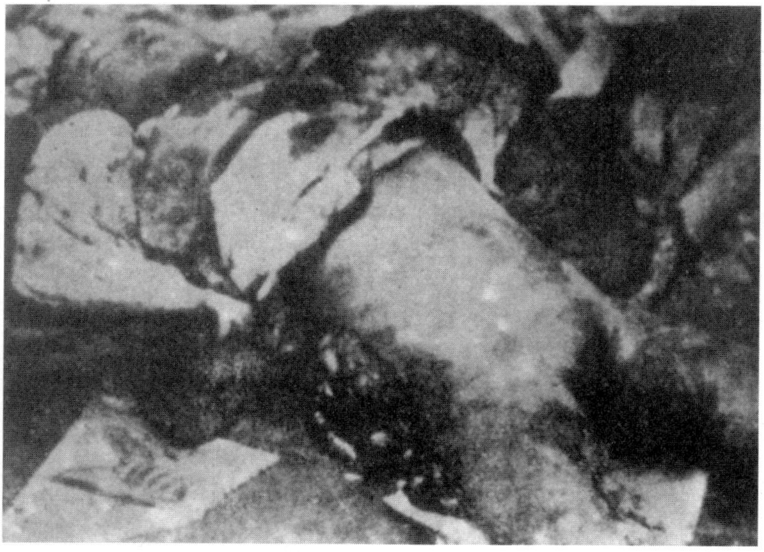

被日军飞机炸死的南昌儿童

樟树被日机轰炸后的惨况

1938 年，泰和县浙江大学校舍被日军飞机轰炸的惨景

被日机轰炸后的萍乡府前正街一角

遭日军轰炸后的赣州城残垣

赣州作为江西抗战的后方,而到后期又是抗日的前线,是日军轰炸的重点地区,自 1938 年 5 月 29 日至 1945 年,根据国民党江西省政府《江西各地受敌机轰炸机损失总报告》记载,日机对赣南各地先后投弹 500 余枚,炸死 350 余人,炸伤 620 余人,炸毁房屋 1500 余栋。[3]其中 1942 年 1 月,日机对赣州的轰炸尤为惨重,"阳明路、中正路、天后宫、华兴街等处，均成一片焦土，市区精华损失过半，而人民群众所受生命财产以及时间精神上之损失，更难以数计。”[4]

此外，1938 年 1 月至 1945 年 8 月，日军出动飞机 2140 余架次，轰炸上饶 12 个县市，炸死平民数千人，伤者近万人，炸毁民房 9000 余栋。[5]1939 年底至 1942 年 7 月，日军先后对景德镇进行了 16 次 21 批轰炸，其中轰炸城区 7 次，乐平及鸣山煤矿 5 次，浮梁 4 次。[6]将城区的吉安会馆炸为废墟，浚泗井、千佛楼等地被毁，对景德镇的瓷器生产造成了重大损失。对鹰潭各地先后空袭 72 批次，出动飞机 447 架次，共投弹 1243 枚，炸死平民 589 人，烧毁房屋 748 栋。[7]1939 年 3 月南昌陷落后，日机开始对抚州等地实施轰炸，仅东乡、南城、临川、崇仁等地就炸死炸伤平民多达 1700 余人，烧毁房屋 1242 栋。[8]1937 年冬，日军有计划的对赣中重镇吉安各地进行轰炸，其中对遂川机场轰炸达 103 次，出动飞机 455 架次，投弹多达 1.5 万枚。对新干、吉水、吉安城区进行多次轰炸，仅吉安城区就被日军袭击 59 次，炸死炸伤 1229 人，炸毁房屋 1851 栋，汽车 16 辆，民船 6 艘。[9]南昌沦陷后，地处周边的上高、万载、樟树、铜鼓、袁州等地亦受到日机轰炸，仅 1939 年 9 月 24 日对高安岗上村的空袭就造成 105 名村民死伤，70 余间房屋被毁。1939 年 3 月 23 日至 1940 年 11 月，日军先后出动 11 架次飞机对新余进行空袭，共炸死炸伤平民 105 人，烧毁房屋 23 栋。[10]1944 年日军发动豫湘桂会战，日军多次窜入萍乡地区，日军机对芦溪及铁路沿线进行袭击，造成我同胞多人伤亡及军用列车被毁。

二　残杀民众

日军在江西的直接残杀无辜，始于首先侵入赣北彭泽、湖口之时。1938 年 7 月 20 日，日军将湖口县周玺村 100 多村民驱押入一大屋内，用机枪集体扫射杀光。23 日，再将周家坞村 70 多人集体杀害在村前的田中。在湖口棠山一地，惨死于日军刀枪之下的无辜村民达 500 多人。1938 年农历七月，日军在庐山天门洞对村民疯狂屠杀掠夺，50 多个村民躲进蝙蝠洞。日军发现后，端起刺刀大肆杀戮。

1939 年 3 月，进攻南昌的日本侵略军都接受“把房子里的中国人都杀掉的命令”。[11]22 日，安义县五房周村被日军杀死 97 人。24 日，蔡村 72 人遭日军杀害。日军第 101 师团、34 师团、第 7 独立旅团先后驻扎南昌，对南昌及其周边进行惨无人道的大屠杀。日军在南昌地区的暴行：“手段之恶毒残酷，方式之卑鄙，与禽兽无异。其杀害无辜的暴行有活埋、火烧、蒸煮、电击、马拖、倒悬、犬咬、暴晒、割肉、断肢、打活靶等种种灭绝人性的手段。”[12]

1938 年 7 月，日军入侵星子县，8 月 5 日，温泉地区遭日军扫荡，当地群众扶老携幼避难平峰寺一带。因日久粮尽，游承义等 28 人下山找粮，路遇搜山日寇，而被鬼子围困在大理庵旁，日本鬼子用机枪对我同胞扫射，一个不满三岁的女孩在血泊中爬行，也被日本鬼子活活用刺刀刺死。仅游承义漏中枪弹，被压在尸体下

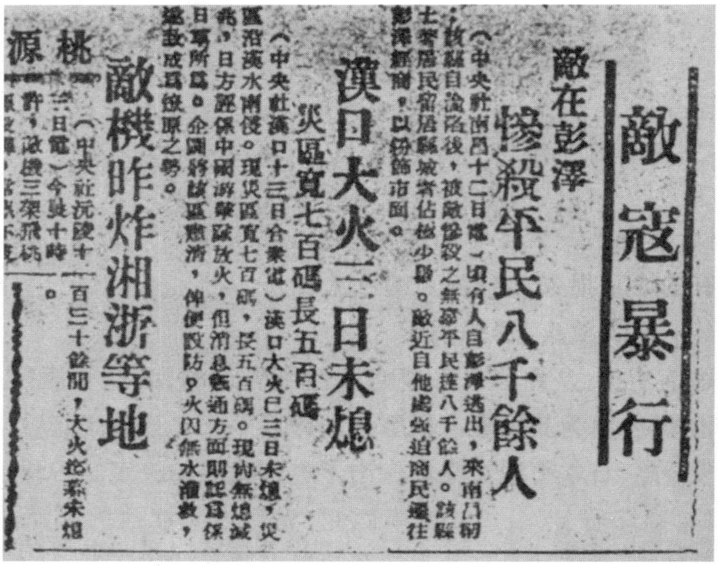

敵寇暴行

敵在彭澤
慘殺平民八千餘人

（中央社南昌十二日電）頃有人自彭澤逃出，來南昌稱：該縣自淪陷後，被敵慘殺之無辜平民達八千餘人。該縣士著居民留居縣城者僅極少數。敵近自他處強迫難民遷往彭澤縣城，以粉飾市面。

漢口大火三日未熄
災區寬七百碼長五百碼

（中央社漢口十三日合衆電）漢口大火已三日未熄，災區沿漢水兩從。現災區寬七百碼，長五百碼。現尚無熄滅希望，日方謂係中國游擊隊放火，但消息靈通方面則認爲係日軍所爲。企圖將該區燬滅，俾便設防，火四無水灌救，遂致成爲燎原之勢。

桃源 ……

敵機昨炸湘浙等地

（中央社沅陵十三日電）今晨十時……一百三十餘間，大火迄今未熄。

1938 年 11 月 20 日,《新华日报》对日军在彭泽屠杀民众 8000 人的有关报道

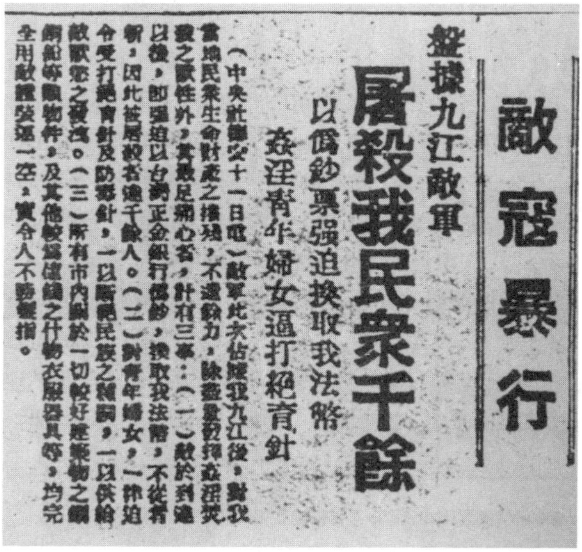

敵寇暴行

盤據九江敵軍
屠殺我民衆千餘
以僞鈔票強迫換取我法幣
姦淫青年婦女逼打絕育針

（中央社重慶十一日電）敵軍此次佔據我九江後，對我當地民衆生命財產之摧殘，不遺餘力，除盡量殺掠姦淫焚毀之獸性外，其最足痛心者，計有三事：（一）敵於到達以後，即強迫以台灣正金銀行僞鈔，換取我法幣，不從者斬，因此被屠殺者逾千餘人。（二）對青年婦女，一律迫令受打絕育針及防毒針，一以斷絕民族之種嗣，一以供給敵獸慾之發洩。（三）所有市內關於一切較好建築物之鋼鐵銅鉛等類物件，及其他較爲值錢之什物衣服器具等，均完全用敵艦裝運一空，實令人不勝髮指。

1938 年 9 月 2 日,《新华日报》对日军屠杀九江民众的有关报道

才免于一死。

1939 年 3 月,日寇侵占奉新赤郭,实行残暴的烧光、杀光、抢光政策,全村 360 人,共被日寇杀害 179 人,27 户满门杀绝,烧毁房屋 9 栋 56 间,抢去耕牛 40 余头,粮食 20 余万担,奸淫妇女 47 人。同年 4 月 24,日寇把全村剩下的 146 人赶到潘氏祠堂,欺骗他们到县城难民救济所去。随后,鬼子赶着手无寸铁的群众走到短嘴塘的地方,山坡上三挺机关枪突然响起了,同胞们倒在了血泊中,鬼子像野兽般窜

家破人亡的南昌市民

到池塘边进行刺杀，将还有一丝气息的同胞一一刺死。全村只剩下 3 个小孩被迫为鬼子引路而未死。[13]

1942 年，日军入侵临川，驻守日军常派人下乡抢掠。8 月 16 日，多名日军身着便衣来到新殿村外，见人就杀，见屋就烧。据不完全统计，此次新殿村民惨案中，被日军枪杀和烧死的平民百姓达 50 余人，被毁大小房屋共 30 多栋。

日寇在江西所犯下的累累血债可以说是罄竹难书，根据中华民国三十四年(1945 年)八月二十八日第一七八二次省务会议通过的《江西省抗战损失追查办法》[14]的调查结果，死于日寇之手的江西平民达 313249 人，其中儿童 33900 人，妇女 84379 人，另有被杀伤者 191201 人。

三　奸淫妇女

日寇所到之处，还犯下了令人发指的强暴妇女、伤害女性的滔天罪行。无论日军走到哪里，哪里的女性便要遭殃。

1939 年日军铁蹄踏进南昌后，在广润门外，将躲藏在关帝庙内的 600 余名妇女日夜轮奸，然后纵火焚烧。[15]

1939 年 10 月 5 日，日军在高安将 600 多村民围困在团山寺，将 7 名青年妇女

被日军斩首的我同胞

剥光衣裤，拖出庙外，在光天化日之下轮奸。高安沦陷期间，全县遭到日军奸淫的妇女多达 15300 余人。[16]

江西仅南昌地区，被日军强奸的妇女就达 2 万人以上，受害妇女年幼者仅 8 岁，年长者 70 岁。强奸后再遭屠杀者 1.7 万余名。[17]

被日军侮辱残害的江西女性准确数字难以记述，日本侵略者给江西女性及家庭带来心灵和肉体上的创伤是难以用语言来形容的。

四　施毒散疫

日军在侵占江西期间，公然违背国际公约，丧心病狂、灭绝人性地使用化学武器和细菌武器，在水井和水源地投放毒药，包括鼠疫、霍乱、伤寒、炭疽等在内的多种细菌，给江西人民造成深重的灾难。

1938 年 6 月下旬，日军第 27 师团波田支队在进攻彭泽马当要塞时大量使用化学毒弹和毒剂，使中国守军伤亡率达 70%。[18]

自 1938 年 9 月至次年 2 月，日军在德安投放、发射了多枚有毒炮弹和窒息性

南昌县塘南令公庙，日军曾在此大肆杀害当地群众

一见心寒纪念墓(星子县温泉镇东山村)

毒剂，致使当地许多百姓及抗日官兵身体遭到严重损害，其中有的突然暴毙，有的全身溃烂，受尽折磨而慢慢死去。据战后揭露："日军在江西德安县使用红筒(系

赤岸四二四血案纪念碑(奉新县赤岸镇火田村)

被日押去“劳军”的妇女

窒息性毒剂)12000 个,并发射毒剂炮弹 3000 余发,造成染毒面积 30 万平方米。”[19]

日军设在九江莲花池奸淫中国妇女的“慰安所”院址

日军向南昌投掷毒气弹

日军在进犯马当、彭泽、九江、星子、瑞昌等地时，对中国军队使用大量的毒气弹，使中国军队伤亡惨重。在浙赣会战期间，日军大量使用细菌武器，对我方军

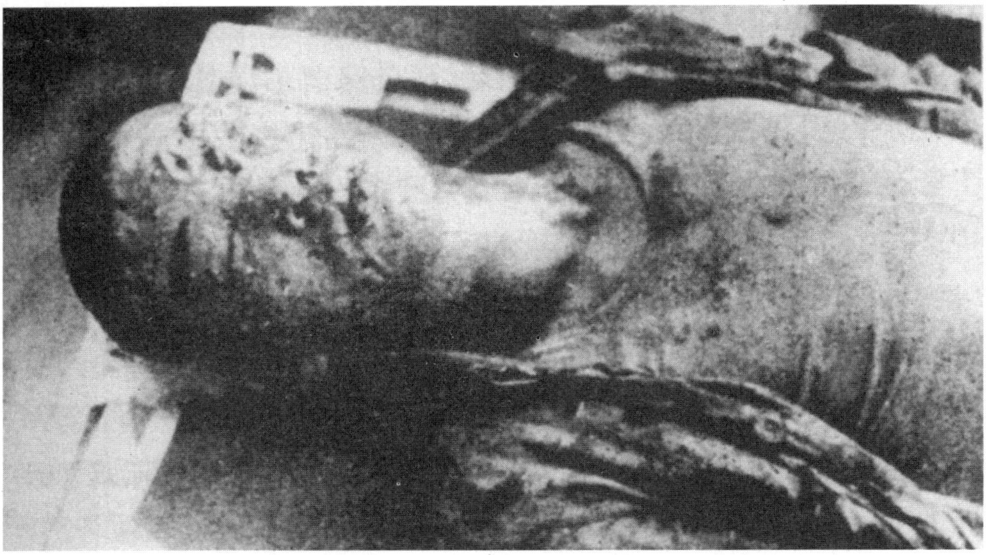

受日军毒气弹伤害的中国士兵

人、平民造成无法估量的损伤。根据《井本日志》记载:这次细菌战攻击动作,是要在江西上饶、玉山及浙江等地举行,使用搬放方法对中国人施行鼠疫、霍乱及副伤寒细菌攻击。鼠疫细菌是用跳骚散布的,而其余的细菌,则直接将其放到蓄水池、水井、河流等之中的方法散布。

《井本日志》记载的“保”实施现状的报告:

“保”实施现状部分

广信[上饶]PX[鼠疫菌液](1)毒化跳蚤(2)施放染疫老鼠

广丰(1)毒化跳蚤

玉山(1)[毒化跳蚤](2)施放染疫老鼠(3)将 PX[鼠疫]干燥菌混入大米中,目的:[造成]鼠—跳蚤—人感染流程[20]

1942 年 8 月,日军从玉山撤退时往水井中投放了细菌,许多村民吃了该井水呕吐、腹泻死去。此外,1942 年日军在浙赣会战中还实施了炭疽细菌攻击,造成江西多地平民罹患此种恶疾,这些患疫者绝大多数在当年或不久就死亡,但有一部分慢性感染者却以身体部位的终生溃烂而不可治愈痛苦地活到现在,他们的惨痛人生给人以心灵的强烈冲击。

五　残害劳工

日军在江西烧杀抢掠,并到处设立据点。为此,四处抓捕民工,为其搬运物资、建筑碉堡工事。日军对待江西劳工极其残忍,其恶行罪不可赦。

1940 年间,日军在浙赣铁路枢纽鹰潭设立物质转运站,并在各地抓来 2000 多名民众强行关进劳工营充为苦力，每个劳工均被剃光头发，当作标记。在钢材、铁轨等物资运走后，日军开始大规模屠杀劳工。日军将60名劳工分为一组，用绳索串联捆手，押解到项家岭峭壁上，开枪打倒第一个人，并将其他人拖下悬崖，并对落水劳工进行扫射，2000多名劳工或溺毙于水中，或被机枪打死，无一幸免。[21]

李锦鹏老先生，男，1933年3月18日出生，根据他的口述记录："星子县邹家胡代仁的舅舅，日本佬来后的第二年被抓去了，一直就没有下落。钱世炜的父亲钱花针，民国三十一年(1942年)被日本佬抓去了也一直没有音信。胡老祖(绰号)，民国三十年被日本佬抓去了，一点音信都没有，尸骨全无。"[22]

王义志老先生，男，1929年5月出生。瑞昌夏畈镇人。据老先生回忆："民国二十八年(1939年)，鬼子进攻湖南长沙时，从我们村里拉去了三个人做苦力，只有一个人回来，没有回来的两个人，一个叫王希忠，一个叫王义修，不知怎么遇害的，连个尸体都没有看到。"[23]

日军强迫九江劳工修铁路

六 史料记载日寇对江西的暴行

1. 民国二十七年十月九日，日军至段家畈村枪杀三十二人，在汪家港村杀害村民十六人。次日，又杀害五人，烧房三幢。(摘自《江西星子县志》)

2. 民国二十八年三月九日靖安陷落。八月一日，日军经常骚扰和轰炸高湖镇，烧毁房舍一百三十多幢，六百五十七间，屠杀乡民二十四人，强奸妇女一百余人，全乡遭抢劫的有五百多户。(摘自《江西靖安文史资料》第二辑)

3. 民国二十八年三月，日军侵入德安县塘山，房屋烧毁一千余幢，抢走耕牛二千头，生猪八千余头，共杀死、烧死、活埋、石滚、压死百姓数百人。(摘自《江西德

安县志》)

4. 民国二十八年九月十八日,日军在高安蕾桐村把群众集中关在屋里,放火烧死一百余人,烧毁房屋二百一十间。(摘自《江西高安县志》)

5. 民国二十八年九月二十四日,日军在高安县肖家村残杀我同胞五百二十余人,烧毁房屋三百多间。(摘自《江西高安县志》)

6. 民国三十年二月中旬,日机十多架狂轰滥炸上饶市大街小巷,炸毁店铺、民宅一千多栋以上,炸死市民不计其数。(摘自《江西上饶文史资料》第四辑)

7. 民国三十年六月初,日军飞机十八架轰炸鹰潭,在大码头、火车站一线,炸死市民三十多人,毁灭店铺、民房一百多座。(摘自《江西鹰潭文史资料》第一辑)

8. 民国三十一年六月十七日,日军侵入县城进行大屠杀,百姓伤亡数以百计。(摘自《江西金溪县志》)

9. 抗战时期,乐平县被日军炸死五人,重伤八人,轻伤三十三人。毁坏房屋二百五十三幢,财产直接损失达三十二亿一千万元(法币),财产间接损失四十八亿一千八百万元。(摘自《江西乐平县志》)

10. 江西新干县在八年抗日战争期间遭受日本军轰炸和骚扰,伤亡人口一千零五十九人,其中,重伤二百零七人,轻伤六百六十人。死亡一百九十二人;财产损失总值四十一点零五亿元(法币);损坏房屋二千七百九十五幢;耕牛二千四百五十四头。(摘自《江西新干县文史资料》)

七 结语

今年是抗日战争胜利70周年,今天,我们追思那段血与火的历史,纪念那一场伟大的胜利,我们并不是为了延续仇恨,而是为了从那段悲壮的历史中,汲取伟大的精神力量和深刻的智慧及勇气,居安思危,牢记落后就要挨打的道理,更好地把握今天的生活和未来的方向,为实现中华民族的伟大复兴而奋斗。

注 释

[1][2][3] 《江西省军事志》编撰委员会编:《江西省军事志》,赣出内图志,1997年。

[4] 陈荣华:《江西抗日战争史》,江西人民出版社,2005年。

[5][7][8] 《江西省军事志》编撰委员会编:《江西省军事志》,赣出内图志1997年。

[6][9][10] 中共江西省委党史研究室编:《江西省抗日战争时期人口伤亡和财产损失》,中共党史出版社,2014年。

[11] 冯英子:《赣江两岸所见》,《新民晚报》1982年9月17日。

[12][17] 南昌市地方志编纂委员会编:《南昌市志》,第五册,1997 年。
[13] 奉新县赤瓜村四·二四惨案纪念碑碑刻。
[14] 邹耕生:《1946 年〈江西省抗战损失调查总报告〉述评》,《江西社会科学》,2008 年第 10 期。
[15] 何友良:《江西通史》民国卷,江西人民出版社,2008 年。
[16][18][21] 中共江西省委党史资料征集委员会编:《江西抗战纪事》,中央文献出版社,1995 年。
[19] 陈致远:《侵华日军细菌战》,中国社会科学院出版社,2014 年。
[20] 吴永明:《太阳旗下的罪恶》,江西人民出版社,2005 年。
[22][23] 尹世洪、傅修延主编:《永远的惨痛——江西省抢救抗战时期遭受日军侵害史料·口述实录》上卷,人民出版社,2010 年。

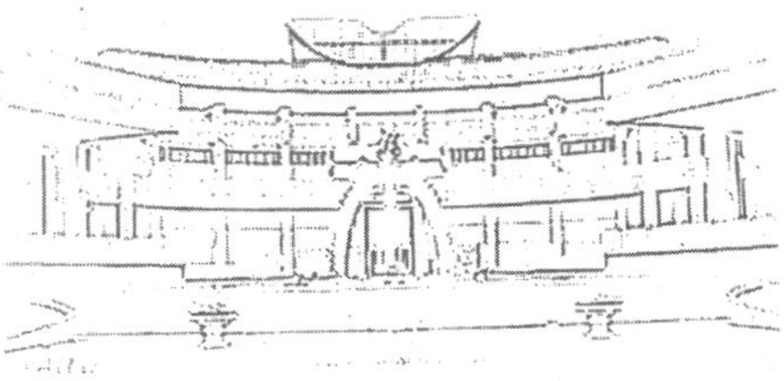

KaoGu FaXian Yu YanJiu

考古发现与研究

拾年山文化石流星类型学初探

高兴超

【摘要】 石流星作为一种原始的狩猎工具，它的使用最早可以追溯到旧石器时代晚期。江西地区目前发现的新石器时代石流星数量较多，特征鲜明，时代性强，自新石器早期到晚期均有发现，但集中发现于晚期的拾年山文化。本文试对拾年山文化的石流星进行类型学考察，探索石流星型式的发展规律，对其进行纵向分析，并对相关问题进行探讨。

【关键词】 拾年山文化　石流星　类型学分析

石流星作为一种原始的狩猎工具，它的使用最早可以追溯到旧石器时代晚期。江西地区目前发现的新石器时代石流星数量较多，特征鲜明，时代性强，自新石器早期到晚期均有发现，但集中发现于晚期的拾年山文化。同时我们也注意到对这一遗存的相关研究目前较为薄弱。故本文拟对拾年山文化目前发现的石流星作一肤浅类型学分析，希望达到抛砖引玉的作用。

一　既往工作

拾年山文化，是以拾年山遗址第一期文化命名的，典型遗址现仅有拾年山遗址，属新石器时代晚期文化。遗址位于新余市北郊约 20 公里的水北乡拾年村东，坐落于山岗台地上，高出低处水田 6—7 米，台地面积约 2345 平方米。1985 年夏，新余市文物普查队发现。1986—1989 年先后经过三次发掘，揭露面积 1200 平方米。[1]发掘者将文化堆积分为 4 层，①层耕土；②层商周文化层；③A、③B 两层和④层为新石器晚期文化，④层下为生土，将④层、③B 和③A 层划分为新石器时代晚期文化的一、二、三期，将一期称之为“拾年山一期文化”，二期和三期称之为“拾年山墓葬期”[2]或属郑家坳文化[3]。

二　型式分析

拾年山文化目前发现的石流星数量较多，共 14 件，均发现于拾年山遗址。根据石流星形式的不同,可分为 5 型。

A 型　梭形

3 件。体呈椭圆形,两端大小相近,中部较厚,一端对钻一圆形穿孔。根据流星顶端形式的不同分为 2 亚型。

Aa 型　平顶

1 件。例石 D3∶3,残长 12 厘米。墨色石质,窄平顶,下端残尖,上端穿一孔,未透,孔上有一周、孔下有两周似弦纹凹槽。(图一,1)

Ab 型　尖顶

2 件。例 T36③B 底∶10,体较圆,厚薄变化不大,上端尖,对穿一圆孔,孔径 1.4 厘米,下端略圆。通长 10.4 厘米。(图一,2)

B 型　菱形

3 件。例石 D3∶4,长 9.6 厘米,青石质,体厚处在中部,两端甚尖,上端穿一孔。(图一,3)

C 型　椭圆形

3 件。例石 D6∶2,长 8.4 厘米,最厚处在中部,上端存一凹口,其下穿一圆孔,下端溜圆。(图一,4)

D 型　近三角形

2 件。例 T41③B 底∶3,橄榄状,体粗短,顶尖,底圆,顶处对穿一孔,未透,长 7.4 厘米,最厚处在近下端处,约 3 厘米。(图一,5)

E 型　异形

3 件。例石 D6∶4,青石质,整体呈乒乓拍形,顶端略平,上部束颈似肩,其下圆弧,一面存环形琢痕。长轴 7、短轴 5.2 厘米。(图一,6)

三　纵向考察

据目前资料统计,除拾年山文化发现石流星外,江西新石器早期的万年文化[4]和晚期的筑卫城文化、社山头文化[5]亦有发现。整体看,无论从数量,还是形制、精致度来看都不如拾年山文化石流星发达。

万年大源仙人洞洞穴遗址下层遗存中出有 5 件有孔石器(原报告称之),笔者据器物形制和其文字叙述判断,其中的有孔石器应为石流星,如 T4④∶55,它为砂岩质石料,体近椭圆形,上端尖圆,其下有一穿孔,下端圆弧,与拾年山文化的 D 型极为相近,但 D 型整体较厚,且穿孔距上端稍远(图二,8、9)。在上层遗存中,亦发现有一件似石流星器,编号 T4①B∶4,在其一端两侧磨出凹槽,形制与拾年山文化的 Ab 型器十分接近,同为一端较小,一端较大,最宽处位于器体近下端。唯不同处,T4①B∶4 上端为凹槽豁口形式绑系,而 Ab 型为穿孔绑系(图二,4、5)。

拾年山二、三期文化目前尚未发现石流星,但较拾年山文化为晚的筑卫城文化中却发现与之相近的同类器，相同因素甚多。南昌马井遗址[6]的石流星存在拾年山文化Aa型和C型的共同特点，但与C型更为接近，体呈长椭圆形，上端留有凹形豁口，其下穿圆孔，两者都长8.4厘米（图二，1、2）。进贤禾岭遗址[7]发现的石流星，与拾年山遗址E型存在相似之处。石流星呈舌状，扁平，两端平直，上端较下端为窄，有束颈，与E型的两端、束颈、溜肩都较为接近，但E型制作更为精致，形式分明（图二，10、11）。湖口文昌洑遗址[8]石流星与拾年山文化同类器相比差异性大于共性，整体椭圆形，上端穿孔，与拾年山C型略似，但缺少C型上端凹形豁口形式（图二，2、3）。

清江营盘里遗址出土有3件石流星器（原报告称2件为石坠，1件为舌形石器），[9] 2件石坠与Ab型非常接近，可能就是石流星，都为一端较细，一端圆粗，上端穿孔，但石坠上端端顶较Ab型为平，大小也稍小（图二，6、7）。舌形石器与拾年山E型和进贤禾岭遗址舌形石流星较为酷似，顶端平直，上端较下端为小，有束颈和溜肩形式，但通体扁薄，下端弧刃的结构又表现出与石流星迥异的特点，此器可能为一器多用性质。

广丰社山头遗址发现的石流星，编号T4⑥：2，[10]与上述文化中发现的石流星存在相同的制法和结构，椭圆状，一端尖弧，一端平直，表面磨光，上部穿圆孔，因残，具体形式不甚明了。

四　相关分析

1. 选料、制作、形制分析

首先，石流星材质的选择较为讲究，多数是较为坚硬的石料，或砾石，或青石。其次，在尺寸、重量上也较为讲究，绝大多数长都在8厘米以上，最大者残长12厘米，宽或厚一般也都在3—4厘米。可以说长宽（厚）比多数为2∶1或3∶1，长宽厚的比例适合，才能更加匀称，甩力更大。第三，在形状的制作上，我们看到，多数为长条的梭状或长扁的椭圆形，一端尖小，一端略大，中间厚鼓，这样的造型可以使流星在运动中更大地减少阻力，速度更快。通体或大部磨光，进一步减少了在运动中的阻力。同时穿孔均位于流星的一端而不是中间部位，这样的设计可以使流星产生更大的离心力，甩力更大、杀伤力更大。

2. 与陶堆和石堆共出的性质推测

在拾年山文化中，我们发现，绝大多数的石流星都出土于陶片堆或石堆中，这些陶片堆和石堆往往堆积甚密，叠压多层，形状各异，伴出有较多的陶片和石片外，还有石镬、石斧、石锛、石球、石饼、砾石、石坯料、石废料等。这些陶片堆或石堆一般都集中于房基内或附近，可以说这些遗存应是先民的石器加工场所，是拾年山先民农业和渔猎等生产生活的真实写照。陶片堆和石堆密集排列和叠压多层，也证明了该文化的发达程度和长期的延续不断。而它们分布于拾年山的房基内或附近，很显然这些遗存是房屋主人的私有财产，进一步的证明了这时的所有制经济已经发生改变，出现了私有财产和私有制生产关系。

小　结

综上，我们通过对拾年山文化的石流星这一特定遗存进行的类型学考察，以及对其自上而下的纵向分析，可以得到如下两点认识：

1. 拾年山文化的石流星的型式发展经历有“瘦长→粗短→束颈”的发展规律。而通过对拾年山文化之上的万年文化，稍晚的筑卫城文化和社山头文化的纵向观察，可以得出这样的认识：石流星制作经过了“制作精致→较为随便→较为讲究”的发展脉络。

2. 结合石流星具体形制和伴出的遗迹、遗物现象可以看出，石流星的选料、制作是非常讲究的，它很好地应用了力学的原理，并将原始审美完美展现出来。同时，伴出的遗迹、遗物现象，也进一步证明了农业、渔猎的生产、生活的存在和所有制生产关系的转变。

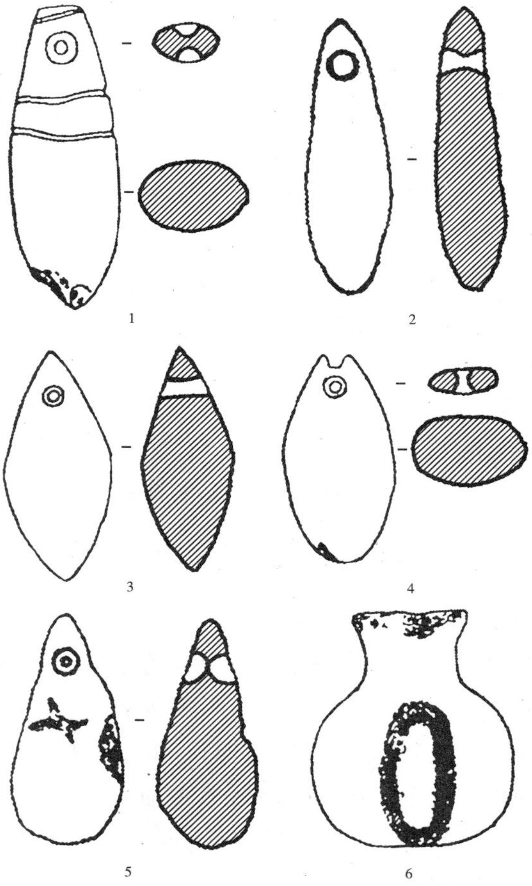

1. Aa 型（石 D3：3）　2. Ab 型（T36③B 底：10）　3. B 型（石 D3：4）　4. C 型（石 D6：2）
5. D 型（T41③B 底：3）　6. E 型（石 D6：4）

图一　拾年山文化石流星型式图

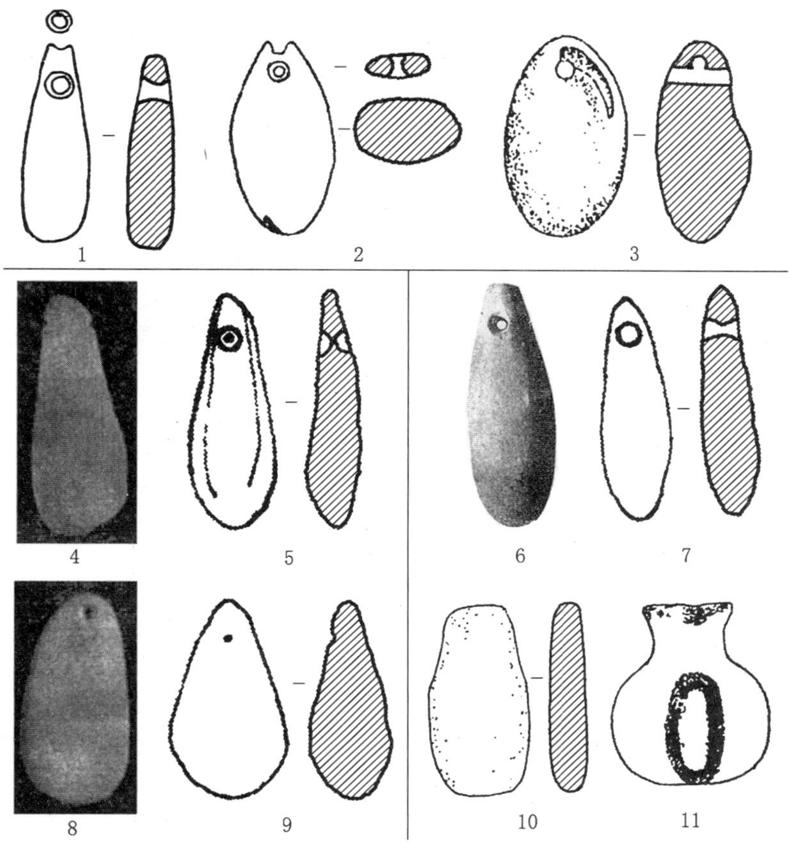

1. 马井遗址 2. 拾年山C型(石D6：2) 3. 文昌湫遗址 4. 万年遗址(T4①B：4) 5. 拾年山Ab型(陶D39：1) 6. 营盘里遗址 7. 拾年山Ab型(T36③B底：10) 8. 万年遗址(T4④：55) 9. 拾年山D型(T41③B底：2) 10. 禾岭遗址 11. 拾年山E型(石D6：4)

图二 拾年山遗址与其他遗址石流星比较图

注 释

[1] 江西省文物考古研究所、厦门大学人类学系、新余市博物馆:《江西省新余市拾年山遗址》,《考古学报》1991年第3期;江西省文物考古研究所、厦门大学人类学系、新余市博物馆:《新余市拾年山遗址第三次发掘》,《东南文化》1991年第5期。

[2] 徐长青:《拾年山遗址的分期及相关问题研究》,《南方文物》1996年第2期。

[3] 彭适凡:《江西通史·先秦卷》,江西人民出版社,2009年。

[4] 江西省博物馆:《江西万年大源仙人洞洞穴遗址第二次发掘报告》,《文物》1976年第12期。

[5] 江西新石器时代的各考古学文化均参考于彭适凡的《江西通史·先秦卷》

一书。
[6] 南昌县博物馆:《江西南昌县古文化遗址调查》,《南方文物》1992 年第 1 期。
[7] 江西省文物工作队、进贤县文化馆:《江西省进贤县古文化遗址调查简报》,《东南文化》1988 年第 3、4 期。
[8] 石钟山文物管理所:《江西湖口县湖口县文昌洑遗址调查》,《东南文化》1990 年第 4 期。
[9] 江西省文物管理委员会:《江西清江营盘里遗址发掘报告》,《考古》1962 年第 4 期。
[10] 江西省文物考古研究所、厦门大学人类学系、广丰县文物管理所:《江西广丰社山头遗址发掘》,《东南文化》1993 年第 4 期。

徐衎墓志铭考释及相关问题研究

陆青松

【摘要】 本文补阙和考释了徐衎墓志铭的铭文，梳理了徐俯和韩琦两大家族的族谱和婚姻状况，探讨了韩懋胄的身份和仕宦经历，同时还对墓志铭中涉及的相关问题进行了探讨。

【关键词】 徐衎　徐俯　韩琦　婚姻

1985年，考古工作者在江西省德兴市内银山路西侧的官仓背山麓发掘了一座南宋墓葬，并出土了一件墓志铭。墓志为长方形，石质为青石，高51厘米，宽36厘米，厚2厘米。经墓志铭文确定，墓主人名叫徐衎。[1]从简报刊布的铭文来看，许多字迹不清(见图)。简报作者虽对墓志铭有简单的考释，但墓志涉及到的一些历史和人物信息，没有作进一步的探讨和阐释。

墓志铭虽仅有三百余字，且有残字，但其价值有二：首先，它补充了宋代名门望族、“江西诗派”的代表人物——徐俯以及北宋名相韩琦家族后裔的族谱，这有利于揭示徐氏家族与韩琦家族之间的婚姻基础，为两宋家族史的研究提供重要资料。其次，墓志铭所提到的一些历史信息，也和正史、地方志的相关记载相对应。本文拟结合宋代官制、相关历史事件和传世文献，对铭文中字迹不清的字尽可能地予以推原，进行通盘考释。并在此基础之上，进一步挖掘墓志铭中的相关信息。疏漏和不当之处，敬请方家指正。

一　墓志铭文

为方便研究，先将铭文抄录如下：

宋故徐通仕墓志铭

元丰名臣忠愍徐公禧之曾孙，绍兴签书枢密院事俯之孙，江南西路参议官琏之长子曰衎，授先公遗泽，官通仕郎，年二十有一，侍余赴荆湘戎幕，以疾不起，寔己卯岁仲秋二十有九日也。母孺人程氏。衎好学不倦，人皆惜之。维徐氏系出偃王，五季避地，自婺州□□年徙洪州之分宁，今皇帝嗣位，升府曰隆兴。昨先公罢政，乐饶州德兴县山水之佳，乃留居焉。既薨，葬于县之径集里□仙山□□□之长庆院东偏，卜地得之，以乾道改元十一月己酉，合葬衎夫妇，仍以长女康姐祔之。衎娶韩氏，新全州守慤胄之长女，忠献公之裔也，后夫踰岁而亡，亦年二十有一，母安人王氏。衎既娶无嗣，追念岂忘，他日当于诸孙中，择其敦厚有立者□之，魂□少慰乎。余困于贫，久之乃办，又拘官次，不能躬往，其愧可知。□□铭曰：

东湖之孙，忠愍之裔，幼而□学，景命云逝；

胡不永年，克昌厥世，归□兹丘，余□□弟。[2]

墓志铭拓本

二 铭文考释

绍兴：简报所印拓片中的“绍”后，有一字不清，可能是“兴”字。根据文意，两字当为年号。两宋时期，以绍字开头的年号有：“绍圣”、“绍兴”、“绍熙”和“绍定”。“绍兴”，与《宋史·徐俯传》是对应的。《徐俯传》记载，徐俯在绍兴三年（1133 年）迁翰林学士，擢端明殿学士、签书枢密院事，官至参知政事。由此可知，徐俯任签书枢密院事，是在宋高宗绍兴年间。故绍字后面一字是“兴”字得到了印证。

参议官：安抚使（或称宣抚使、制置使）的属官。南宋设立参议官当始于建炎四年，此后在各路的安抚使司内铺开。《宋会要辑稿·职官四一·参议》：“建炎四年，诏两浙西路安抚大使许置参谋、参议各一员。绍兴四年，诏沿江三大使司亦许置参谋、参议官。五年，诏江东西路、湖南、浙西安抚大使许置参谋，安抚使许置参议，其参谋、参议请给依本路提举茶盐支破。”有关参议官的选用，《宋会要辑稿·职官四一·宣抚使》“绍兴四年三月二十四日”条载：“参议官系知州资序人，与转运判官叙官。”也就是说，参议官必须选差知州以上资序之人才能充当，品秩与转运使司系统的判官相同。

通仕郎：选人阶。北宋徽宗崇宁二年九月二十五日，将宋初的幕职州县官第三等第五阶之“县令、录事参军阶”改名为通仕郎，为崇宁选人新阶第五阶。徽宗政和六年十一月，又改通仕郎为从政郎，而把假承仕郎、假承奉郎改为通仕郎，列入政和年间选人十阶之第八阶，与登仕郎（第九阶）和将仕郎（第十阶）同时划出，专用以门荫奏补没有进士出身的官人。假承仕郎和假承奉郎，在元丰改制之前，是宋初的试衔官——试大理评事和试秘书省正字，属非正式任命的官职。[3] 所以，徐仕通所授之“通仕郎”，是政和官制改革后专用于荫补序列的“通仕郎”。

荆湘戎幕：简报拓片中的“湘”前，有一字不清。根据相关文献，可补为“荆”或“湖”。补为“荆”字的证据如下：一是与墓主人同时代的庄绰，在其所着《鸡肋编》卷上有“建炎之后，江浙、荆湘、闽广，西北流寓之人遍满”的记载。而且，“荆湘”一词早在唐代即已出现。史载，唐高祖时期，李孝恭曾任荆湘道行军总管，讨伐萧铣。此后在宋人的诗歌里，“荆湘”一词又被频频使用。可见当时，“荆湘”作为一个地区的名称，被普遍使用。“湖湘”一词，在文献中亦有记载，如初唐著名诗人王勃（650—676 年）在其撰写的《益州德阳县善寂寺碑》中说：“虽复苍梧之望，湖湘盈舜之歌”。唐代诗人李峤在《谢端午赐衣表》中说：“臣一至湖湘，舟周星岁，扇皇风而苏息黎庶 ，布圣泽而底定封疆。”但在宋人的相关记载里，“湖湘”一词出现较为罕见。同时，“荆湘”和“湖湘”指代的范围也不同，“荆湘”当指代今天的湖北和湖南地区，即江汉平原和洞庭湖平原，即唐初萧铣割据的势力范围。“湖湘”则仅指代湖南。碑文中的“戎幕”应是解决“荆”还是“湖”的关键。绍兴至隆兴年间，南宋在湖北及其附近地区先后设置过荆湖南北制置使（管辖荆湖南路和荆湖北路，即今天的湖南省和湖北省)和湖北京西制置使等军事机构,应对金国的进攻。两个军事机构都辖有湖北之地,加之徐死亡的日期是在金主完颜亮南侵时(详见下文)。所以,这里的"戎幕"应非比寻常,级别应为制置使一级。综合以上诸说,补为"荆"字的证据更为充分之。今从之,将"湖"备之存疑。

己卯岁:可以从"以乾道改元十一月己酉合葬"一句推知其确切年份。乾道改元,指的是宋孝宗赵昚在隆兴三年春正月朔日,改元乾道元年。时间是 1169 年。乾道元年之前的"乙卯年"有二:一是北宋哲宗赵煦元符二年即 1099 年,二是宋高宗赵构绍兴二十九年即 1159 年。由此可以推知,徐仕通卒年在 1159 年。又从其享年二十一岁判断,徐衎生于高宗绍兴八年(1138 年)。墓主人和朋友入荆湘戎幕,很可能与金主完颜亮南侵的事情有关。《金史》卷五《本纪五》记载,完颜亮在正隆四年(1159 年)"造战船于通州,诏谕宰臣以伐宋事。调诸路猛安谋克军年二十以上、五十以下者,皆籍之,虽亲老丁多亦不许留侍。"金国如此大规模的调动、征发军队,南宋应当有所察觉,自然会在宋金接壤的国境线上进行防范。墓主人和朋友入荆湘戎幕的任务很可能是参赞对金防御的事宜,不幸的是墓主人"出身未捷身先死"。

忠献公:指的是北宋宰执韩琦,《建炎以来朝野杂记》云:"大臣谥之极美者,有二:本勋劳,则忠献为美;论德业,则文正为大。有国二百年,谥忠献者才三人:赵韩王、韩魏王、张魏公是也。"终宋一朝,仅有赵普、韩琦和张浚(南宋中兴名相)死后,获得了谥号为"忠献"的殊荣。

孺人、安人:妇女封号。宋徽宗政和二年(1112 年)规定:孺人用以封赠通直郎以上至承议郎之妻。而自朝奉郎(品秩正六品上)以上,其妻封安人。

"合葬衎夫妇,仍以长女康姐祔之"一段,可以做两种解释:

第一种解释"祔"。《说文・示部》:"祔,后死者合食于先祖。"合食,犹合祭也。《释名・释丧制》:"又祭曰祔,祭于祖庙,以后死孙祔于祖也。"如是,则葬于长庆院的当是徐俯,合葬者当是其妻子。在徐俯夫妇未合葬前,徐仕通的长女康姐就已经死去,把她的排位放在了先祖的祠堂中去了。这次合葬,仍把她的排位与先祖放在一个地方。

第二种解释"仍"作"乃"。古者仍、乃二字通用。《尔雅・释诂下》:"仍,乃也"。"祔",又有合葬之义。徐仕通夫妇合葬之时,把康姐的墓放在了附近。

笔者认为第二种解释,更贴近事实。首先,仕通的祖父徐俯死于 1131 年,距离乾道元年(1169 年)已有 38 年。徐俯夫妇合葬,到 38 年后才进行,不合常理,除非有特殊的原因。其次,徐仕通的朋友是为徐仕通而刻碑,没必要将其祖父和祖母合葬的事情刻写于碑上。而且,从句意上来讲第二种解释也合理些,合葬之后讲述徐仕通之妻的情况,衔接很自然。

东湖:指的是徐俯,东湖居士是他的号。徐俯有诗文集《东湖集》传世。

忠愍之裔:根据上下文辞例,当为"之"字。

克昌厥世：克，能也；昌，昌盛；厥，代词。此语，出自《三国志・魏书・后妃传》："盖帝王之兴，既有受命之君，又有圣妃协于神灵，然后克昌厥世，以成王业焉。""克昌厥世"，常用于墓志和悼文中，有"能使当世昌盛"的意思。

景命云逝：墓志铭前两字不清，可能是"景命"二字。"景命云逝"一词，多见于南北朝时期的墓志铭中，用来悼念逝者。如《魏故穆氏元(洛神)夫人墓志》："而昊天不吊，景命云逝。"[4]景，大也。景命，大命也。

"东湖之孙"至"归□兹丘"一段，当为墓主人的朋友，即刻碑人所作的悼词。文经过补阙仍多残缺，但大意已可通。大意应该是：东湖居士徐俯的孙子，忠愍公徐禧的后裔，从小好学，可惜忽然去世。为什么不能长命，让家族在自己的手里昌盛，而归葬在深山之中。"余□□弟"则表达的是刻碑人对墓主人的悼念之情。

三　相关问题研究

在考释铭文的基础上，笔者对墓志所涉及的相关问题进行探讨：

(一)德兴徐俯家族的由来、成员和仕途

结合铭文与相关文献，我们以世系为顺序，对徐氏家族的渊源和几代成员的事迹作一归纳：

徐氏家族把渊源追溯到了先秦的圣王徐偃王。根据《韩非子》等先秦文献记载，徐偃王为春秋时期的徐国君主，治国有方，素以仁义闻名于世。因此，徐国五谷丰登，人民安居乐业；国力不断增强，来朝贡者日益增多。当时各地来朝者"三十有六国"、"地方五百里"，范围涉及到淮河、泗水流域的苏、鲁、豫、皖的部分地区。

徐氏家族在唐代，居住在婺州(现在的浙江金华)，后来为躲避五代战乱，迁居到洪州(宋孝宗即位后改为隆兴府)的分宁县(今江西省修水县)。迁居的年份，因碑文不清而无法得到确认，而碑文所缺的两字很有可能是用于纪年的六十干支之一。徐俯因流连于德兴的秀美山水，所以在绍兴九年(1139 年)罢政(《宋史・徐俯传》记载，"罢政"的原因是因病辞官)之后，徐氏家族又迁到了饶州的德兴县(今江西省德兴市)天门镇。

徐禧(1035—1082 年)，字德占，王安石变法的支持者，徐仕通的曾祖父，徐俯之父。《宋史》有传。夫人是黄庭坚之妹。《建炎以来系年要录》卷五十一载："丙辰，右奉直大夫主管亳州明道宫徐俯试右谏议大夫。俯之母，黄庭坚从妹也。"徐禧初以言官进入朝廷，后又参与西北军事，在对西夏的战争中殉职。北宋朝廷谥其号为忠愍，以表彰其为国之危难时挺身而出的事迹。

徐俯(1075—1141 年)，字师川，号东湖居士，工诗，是江西诗派的代表人物，著作集为《东湖集》。徐禧之子，徐仕通的祖父，黄庭坚之甥。《宋史》有传。

徐俯早年受业于黄庭坚，后从学于程颐的弟子杨时，两人均为“元祐党人”。而且，徐还与“元祐党人”吕公望后人吕本中等有诗词畅和。徐虽未列入北宋末年的“元祐党籍碑”，但其在南宋初年的政治仕途却与“元祐党人”密切相关。徐俯在北宋初进仕途，靠徐禧的功劳门荫补官，仅受通直郎，官升为司门郎之后，在钦宗时辞官。直到南宋绍兴二、三年之间，宋高宗大量使用元祐党人后裔，徐俯由于是黄庭坚之甥而受到重视，并一路高升，骤至枢密院副使，位列副宰相之位。所以，和两宋的其他家族一样，徐氏家族也深深打上了“党争”的烙印。

徐琏(生卒不详)，徐衎的父亲，夫人程氏，曾任江南西路参议官。从参议官的任官资格来看，徐琏在任参议官之前，至少做过知州一级的官职。

徐衎(1138—1159年)，靠祖上功劳荫补为通仕郎，效力于荆湘地区的军事机构，英年早逝。娶妻韩新，韩琦的后人。两人有一长女康姐早亡，两人亦无子嗣。

(二)韩慤胄的身份探讨

根据墓志铭的记载，徐衎之妻韩氏，是全州知州韩慤胄的长女，为北宋名门望族韩琦的后裔。

《宋史·韩琦传》记载，韩琦有子六人：忠彦、端彦、良彦、纯彦、粹彦、嘉彦。长子韩忠彦，为北宋宰执。端彦，右赞善大夫。良彦，为秘书省校书郎，早卒。纯彦，官至徽猷阁直学士。粹彦，官至吏部侍郎，终龙图阁学士。幼子嘉彦尚神宗女齐国公主，拜驸马都尉，终瀛海军承宣使。子孙后代中又有一人为相，即韩嘉彦之孙韩侂胄。由此可见，韩琦家族世代显宦。

通过梳理相关文献，韩琦的六个儿子中，韩忠彦和韩嘉彦两支的族谱得到了确认：

韩忠彦 → 韩治 → 韩肖胄

韩嘉彦 → 韩诚 → 韩侂胄

根据韩琦二子的族谱推知：韩慤胄与韩肖胄、韩侂胄是同辈，同为韩琦的曾孙。至于韩慤胄属于韩琦六子中的哪一支后裔，囿于资料，现已无从查考。

韩慤胄的从政经历，正史没有记载，但可以在地方志中找到蛛丝马迹(地方志作“韩悫胄”)。

根据《同治饶州府志》卷十一和《民国德兴县志》卷六的记载，韩悫胄曾任德兴县知县。《洪武永州府志》卷十《全州古守副题名》记载：韩悫胄以右朝散郎任全州通判。《康熙全州志》卷五也有韩悫胄的任职记载：“韩悫胄，以右朝散大夫，乾道三年(1167年)任。”[5]根据李之亮先生的考证，韩悫胄于1171年离任全州知州，历时五年。[6]按，右朝散郎和右朝散大夫都是寄禄官：右朝散郎秩在从七品上，右朝散大夫秩在从五品上。在元祐四年和绍兴官制中，寄禄官分为左右：有出身者带“左”，无出身者带“右”。这里的出身，指的是通过科举考试而获得的步入仕途的资格。

由此可知，韩悫胄的仕宦经历是：德兴县知县→全州通判→全州知州。由于韩氏家族是名门望族，世代官宦。又韩壸胄任职的每一个官职，所对应的寄禄官秩中都带有“右”字，因此可以判定，韩壸胄不是通过科举的途径，而是通过荫补进入仕途的。

（三）徐、韩家族的婚姻状况

韩琦家族世代显宦，与许多名门望族、皇室有通婚和婚姻关系。如：韩琦家族与吕夷简、文彦博、蔡确等名门望族有直接的婚姻关系，与包拯等家族则为间接的姻亲关系。与其他名门望族相比，韩氏家族还与皇室保持了长期的世代联姻，如韩琦幼子韩嘉彦，娶了宋神宗的女儿——齐国公主。南宋时期，嘉彦之子韩诚娶了宋高宗宪圣慈烈皇后的妹妹，嘉彦之孙韩侂胄娶的是宪圣慈烈皇后的侄女。韩肖胄之孙女，韩侂胄的侄孙女，是宋宁宗的皇后。

徐氏家族亦为官宦人家，与以下名门望族有婚姻或者姻亲关系：徐俯的母亲来自于分宁的黄庭坚家族，徐俯的姨母嫁给了洪氏家族的洪师中（“分宁四洪”的父亲）。又，黄庭坚的母亲和洪师中的母亲是姐妹，两个人的舅舅又是北宋哲宗朝的户部尚书李常。

韩懿胄任职宋代饶州德兴县知县，是徐俯迁移家族之后定居地的父母官，这是徐、韩两家能够结识的契机。结合墓志和地方志的记载，知韩懿胄任全州知州之时，长女、长婿均已往逝。所以，徐仕通和韩新结为夫妻的时间，可能是韩懿胄任德兴县知县之时。徐、韩两家之所以能联姻，原因很多，但其中最重要的一点就是两家“门当户对”，即徐仕通的祖父徐俯、韩新的先人韩琦，都做到了宰相一级的官，都是朝廷重臣。

注　释

[1]　孙以刚：《江西德兴市宋乾道徐衎墓》，《考古》1995 年第 2 期。
[2]　铭文中的“□”为不识和字迹不清之字，框中汉字据文意和相关史实等补充。
[3]　司义祖编：《宋大诏令集》卷 164，中华书局，1962 年。
[4]　赵超：《汉魏南北朝墓志汇编》，天津古籍出版社，1992 年。
[5][6]　李之亮：《宋两湖大郡守臣易替考》，巴蜀书社，1998 年。

浮梁县五华山高际禅林初步考察

刘诗中　彭　舟

【摘要】 五华山高际禅林坐落于美如仙境的瑶里，五华山的主峰五股尖，为赣东北的最高点。高际寺旧称高际庵，传说始建于北魏年间。今高际山保存有明代大型高僧墓、明代高际禅林遗址。这之中的明代石构高际禅林规模宏大，所保持的历史风貌为南方禅林所罕见。

【关健词】 五华山　高际禅林　大型高僧墓

在漫长的历史进程中，江西始终是中国禅宗发展和传播的最重要的区域之一。

禅宗后来分化出的五宗七派（沩仰宗、临济宗、曹洞宗、云门宗、法眼宗、杨岐派、黄龙派）都与江西有深厚的渊源。沩仰宗的开山祖师沩山灵佑得法于江西高僧百丈怀海，后于湖南沩山开席讲法。他的门生，沩仰宗的另一位开山祖师仰山慧寂得道之后在江西袁州仰山传道说法。临济七传之后产生了杨岐派和黄龙派。杨岐派的开山祖师杨岐方会在江西萍乡杨岐山创立宗派，传道说法。黄龙派的开山祖师黄龙慧南原籍江西玉山，悟道得法后在江西南昌黄龙山创立宗派，传道说法。曹洞宗的开山祖师良介是江西高僧青原行思的第四代法孙，得法后，在江西筠州洞山创立宗派，其弟子本寂在洞山悟道得法后再往江西抚州曹山开席讲法。禅宗和另外两个宗派云门宗和法眼宗的开山祖师云门文偃和法眼文益也是江西高僧青原行思的第八代法孙和第十八代法孙。

中国禅宗在江西留下了数十处祖庭和道场，在江西创立了五个宗派和无以数计的禅宗典籍，在江西境内留下了深厚渊博的佛教文化遗产。

高际禅林虽缺乏可靠的历史文献记载，但从现存的文化遗址和历史风貌来观，它又是一处十分珍贵的原汁原味、原生态型的禅林遗存，它应是一处被历史岁月淹没的有声望的禅林道场，完全解读它虽需时日，但仅从目前的规模和保存状况来观，不仅在江西少见，就是在东南地区也不多见，加之其保存的生态环境如此之好，因而它具有历史与观赏的双重价值（图一）。

图一　高际山卫星图

一　美如仙境的禅林景观

五华山高际禅林坐落在国家风景名胜区的瑶里，瑶里位于景德镇市浮梁县东北，与安徽休宁、祁门县交界。五华山仰天台的五股尖海拔高达 1600 米以上，境内生态环境良好，植被茂密，种类丰富，其中不乏原始森林，森林覆盖率高达 94%以上。现代诗人赞道“瑶河九曲水潺湲，涧壑生花瀑滃然。白石塔边青雾绕，仰天台上玉茗鲜。冲霄五股连星没，镇地虎头涌碧泉。水韵山魂难入画，天工妙笔赋新篇”（图二）。

图二　高际森林

高际山瀑布位于汪胡村对面的南崖山，那 50 米宽的水帘从 60 余米高的崖头倾泻而下,水花飞溅,声撼群谷,白雾飞腾,浪涛翻滚,形成了气势磅礴的壮丽景象。由白石塔、虎头山和五股尖诸多溪水汇集的瑶河,水质甘甜,清澈见底,千姿百态,蜿蜒向前。河中红鲤、草鱼成群结队,身肥体壮,追逐嬉戏,怡然自得,成为高际山下的一大景观。位于东梅岭三银碗东南方的五股尖,古称芭蕉山,明代饶州知府徐策有诗云:“蜿蜒起平陆,翠峰插青霄。时有风雨作,疑是战芭蕉。”清乾隆《浮梁县志》对高际山的名山峰描述:“夕阳岭,位于五华山北,相传蓝采和吹笛于此。其巅有黄竹岭、长丰岭。自岭而下四山壁立,道路曲折。明代郡守陈策诗曰:“岭上人吹笛,何人识是仙;笛终人未见,江树夕阳天。””“白石山,在县东北七十里新正都,与芭蕉山对峙,峭壁万冈,白石磷磷,瀑布一泄千丈,其东南有龙井,旱祷时应。””“芭蕉山在白石山右,距县八十余里,翠峰插天,望之有似蕉林,因名。”“龙虎山在新正都,去芭蕉山三里许,崖皆石硝绝难攀,岭有池,广数十亩,深不可测,士人云有龙藏之。”五股尖是五华山的主峰,接天连云,峰高谷深,山势险要。深秋时节,经常出现山上山下两重天的奇异景观。五股尖观日是一大奇景,晴天万里无云时,在山上可以眺望瓷都景德镇。位于汪湖的原始森林,林内古树参天,曲径通幽,水声潺潺,千奇百异。林中珍贵的红杉、南酸枣、豹皮樟、青峰冈、檫树、红楠木、香枫、马银花、香榧等古树名木记录着“杀孙封山”的悲壮故事。而天河谷之水就像一群脱僵野马冲向山下,长年累月的咆哮,使天河谷内的岩石形成了一个个奇洞与深潭,冠名“龙井、灵芝滩、仙人洗足、神龟偷酒”等自然景点奇观,使人置身其中,难辨是在天上,还是在人间。

民俗曰:山厚人肥,山清水秀,山驻人宁。瑶里的五华山,正是这一俗语的生动诠释。瑶里的五华山,是绿色的山。自古以来,那绵如长城,固若铁壁的群峰,为瑶里抵挡了多少自然灾祸,积蓄了多少宝贵资源。瑶里的五华山是一座充满活力的山,它生林木,长花草,藏珍禽,养奇兽。它吞云挟雨,飞瀑流泉,生发万千气象。这里哪一座山不是葱茏滴翠!哪一座峰岭不是云缭雾绕!哪一条山谷不是斑斓如锦!到瑶里,一定要登五华山的圣山高际山,这里在秦汉时期是方士隐逸的神仙都会,唐宋以降又成为佛教禅林圣地。这里是交融着文化,喷射着自然魅力的名山,随时都在展露芳姿。高际禅林所蕴藏的博大精深文化,给这方山川注入了古风雅韵,山因此灵动,水因此更温情,心的翅膀也因此飞得更加欢畅。

二　丰富多彩的文化遗存

高际禅林文化遗存极为丰富,包括寺院(庵)、寺塔、僧塔(墓)、摩崖石刻、石经幢、禅田茶园、路亭、桥梁等,而这些遗存均分布于原生态环境,造就了高际禅林的历史性、真实性、完整性。现将沿登山路线分布的主要遗存介绍如下(图三)。

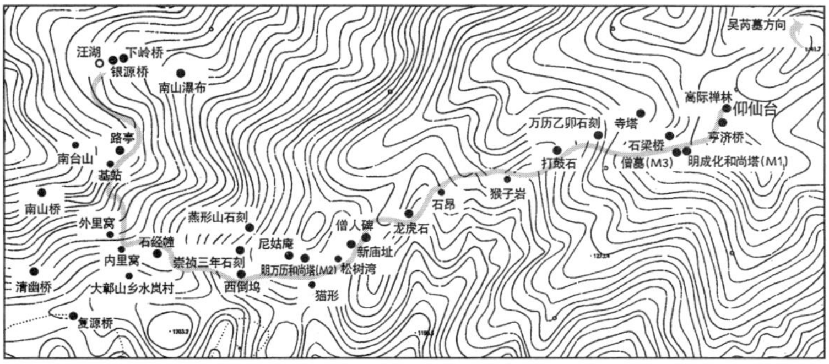

图三　高际禅林遗存分布图

(一)七宝如来石经幢

此石经幢位于婺源与浮梁上高际山古道交汇处,这是旧时婺饶之间山民、茶民、商贩过往的山径,也是善男信女进入高际禅林礼佛的通道。

该石经幢已倒伏于地,华盖形宝顶被挪于四方体基石上,基石稳固地埋入山林。幢身柱状,高 1.90 米,八棱面。每面边长 12.5 厘米。华盖形顶石双层,下层卷边为檐,亦八棱面,下宽上窄。上层作为顶覆钵状。盖顶高 30 厘米,上边长 13 厘米,下边长 20 厘米,底座高 50 厘米。四方柱,边长 30 厘米。

该石经幢为坚硬的花岗石质,每一面竖刻佛语如下:

南无阿弥陀如来/南无甘露王如来

南无口怖畏如来/南无妙色身如来

南无广博身如来/南无多宝如来

南无宝胜如来/

第八面镌"崇祯三年中秋日吉旦立"年款(图四)。

图四　明代石经幢

石经幢俗称弥陀柱,古代宗教石刻的一种,创始于唐代,作柱状,上有盘盖,大于柱径,刻垂幔、飘带等图案,柱身多刻陀罗尼或其他经文和佛像。

南无,亦作"南谟",是"归敬"、"归命"、"敬礼"的意思。佛教徒常用来加在佛、菩萨或经典提名之前,表示对佛法的尊敬。

如来,为释迦牟尼的十种称号之一。"如"谓如实。"如来"即从如实之道而来,是开示真理的人,佛教用以自称。

(二)"南无阿弥陀佛"摩崖石刻

此石刻位于尼姑庵下之北大路旁,嵌入山体整石的一个自然破裂面,形状半弧形,花岗岩。石刻高1.80米,最宽处1.70米,上部阴刻"南无阿弥陀佛",左竖刻"崇祯三年如余贞敬之"阴文字款。

按:崇祯三年为公元1630年,这与下距400米处交汇路口所立石经幢时间大体吻合。此地自古以来被当地人称之为"燕形石"。

该石刻至少为我们提供了如下信息:

1. 这里是浮梁、饶州、婺源、休宁、祁门等赣皖香客进出山的必由之路。

2. 在明末的崇祯年间,社会动乱,礼佛信众日多,大都寄身家性命于佛像寺庙,因此高际山腹地,仰天台下沿溪间所建立的庵、寺、塔、刻石、经幢先后出现,填补了僧俗两界人们心理上的失衡。

3. 经幢、摩崖石刻之材质,均系燕山期地质年代的花岗岩石,刻写方式粗放,不过分雕饰。

4. 整个崖面刻字平齐,除横排佛号与竖刻年款、姓名外,三分之二的刻字面上大都留白,不着一字痕迹,它是在昭示佛的功德无量,还是居士香客虔心礼佛,天日可鉴的文字表白?这种无声胜有声的效果正是"禅"的最高意境的表述。

刻石上从右至左所刻"南无阿弥陀佛"中的阿(e),是梵文 Amitabha Buddha(阿弥陀婆佛婆)、Amitayus Buddha(阿弥陀瘦斯佛陀)音译的略称,又简称"弥陀",意译"无量光"、"无量寺",大乘佛教的佛名。他是西方"极乐世界"的教主,为净土宗信仰的主要对象。佛经说此佛于过去世为菩萨时,名为法藏,曾发四十八愿,长期修行,成为佛陀。《阿弥陀经》说:"念佛",多为念阿弥陀佛名号。在寺院的佛殿上,阿弥陀佛塑像常与释迦、药师二佛并座,成为三尊。佛教极力主张众生跟随阿弥陀修学佛法,从此一心称念阿弥陀佛这个名号,求生极乐世界,那么阿弥陀佛会在这个人临终的时候接引去西方极乐世界。

(三)尼姑庵遗址

尼姑庵遗址坐落在燕形石下右侧两峡对峙处的台地上,东边平缓坡地是一座大型高僧墓,编号M2,当地人称和尚坟。

尼姑庵建筑遗址东西宽约12米,南北长约16米,面积约192平方米。为三进式建筑平面,四围均用中小型石块砌筑成墙体。从上、中、下三堂的隔断从石料配置到砌结的工作面都显粗放。

遗址内出土的瓷片为晚清景德镇民窑烧制的青花瓷杯碗残片,其中一件圈足底书"白玉斋"款,应是清代景德镇瓷堂名款。另见有一青花瓷片,上有青花书写的"大明成化年制"款识,这说明尼姑庵的年代始建于明代。

(四)和尚坟(M2)

墓地坐落在燕形石下的斜坡之上,与尼姑庵旧址紧邻。坐北朝南,背倚青山。燕形石山岩突露,坚实可依。南面地形开阔,青竹摇翠,溪涧鸣环佩,左有“青龙”,右拥“白虎”,是堪舆家眼中难得的“吉壤”(图五)。

图五 M2 现状

墓塔分上中下三层。底层平坦开阔,广约一亩,为祭祀坪,中间铺长条石板台阶,中层为前堂,左右两翼,各砌护石墙,构筑出的前端祭拜台,颇显庄严肃穆,占地面积约 0.2 亩。

上层后室即寝宫上的葫芦状宝顶石已被盗墓者滚落到墓前祭祀地坪上。巨大的覆盘石整料打磨而成,周边为圆形,中央呈六边形。覆盘石直径 2.50 米,中央六边形的盖孔与宝顶石阴阳相套合,封闭严密。覆盘石中央厚,边缘薄,呈斗笠状,覆于石构寝宫口上。

墓塔寝宫上部由上下两道罗圈构成,罗圈依山势北高南低,罗圈墙体用瓦楞石盖顶,宽于圈墙,形成檐屋,以利排水,从远处观去又有宫廷屋顶建筑华贵之感。墓地周围与地坪上原横七竖八堆放散落的原墓塔石构件,包括罗圈护栏石、望柱、祭台前方石额等。经过现场初步复原,大体恢复了原有气势。寝宫开掘在山脚外,形成一个缓坡状圆形土圹,圆围用花岗石上下叠涩砌成内收的穹顶,合缝严密,未用灰浆。寝宫内积水污垢一尺多深,未发现有文字的碑石,只在当年盗掘的堆土中,收集到原置于寝宫内的青花骨灰罐的原碎片,类似“将军罐”残片,上有火焰纹、云纹、飞鹤等青花图案。此墓葬的年代只能依据盛殓骨灰的罐片判断其为明万历早期。

(五)“士孳大乐大喜仝墓”石碑

“士孳大乐大喜仝墓”石碑,高 68、宽 30、厚 8 厘米,青色板岩材质,大猫形石左侧茶山坳发现。

碑文阴刻,自右往左读,“士孳”,失解;大喜、大乐为两个僧人;“仝”乃“同”的异形字，意与“同”相同，有可能是大喜、大乐两个僧人的骨灰合葬墓，也不排除“士孳”是另一个比丘(即“和尚”的俗名或出家后的法名。如果这一种推测可以成立，那么这块碑将是三位僧人的合葬碑)。

五华山的丘壑台地有过高际禅林这样规模的寺院，当年出现极盛的境况，僧人为数也不会少，不论主持或比丘，抑或比丘尼死后火化，都有归葬处。可在五华山留下的只是两座大型的墓塔及这方墓碣，这真是一个谜；其次，两位僧人(或三位僧人)怎么会同时圆寂，火化合葬在一起呢？是瘟疫、意外，还是发生过什么突发事情导致其在极短的时间内死去，然后火化再合葬在一起，这又是一个谜。“士”多指学有所成的读书人，即“儒”，这个“士”能否理解为此碑中所记的大乐、大喜是级别更高的僧人。

(六)打鼓石与“宝处在近”摩崖石刻

打鼓石位于石塔下约 180 米处山崖下，下临深涧。

上下五华山的古道石磴与打鼓石擦身而过，处在山中间喇叭形开阔之处。

打鼓石为一巨石，岩石深入山体之内。上部较平如砥。传言昔时高际寺的法会信息便是从在该石之上的鼓楼中发出的。因上距高际寺仅 800 米之遥，所以每日的“暮鼓”声会在山中久久回荡。鼓声在傍晚响起，也就是说宣示寺院一天的活动到此结束，僧众们便开始了各自的修行，此时寺院内不得再有闲杂人员，更不得大声喧哗。

“宝处在近”摩崖题刻，位于高际山打鼓石上行四五米处的岩面，高 2.8 米、宽 3.65 米。“宝处”两字作行书繁体“寶處”，指宝剑。“宝剑”是对寺庙敬称，这里的“宝处在近”意谓宝刹离此不远了，很近了。未曾料到之后有心术不良之徒将此视为提示附近藏有宝物的隐语，招致长老墓塔、寺塔先后惨遭盗毁，这是令当年题刻者始料未及的。(图六)

“宝处在近”四字竖排，每字长、宽 16 厘米，左边题款为“大鄣山人□□□”刻石。大鄣山，婺源之乡，横亘在婺源境内，与浮梁县接壤。婺源大鄣山乡水岗村之北，有石道经两县交界处之清幽桥来浮梁或上五华山高际禅寺烧香礼佛，许愿还愿。该石刻年代为明万历四十三年(1615 年)，与山腰明崇祯三年所立石经幢及“南无阿弥陀佛“摩崖石刻相距仅 15 年。可见明代晚期高际禅林佛事之盛与信众之多。同样，可以证明明代高际禅林佛事昌盛的还有载于高际山下的汪湖村《汪氏族谱》，族谱中的“银源八景诗”中的《高际晨钟》。汪家人将《高际晨钟》写入八景诗，钟声传出的地方正是“白云深处有僧庐”的高际寺。

(七)亨济桥

亨济桥坐落在“高际禅林”遗址的溪涧上，东西流向，是山民或信众上仰天台、五股尖峰的重要通道，与禅寺的山门南北相对，相距仅 30 米左右，中间为地坪。面积约 150 平方米，为僧人活动或听经之所。

图六　明万历石刻

亨济桥营建用花岗石发券，高 2.60、拱高 1.40、全长 4.0 米，桥面宽 3.30 米，拱底宽 3.10 米。为单孔桥，桥下溪流湍急，巨石卷澜。券拱中央有楣额扇面形题匾，上面线刻双勾楷书“亨济桥”三字，字体娟秀，撇捺开张，未署题名及年款（图七）。

图七　亨济桥

关于桥名,有两解。从字面解释:“亨”即通达顺利之意,如“官运亨通”成语取此之;其次又有普济、普惠大众之意。“济”,则有“惠及”之意,“助也”之意。亨济桥,即通达顺利惠及大众之桥。从桥型判断,此为明代桥。

(八)高僧墓(M1)

高僧墓位于高际寺前东侧约 250 米处。墓前方开阔,远山连绵起伏,坐北朝南。墓表气势宏大,纵向 12 米,前方最宽处的祭台宽 10 米,占地面积 120 平方米。由祭台、前堂、后堂三部分组成,墓穴位于后堂之下。前方祭台从下至上高 2.50 米,依自然山势用石围收分。祭台为半圆形,纵向 5.20 米,台面平坦,前堂与后堂墓碑、柱、华盖均倒塌,两道石围罗圈仍可见,外侧用条石横立作维护状,内用拱石围圈,圈外用长 1.15—2.00、高 0.48 米的扁长条石砌成八字口,内圈上下两层,圈中径 2.85 米,纵长 5 米,拱圈前端两石最长,长度为 1.60 米(图八)。

图八 M1 现状

该墓的西北侧见有人工利用自然石面开凿出的长达 1 米的巨龟。这是一种奇特的文化现象,龟是长寿之物的象征,用在葬地风水中却还有代表镇邪方位含义,是所谓四神之一种,代表北方玄武。由于此龟伏于墓前古道上,又引来了另一种神龟偷酒的说法。传说旧时汪湖一带利用老虎岗的老虎尿酿造的"浮红"米酒，香甜可口，醇香朴鼻，成为当时天下名酒之一。汪胡的"浮红"米酒吸引了天下众多文人墨客，同样也引来了天上众仙，众仙中有一只玉帝坐骑神龟，因"浮红"米酒醇香可口，贪杯多饮，延误了回朝期限，害怕玉帝怪罪，见汪湖风景秀丽，索性停留在汪湖河谷中，饮酒作乐。随着日子的推移，神龟胆子不仅越来越大，天天深夜潜入酒坊偷喝米酒，起先汪湖百姓未曾察觉，随着各家酒坊先后被盗，人们才发现是天河谷中的神龟所为。八仙们闻听此事，决心捉住神龟，为汪湖百姓讨回公道。

神龟深居在天河谷中龙井深潭时，八仙们为了从龙井中引出神龟，让铁拐李将宝葫芦中的美酒滴于龙井中，并放置宝葫芦于龙井边，众仙们纷纷埋伏于龙井周围，神龟已久不闻酒香，闻到酒香味，急不可待地潜出龙井，爬至葫芦偷喝美酒。说时迟，那时快，吕洞宾抽出宝剑，一剑刺神龟，神龟头来不及缩回龟壳，早已被吕洞宾砍去半边嘴巴。此时，神龟赶忙求饶。八仙们念神龟与己同为天仙，不忍心处死神龟，便惩罚神龟镇守天河谷，将功赎罪，永不回天庭(图九)。

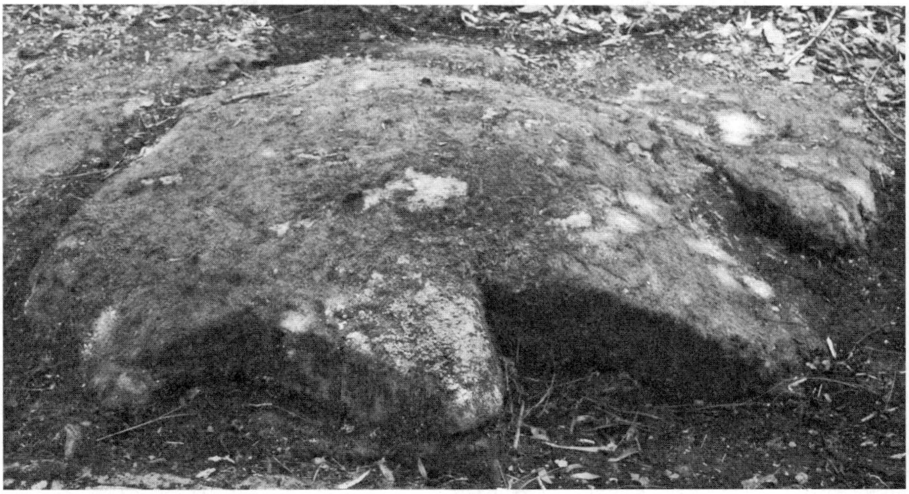

图九　石龟

至今，汪湖天河谷中，便留下一只少了半边嘴巴的石龟，以向汪湖百姓谢罪之状天天伏在河边。天河谷的神龟毕竟是传说的。而天河谷之上，位于高僧墓前的大石龟确是真实存在的。

由于墓早年多次被盗，墓穴一片狼藉。墓葬石构件散落于山野，通过仔细搜寻，未见一块刻字或图案石碑类，这应是一佚名高僧墓。在残留的墓内堆积和墓底板结土见有石灰，以使穴地干燥，去掉湿气。从底部淤土中发现一件青花瓷罐盖。盖面用青花书写"成化十九年四月吉日"，这是一件专门定制的冥器，以安放高僧灵骨。墓穴中出有数十块灵骨碎片，有手、足、脑、颈椎、头部骨骼，灵骨呈棕红黑色,显然是二次葬。佛教盛行火葬,在山野的熊熊烈焰中,高僧魂归西天,用代表蓝天白云的青花图案罐盛灵骨作为二次安葬。这件有年款的明代青花罐为我们日后破译高际禅林诸多历史之谜无疑是提供了最准确的年代标尺(图十)。

图十　M1 出土明成化十九年青花罐盖

(九)石塔

石塔位于高际寺前约 150 米,从下至上由地宫、塔基、塔身三部分组成。由于该塔早年被盗,塔身高度不明。地宫亦被盗掘,地宫未置正中,而是偏南方向,地宫作竖穴圆形斗状,上大下小,上口径 10.20、下口径 10.05 米,周边用不规则石块垒砌,底部亦垫石,口部用大石条封闭。塔基呈正方形,边长 6 米,用不整花岗岩石块铺垫,交错铺设,咬和紧密,塔基石块深入地表 15 厘米。塔身为八角形,中宽 30.60、塔身 50 米,现存二级。由于历史记载缺乏,原塔的高度和级数不详,如按塔基平面尺寸。加之塔身收分叠涩至顶,塔身高度应达 17 米以上(含塔刹部分)。

对于高际石塔,现代版的《景德镇市志》上有记载,市志云:“在高际寺的一侧坡上,建有一座佛塔,塔建于唐朝。”此塔时代是否早到唐代,有待于日后的发现来验证(图十一)。

图十一　石塔

(十)梁桥

该桥坐落于高际禅寺与塔中间,几乎与塔连成一直线。由于其构筑在山涧低洼的水溪上,其水溪两岸距离较短,仅 2 米长度,在两岸用石块砌筑成墩台,桥上铺设两长条石,即组成桥面通道,建筑学上称此桥型为梁桥。传说中高际寺处原有一心桥,直线通寺庙,但有说法被洪水冲毁。由于该桥处低洼处,且原有古道被灌木埋没,此次调查重新将其发现,这有可能就是旧时的一心桥。此梁桥称一心桥,桥名来历可能有二,一是沿直线过桥通达南北向寺院;二是根据桥面下无底部拱圈,而是在两岸桥墩上置石条,表示直来直去之意(图十二)。

图十二　石梁桥

（十一）高际禅林遗址

遗址坐落在五华山仰天台下，海拔高 1113 米处，南北两峡谷处被冲击而成缓坡台地。东倚高际山的主峰，西为溪涧切割而成的幽谷，呈东高西低簸箕形。台地呈缓坡状，坡角 12°－25°，面积约 1200 平方米，主体建筑占地面积约 650 平方米。

主体建筑沿东西中轴线设前中后三殿，后殿与中殿相通，有后门一道，中殿与前殿相通的中殿门一道，前殿前墙圮毁，有台阶痕。前殿朝南有以后改建的拱券门入石门坎、石阶，以便充作山门之用。山门外乃地坪，长方形，以麻石结坎，面积为 250 平方米。石坎东面中央砌方形高台，高 0.80 米，面积 72 平方米，似为住持讲经、设坛祭祀和众僧习武之用。

主体建筑呈城堡形，之所以如这般认定，主要在于寺东、南、西三面山墙高度都在 30.50－40.00 米之间，呈上窄下宽趋势，均以大小不规则形麻石垒砌，关键转角处门框皆以长宽尺寸相似经加工而成的长花岗岩石条。山门框顶以楔形花岗石发券成拱形（图十三）。

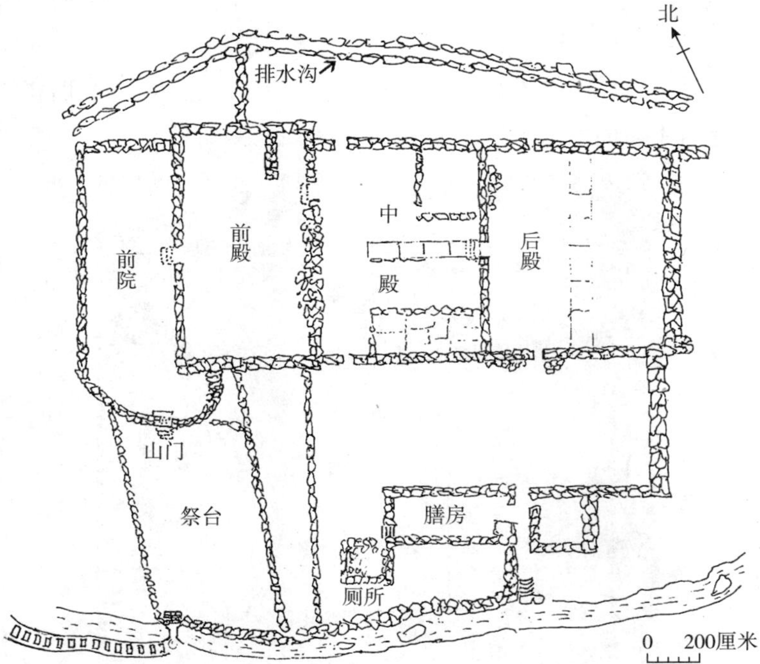

图十三　高际禅寺平面图

不论是围墙还是殿间的间墙下部基础宽度均在 10.80 米左右，往上渐内收分至 0.80 米上下，墙体坚固厚实，防卫功能可靠，既可防盗，又可防火、防野兽扰袭。在这样的“城池”内再构筑禅堂、佛堂、方丈室、藏金阁都是符合寺庙建筑群落规定的。寺庙的南北两面均辟便门，西南处山脚是由高际山仰天台下泄的山溪切割而成的山涧，溪水常年流淌，清凉宜人。有用人工砌堰引入生活区的水池痕迹，又有下涧石阶遗痕。寺北紧依东西走向的山脚下有长达约32米用麻石砌筑的排水沟，便于雨季泄洪，寺后山坡上有古道通仰天台和五股尖峰（图十四）。

图十四　寺院墙

考察高际禅寺遗址，我们以为其建筑布局遵循了汉族佛教建筑传统。现对高际寺院建筑布局作一分析推测。高际禅寺建筑风格注重以南北为中轴线，主要建筑群布局在中轴线上，附属设施安排在东西两侧，如三大殿为前殿、中殿、后殿，殿内还有小间。前殿实为山门殿，中殿实为天王殿，后殿则为大雄宝殿，殿内小间则为法堂和藏金阁。这样山门殿、天王殿、大雄宝殿、法堂、藏金阁均在中轴线上，僧众的生活建筑集中在中轴线两侧，包括僧寮香积厨（厨房）、斋堂（僧众食堂）、职事堂（库房）、茶堂（接待室）、东司（厕所）等等（图十五）。

图十五　寺院内景

山门殿与天王殿布局,佛寺的大门称为山门。这大概源自于寺院建筑在山野之中,所谓天下名山僧占多。高际禅寺的山门原在西边,后考虑向西地势低凹,进寺溪间修桥易淹,故又将上门移至西南方向,由亨济桥入寺。现存山门未与院墙整体错位连接,而是独立砌墙,可以看出为后立的。其实山门应叫做三门,三门象征佛教的三解脱门(即空门、无相门、无作门)。山门殿后为坐着的大肚笑口的弥勒佛。殿的两侧为俗称风调雨顺的四大天王和弥勒佛,幡幛背后为面对大雄宝殿站立的韦驮王(图十六)。

图十六 山门景

大雄宝殿,为寺院正殿,高际禅林门石匾也砌于此拱门上。大雄宝殿俗称大殿,正式名称是大雄宝殿。这里是寺院的中心,供奉着寺院的主尊佛像。

佛殿称大雄是对佛的道德法力的尊称,意思为像大勇士一样,一切无畏。高际寺三大殿虽非独立,但也循序渐进,后殿占地面积大正说明了这一点。大雄宝殿供奉着佛及其具有的含义,使寺院具有神圣的法力。

遗址中所获得最珍贵的出土物是高际禅寺石匾,青花石质,扁长方形,宽1.30、高0.59、厚0.45米,据当地传说,题写“高际禅林”四字的是南宋著名诗人杨万里。清代《浮梁县志》记当年杨万里由祁门县乘船来浮梁,吟诗一首《入浮梁界》:“湿日云闻淡,晴峰雨后鲜。水吞提柳藤,麦到野音肩。沤漩嬉浮叶,炊烟倒入船。顺流风更顺,只道不双全。”如果“高际禅林”四字确系杨万里所书,那么高际禅林的鼎盛期最少在南宋初年(图十七)。

图十七　高际山禅林石匾额

(十二)仰天书院遗址

仰天书院位于高际禅林遗址之上,海拔1300米。明万历年间,吏部尚书余懋亨及其弟余懋学曾在这里潜心攻读,历尽寒窗之苦后高中(图十八)。

图十八　仰天台景

寺庙与书院有同时存在的,也有寺庙荒废后文人利用其场所读书会友的。王安石在隐退金陵期间,常去钟山的定林寺与主持说诗论文,苏东坡与镇江金山寺的住持佛印交往更是留下过无数佳话轶闻。

“偶过斋院逢僧话,又得浮生半日闲”更成为当时读书士人精神境界的最高追求。

让我们立足现实,作一次文化回音:浮梁苍穹下,那位于五华山中的高际山仰天书院,它仅仅剩下残垣断壁的石墙遗址。但在此代读书人的眼里,他们就是神圣的殿堂,就是博大灵魂与思想的磨砺。学人在这深山老林中读书,读出来一片光明远景,读出来一派广阔天地,读出了满天星光灿烂。

三 有关几点认识

有关高际禅寺研究前人成果几乎空白,多为今人所编传奇故事,至于历史记载只字未提,连清康熙,乾隆,道光三版的《浮梁县志》也未见记录,只列举了其邻近旧属辛正都的青龙寺。唯一官修的志书只有现代版《景德镇市志》中的佛教篇提及过高际庵或高际寺,加之高际山两位大型僧人墓又未见墓主人碑记,更增添了其神秘色彩。本文在近年考古调查基础上,对有关问题作初步探讨。

(一)高际禅林文化遗产景观价值评估

高际禅林的文化景观主要包括寺院遗址、大型僧人墓、摩崖题刻及经幢、交通桥梁、禅林茶田等。这些珍贵的禅林文化遗存为人们展现了高际禅林的历史盛况。

1. 石构城堡式寺院

高际禅寺就其遗存种类和规模,不仅在江西不多见,就是在江南也很少见有。类似宗教遗存在江西宜黄相山也发现过这类石构城堡式建筑,同样处于高山平坦处,但相山为道教建筑。

高际禅寺建筑有如下几个特征:一是院墙为石构,墙体宽厚高大。主体建筑石构墙同样宽大,墙体在 5 米以上高度才架设木梁架,如加上梁架中的抬梁与穿斗式的升起,内空高至少有 8 米以上,这对于建造大殿堂十分有利;二是处于高山,由于平坦地有限,平面布局尽量浓缩汉式佛教建筑精华,前、中、后三殿为山门殿、天王殿、大雄宝殿,三殿可供奉主要佛像。大殿内又分隔有偏房,供寺院存物和僧人居住,三殿利用山坡缓面将殿与殿之间分成三级台阶,并有侧门通向院外,这也是界定三殿的做法。附属建筑在主体建筑一侧,其功能主要是寺院的生活服务器。为了让寺院成为永久性建筑,在其近山一侧还有石块筑成的涵洞,及时将山洪水和院内积水排于外。山门原在正面,后因改桥而修在一侧,并连通院侧门,这样改造更适合寺院集体活动。反观作为禅宗祖地江西其他地方的寺庙,几乎难以见过如此宏大的古寺院遗存,这不能不说它是赣地保存历史信息量最为丰富的一个禅林地点。

2. 壮观的高僧墓

高际山不仅禅寺遗存规模雄伟,气势非凡。相比禅宗祖地宜春地区的袁州仰山、靖安宝丰寺、奉新百丈山、上高九峰寺、宜丰洞山和黄蘖山,以及抚州宜黄的曹山都分布不少宋至明清僧人墓,但就其规模,难以与高际山僧墓相比。

这两座大型僧人墓不仅有宽阔的祭台,而且有大的地下寝宫,圆形覆盘石直径达 2 米,重达 3000 千克,且为一整料加工而成。

前堂、后堂全用花岗岩加工砌成两道罗圈，地下寝宫亦用大石块筑墩，可见其工程之浩大。

3. 寺塔一体的特殊性石塔

有寺必有塔，寺塔相对，这是名寺院的一个重要建筑布局。但这种遗存在江西寺庙中已很少见有，个别有塔的也是砖砌筑塔，石塔十分罕见。用石块造塔，这是一种刚性的表征，也是与寺院建材相符，在大山深处更能与自然环境相契合。反观其他古寺院地，现存古寺庙未见塔，有的有塔，寺却毁，塔寺同时保留这就是其古老价值所在。同时，寺院占地在山坡平缓地，而塔在寺前独立山头上，山头呈蘑菇状，使塔更显挺拔。

（二）高际禅寺的历史年代

目前关于高际禅寺的开创年代有几说，一说见于现代版《景德镇市志》中云："高际禅寺开创于北魏年间"；二说是宋代县人余懋亨、余懋学兄弟俩经一位高僧指点来到仰天台潜心苦学，双双中文武状元，衣锦还乡大兴土木在此修建寺庙；三说是北宋末期的重和元年创建。

北魏开创，时间太早难以置信，江西有名的寺院大都开创于唐代晚期。至于北宋重和元年开创之说过于具体，无可靠文献。宋代余氏兄弟创建，同样令人难以信服，兄弟同进士，已在外做官，又未见请何僧人主持说法，至于兄弟同中状元，这在中国历代科举场上还未有过，纯属后人臆造。唯有从高际禅林石匾去寻找。旧传为南宋名人杨万里所书，这种可能性还是存在，杨万里确实来过浮梁，其进入地点是从祁门经高际山入浮梁，并与寺院僧人有过交游，以此推知，高际禅寺创建年代最晚应为北宋晚期，杨万里生活在南宋早期，他欣然题匾时应是寺院一个历史盛期。宋代创业，明代发扬光大，这种推断较为稳妥。明代两高僧大墓所出万历和成化十九年青花瓷灵骨罐，以及两处分别为明万历、崇祯年号的摩崖石刻都为高际寺历史沿革画上了句号，明代的高际山香火达到历史鼎盛时期。

（三）五华山高际禅林名说

禅林，按《辞海》经典的解释，是指佛教禅宗寺院，后来其他宗派也根据禅宗的规制而建立，也称丛林，而丛林即禅林，禅林即丛林，佛教僧众聚居。比丘和合一处，有如众木相成林，故名。

五华山是江西、安徽两省交界处的名山，以其五股尖、白石山、芭蕉山、虎头山、夕阳岭五座相簇相依如五朵莲花而得名。在佛教经义中，花华同义，有"一花一世界，一佛一如来"之说。这五华山与九华山一样，注定与佛教禅宗有扯不断的因缘关系。清乾隆四十八年《浮梁县志》载：五华山，在县东八十里辛正都，五峰并峙，状似莲花。

高际，山名。从地理位置上观，五华山西面隶属浮梁县境内的部分称高际山。

高际山当是民间称呼，“高际”者顾名思义显示范围，如“国际”、“际会”等等，此处意译为：“高的所在”或“高的山”、“高的地方”。

仰天台海拔1341米。人们在高际禅寺上的仰天台行祭天之礼，观天变之象，冀望与上天沟通，呼请上天赐福呈祥，同时表达对上天、高山、大地主司神灵的“高山仰止，景行行止”的无限虔诚。

（四）禅宗“普请‘制度的典范——高际山禅茶景观’”

在《百丈清规》中有普请制度。“普请”就是共同参加劳动，上至方丈，下至小沙弥所有出家人都必须参加集体劳动，提倡“农禅并重”的丛林作风。

浮梁茶久负盛名，作为浮梁茶的重要种植基地，则数高际山茶，而首先培育高山茶的则是高际禅林的禅农们，是他们一代代在高际山开垦茶园，利用高际山得天独厚的自然地理条件，不惜人力物力修筑了一道道绕山石坎，营造出高山梯田茶园，造就了茶田景观。禅林僧众通过种植高山茶来维持寺庙运作，除部分自饮外，大部分外销至海内外，从而成为禅林的一大文化景观。

自唐开始，浮梁茶名誉天下。《元和郡县图志》载，唐元和八年（813年），浮梁“每岁出茶七百万驮，税十五余万贯”。当时的浮梁茶产量大，品质好，加上水陆交通便利，成为中国茶叶的主要产地和集散地。一些商贾富豪云集浮梁，争购茶叶，转运销售。据史料记载，那时的西域一带，每年从浮梁运销的茶叶就达十几万驮之多，《敦煌文集》中的《茶酒论》即记录了“浮梁歙州，万国来求”的盛况。公元816年，白居易在长诗《琵琶行》中写下了“商人重利轻别离，前月浮梁买茶去”的名句，把唐代浮梁茶叶经营的盛况载入史册。

产于高际山的崖玉菜，历来作为“贡茶”进奉朝廷。其叶色清香持久，滋味甘醇绵长，形态纤细匀称，白毫披露，银光隐翠，属世界三大高山茶之一（图十九）。

图十九　高山茶

（五）高僧悟道处

宋代文豪杨万里为高际禅林题匾，这是历史名人对高际禅林的规模和名气的最好评价。

禅宗与江西文人士大夫结缘很深，有“诗到江西别是禅”之说。杨万里《送分宁主簿罗宏才秩满入京》诗中说道：“要知诗客参江西，正以禅客参曹溪。不到南华与修水，于何悠哉游哉更传衣。”

当年高际山的高僧们用大机大用之法接引学人，浑无圭角。这正是雾锁长空，风生大野。百草树木作大狮吼，演说摩诃大般若，三世诸佛在尔诸，入脚跟下转大法轮。若也会得，功不浪施。

高际山两位高僧墓不立文字，难辨其真实身份。在江南寺院塔林中大都见有法号的僧人墓碑立于前堂或后堂。记载高僧生平的墓志铭则放于寝宫内，而此两位高僧前堂和后堂都有墓碑石，但未铭一字，寝宫内也未见墓志铭，这只能说高僧隐姓埋名，不为后人所知，其身份可能与朝廷和官府的谪官有关，当年他们隐于高际山，潜心学道，接纳弟子，学成后回故里或乡井设道场弘法，这就是高僧墓的无字碑和僧墓极少的缘故吧。

注　释

[1] （宋）普济著：《五灯会元》，中华书局，1984 年。

[2] （宋）赞宁著：《宋高僧传》，中华书局，1987 年。

[3] （宋）道原著：《景德传灯录》，四部丛刊本，上海书店出版社，2010 年。

[4] 韩傅著：《江西佛教史》，光明日报出版社，1995 年。

[5] （清）程廷济著：《浮梁县志》，乾隆四十八年(1783 年)版。

[6] （宋）汪肩吾：《昌江风土记》，见（清）乔桂修、贺熙龄纂：《浮梁县志》，道光刻本。

[7] （宋）乐史撰：《太平寰宇记》，中华书局，2007 年。

千年不败的水利工程——槎滩陂

萧用桁

【摘要】 我国自古以来就是以农立国，是世界上农业的发祥地之一。在长达八九千年的漫长发展过程中，它的生产技术、生产工具及水利工程可以说当时在世界上都是遥遥领先的。俗话说：有收无收在于水，收多收少在于肥。勤劳艰辛的先民在长期的生产实践中，懂得了水对于农业生产的重要性，由此修建了许多水利工程。如：都江堰和郑国渠等。而修建于南唐时的槎滩陂则使得万亩干燥受旱之地成为良田沃土，虽历经千余年仍发挥良好灌溉效益，称为千年不败的水利工程，成为赣中地区的一朵奇葩。

【关键词】 水利工程　槎滩陂

槎滩、碉石二陂坐落于赣中吉泰盆地的江西省泰和县禾市镇桥丰村的滥江上游，为南唐西台监察御史周矩所创筑，虽历经千余年仍发挥着较好的灌溉效益，称为千年不败的水利工程（图一）。

图一　槎滩陂全景图

关于槎滩陂的记述，官修史志上始见于康熙五十九年（1720年）刊刻的《西江志》，全文如下：

“槎滩陂，在泰和县禾溪上流，后唐天成进士周矩所筑（矩官西台监察御史）。长百余丈，滩下七里许筑碉石陂，约三十丈。又于近地凿渠为三十六支，分灌高行、信实两乡田无算。子羡（周羡，仕宋为仆射）增置山田鱼塘，岁收子粒以赡修陂之费。皇祐四年嗣孙周中和撰有碑记。”雍正十年（1732年）刊刻的《江西通志》转录了《西江志》的文字。后来的光绪《江西通志》也照录了这段文字。

禾溪，又作禾水，源于泰和西北部永新县浆坑，流入泰和至湛口，合澹水。澹水，又作澹江，发源泰和西部偏南的井冈山，入泰和县至湛口，与禾水合流，以下河段现名澹江，旧称禾溪。

泰和县对修建槎滩陂的原委，在清光绪四年《泰和县志》中有比较具体的交代，文曰：“槎滩、碉石二陂，在禾溪上流。为高行、信实两乡灌田公陂。光绪《江西通志》：后唐天成进士御史周矩创筑，其子羡仕宋仆射赡修。乾隆志因李、唐、田三志未载，拟删。道光三年，知县杨祠修志，生员周振与蒋、萧各姓迭控至京。六年春，奉部饬知：于新修志书载开‘槎滩碉石二陂，后唐御史周矩创筑，子羡赡修’，以示不忘创筑之功，惟周羡赡修田塘久已无据，该陂为两乡公陂已久，后遇修筑，仍归各姓按田派费，周姓不得藉陂争水。”

看来康熙省志的记录是县志登录此事的祖本。“李、唐、田三志”，说的是明弘治知县李穆、万历知县唐伯元、清康熙知县田惟冀三人主修的《泰和县志》。乾隆间修志据前三次县志未录槎滩陂而“拟删”。实际上可能是删削了，否则，道光修志时周振等人不会进京告状。朝廷对此事裁决的结论是，周矩创筑之功不可忘记，确认槎滩陂为“公陂”，周姓不能藉陂争水。由此我们可以想见，槎滩陂从五代创建以后的八九百年中，长期寂寞于乡间，有过曲折变故，到了清朝才得到“正名定分”的待遇。

因槎滩陂修筑后落差大，水流湍急，声如牛吼，当地居民将该段称为牛吼江。槎滩陂为溢流坝，将江水提升后开渠分流，陂水自西向东依次流经禾市镇、螺溪镇及石山乡，灌溉沿途农田，在三派村汇入禾水而注入赣江。槎滩陂水流经禾市镇上蒋村时又分为南北两条支流，分别称为“南干渠”和“北干渠”。为预防水灾，在槎滩陂下约七里处，又修筑有一段减水的小陂——碉石陂。因此该水利系统称为槎滩、碉石陂。槎滩陂渠迂回三十余里，灌溉良田5万余亩。它是江西最早的水利工程，距今千余年，至今仍发挥着较好的效益。

周矩（895—976年），字必至，号云峰，原籍金陵（即南京），南唐天成二年进士，任金陵西台监察御史，在天成末年（930年）随女婿吉州刺史杨大中迁居泰和的万岁乡（今泰和螺溪镇），为泰和县爵誉、木龙等村周姓始祖。他寓居农村，体察民情，“然里地高燥，力田之人岁罔有秋。”深知群众受旱欠收之苦，便决定兴修水利。公元937年，周矩经过多年的谋划后，选择属赣江水系支流的澹水上游的槎滩村畔修筑了一座陂坝（溢流坝）——槎滩陂水利工程，将江水分流，枯水季节大部分水量流向水渠用于灌溉,丰水季节则江水溢流入天然河道自然排放。据《泰和县志》记载:古陂长一百余丈,横遏江水,开洪旁注,故名槎滩陂。又于滩下七里许,伐石筑减水小陂,储蓄水道,俾无泛滥,名碉石。历经千年的河水冲刷和泥土的淤积,现在的槎滩陂分为主坝和副坝两部分。主坝长105米,设7米宽的筏道;坝顶宽7米,坝脚宽18米;平均坝高4米,最大坝高4.7米。副坝长177米,高4.1米,设两孔排沙闸。

随着历史的变迁和社会的发展,槎滩陂的维修也与时俱进,在建筑方式和建筑材料上经历了三次大的改变:初筑时是用木桩、竹筱、土石,即陂坝两边打木桩,用竹片沿木桩编织好挡土墙后中间填土石并夯实,"以木椿、竹筱压为大陂,横遏江水"。这种方法材料易取,维修方便、经济实用,但是竹木易腐,保存时间短,要经常维修,费时费事。第二次是元至正年间改用条石。现藏于泰和县螺溪镇普田村委南岗自然村李氏宗祠,由元从仕郎、辽阳等处儒学副提举、庐陵刘岳申所撰《柏兴路同知英叔李公墓志铭》(图二)载:"予闻西昌李英叔,其乡槎滩、碉石二陂,每岁屡筑,筑已辄坏,殆不可筑。英叔以钱二万缗募千夫凿石堤水,陂成,灌螺溪良田三十万,乡人称之曰:李公陂。"

柏兴路同知英叔李公墓志铭

元从仕郎、辽阳等处儒学副提举、庐陵刘岳申撰

予闻西昌李英叔,其乡槎滩、碉石二陂,每岁屡筑,筑已辄坏,殆不可筑。英叔以钱二万缗募千夫,凿石堤水,陂成,灌螺溪良田三十万,乡人称之曰"李公陂"。又闻每岁俭月,英叔发廪数千先粜,市谷一石,而因其直为损十一,其妻助之,又益家量十一,粜者石得谷百二十升以为常,今五十年矣。嗟夫,以若所闻,英叔又何恶斁于天与人哉?英叔以至元丙子八月三日卒,得年七十有八。其乡人求余铭者,皆称英叔蚤孤,母周年垂九十而终。孝慕不衰,教子孙循循谨饬,善遇族姻乡邻宾友。凶年,劝分常过万石。得官承事郎、同知柏兴路事,当上,以母老辞行。好施与,如桥庵航渡、观坛塔寺,皆不靳。英叔美须髯,长拂地,黑白分敷可数,见者伟视。所居佳花美木、法书名画、异时宝玩,往往归之,远近名园不能致也。别治台池亭馆,奉过使客大人,至为促席。移日,家付子皆春,皆春又能远怨其家乡,使其亲享优游之福者二十年。予感昔人积善累功几世几年,仅仅不过中人数十家之产,终身曾无一日之乐。英叔起家至巨万,比封君,倾其乡里,子孙宾客日奉觞上寿,歌呼、鼓吹、弹击为欢娱,以寿考终,虽乘时,亦盛福,岂非天哉!英叔,讳一蜚,世家泰和南岗,娶胡氏。子男一:皆春。孙男一:如春,为翼义府万户、南安路推官。以至元丁丑九月三日葬其乡吴墓塘。予又闻英叔尝为书生尽还其乡舟人所颠越于货者,书生感泣,请以为谢,英叔大笑:"书生奈何教人受御耶?"铭曰:

富国有经,小者丰家;生财有道,大者无涯;王侯将相,何如素封;

为大夫种,熟与朱公。贪夫黩货,宁非巧官,墨以败官,始惭负贩。

史传货殖，皆寿考终；历选其人，亦垂无穷；呜呼英叔，身致千金；
倾其乡里，岂怨是任；没而可思，不系其富；没而不传，孰铭其墓；
斯人斯志，尚克永世。

正统间，泰和李公桓圭通判常州，有惠政。时仲氏信圭历知清河县，守处州，亦诚心爱民，民戴之不能忘。处州之子遇，今为南京工部员外郎。余暇日过之，见其季父承事郎介圭所寓四世祖同知柏兴路英叔府君铭葬，盖元儒刘高仲所为，余于是知庆泽所钟，其敛而施于乡者如此，其推而及于民者，固宜其仁且溥也。《元史》称高仲尝用荐，为辽阳儒学副提举，不就，岂其出处有同于英叔，故能知其所以贤而铭之，使传欤？

成化三年丁亥春三月丙子　南京翰林院学士、晋陵王舆题

图二　柏兴路同知英叔李公墓志铭

如今,在主坝上的基脚处,暴露出众多的条石则是明证。这些红条石分四五层垒叠筑起,每块条石长 3.4、宽 0.34、厚约 0.34 米(图三)。

图三 元朝时筑陂条石

此材料比较坚固,经久耐用,但是投资大、成本高,时间长后易腐蚀渗水。第三次是民国二十七年开始将水泥用作维修材料,《重修槎陂志·民国二十七年》:“付水泥法币五百八十七元九角(计三十桶,每桶价十七元二角),自吉安运至槎陂运费在内。”之后水泥量增大,《泰和县志·水利》记:“1952 年,加高加固滚水坝,维修延伸渠道,在坝身条石层上加铺一层 0.6 米厚的混泥土,相应延长和加高坝身。”“1983 年冬,加固加高大坝,用钢筋混泥土加固包裹,坝顶加铺 0.5 米混泥土,筏道、排沙闸、干渠也进行了维修。”优点是取材与维修方便,也比较坚固;缺点是时间长后会开裂、渗水。槎滩陂的现状就是使用钢筋混凝土。这充分说明槎滩陂对当地民众的重要性和生产力发展对槎滩陂的重要影响。

槎滩陂之所以能千年不败,笔者认为有以下几个方面的原因:一是选址恰当。古陂设在河床坚硬、水流缓慢且一面临山处,以免遭冲毁;二是设计合理,在陂坝上设置大小泓口,供船、竹(木)排通行,保证航运畅通。建成槎滩陂后,开挖灌溉渠道 36 条,使当时禾市镇和螺溪镇、石山乡变成吉泰盆地的鱼米之乡。三是有物资保障和比较好的管理制度。据周矩嗣孙周中和皇佑四年冬十月撰并书的《槎滩碉石弍陂山田记》碑(图四)详细记载了周氏开基祖周矩及后代修陂的过程:“里之有槎滩、碉石二陂，自余周之先御史矩公创始也……既而虑桩筱之不继也，则买峰口之桩山，暨洪冈寨下之筱山，岁收桩木三百七十株、架洪木三株、茶叶七十斤、竹筱二百四十余担，所以资修陂之费，而不伤人之财。二世祖仆射羡公，以先公之为犹未备也，又增买永新县刘简公早田三十六亩，旱地五亩，鱼塘三口，佃人七户，岁收子粒贮以备用，所以给修陂之食，而不劳人之饷。”由于“为子孙者，当上念祖宗之勤，而不起忿争之衅；均受陂水之利，而不得专利于一家”。规定槎滩、碉石二陂为两乡九都之公陂，不得专利于周氏。

槎滩碉石弍陂山田记

里之有槎滩、碉石二陂，自余周之先御史矩公创始也。公本金陵人，避唐末之乱，因子婿杨大中竦守庐陵，卜居泰和之万岁乡。然里地高燥，力田之人岁罔有秋。公为创楚，于是处早禾江之上流，以木桩竹筱压为大陂，横遏江水，开洪旁注，故名槎滩。滩下仅七里许，又伐石筑减水小陂，潴蓄水道，俾无泛溢，穴其水而时出之，故名碉石。已，乃税陂近之地，决渠导流，析为三十六支，灌溉高行、万岁两乡九都稻田六百顷亩，流逮三派江口，汇而入江。自近徂远，其源不竭。昔凡硗确之区，至是皆沃壤矣。既而虑桩筱之不继也，则买峰口之桩山，暨洪冈寨下之筱山，岁收桩木三百七十株、架洪木三株、茶叶七十斤、竹筱二百四十余担，所以资修陂之费，而不伤人之财。二世祖仆射羡公，以先公之为犹未备也，又增买永新县刘简公早田三十六亩，旱地五亩，鱼塘三口，佃人七户，岁收子粒贮以备用，所以给修陂之食，而不劳人之饷。先是，山田之入，皆吾宗收掌支给。由唐迄今，靡有懈弛。至天禧间，祖德重兴，一时昆弟皆滥膺官爵，不遑家食。前之山地田塘，悉以属私地诸承姓理之供赋赡陂，岁有常数。凶岁不至于不足，乐岁之羡余则以偿事事者之劳，斯固谨始虑终，图惟永久云。虽然，传有之曰：“善思可继，凡以励后世也。”先公之善，不特一乡而已。为子孙者，当上念祖宗之勤，而不起忿争之衅；均受陂水之利，而不得专利于一家。宁待食德之报，而不必食田之获。惟知视其成毁，而不得经其出入。苟或倾圮不治者，亟修葺之；侵渔不轨者，疾攻击之。如此，则孝思不匮，先公之惠，流无穷矣。余叨承余泽，未增式廓，切抱痛恨。谨记其事，并刻画田图于石，庶几逭不孝之罪，抑以慰先公于地下。碑树于三派僧院，俾僧人世守焉。噫，往常者，尚□不没人之善也。

皇佑四年冬十月之吉　太常博士、前知英州事、嗣孙中和拜撰并书

为兴筑与管理槎滩陂，居住当地的大小家族在相互摩擦中勉力合作，一代又一代地坚持做这项平凡而又必需的劳作，谱写了平静而又不朽的篇章。两宋时期，槎滩陂一直是由周姓家族单独负责组织维修与管理，是一种“家族式民办”水利工程。随着周家外出做官人数的增加，仅凭周氏一家管理槎滩陂已是力不从心：“至天禧间，祖德重兴，一时昆弟皆滥膺官爵，不遑家食。前之山地田塘，悉以属私地诸承姓理之供赋赡陂，岁有常数。”（《槎滩碉石弍陂山田记》），尤其

图四 《槎滩碉石式陂山田记》碑

进入元朝以后,区域内地方社会结构和宗族力量的发展,槎滩陂的组织管理形式发生了很大变化,如南冈李英叔:“英叔起家至巨万,比封君,倾其乡里”。处于以农耕为根本的泰和乡村的富有乡绅,应当为大地主,他们对水利有管理权的欲望和需求。所以,有业大户踊跃护陂、修陂。李英叔在元朝时投巨资修陂。1998年,水利部门在古陂上发现了数块有维修纪年的条石:明“嘉靖十三年(1534年)九月蒋氏重筑”的条石(图五)、明万历“甲午(1594年)严庄蒋重修”的条石(图六)和清“乾隆庚戌(1790年)重修”的条石(图七)。

由此,改变了过去那种由周姓独管的状况,开始由周、蒋、胡、李、萧五姓轮流管理,成为一种“乡族式民办”水利工程。成立了由陂长负责,各有业大户轮流执掌的管理机构。据至正六年辛巳五月二十五日所立的《吐纳文约》记载:“陂长周云从,有业者蒋逸仙、李如春、李如山、萧草庭,见证胡济川、罗存伏、僧人悟轩,立约为:轮流陂长,至正三年萧草庭兄弟,四年李如春,五年李如山,六年周云从,七年蒋逸仙。”从而变成为“共有共管”的情形。由于该陂造福于广大民众,深得群众爱护。如民国间,江西水利局局长燕方畋记:“泰和槎滩陂创自南唐,载诸通志。迄今千有余年矣。考其平时蓄水、灌田数逾万亩,实为全邑水利工程之冠。其间历年兴修,或由善士慨捐,或由田亩摊募,从未乞助于有司,艰苦自持千载于兹,具

图五　明“嘉靖十三年九月蒋氏重筑”纪年条石

图六　明万历“甲午严庄蒋重修”纪年条石

图七 清“乾隆庚戌重修”纪年条石

见当地物力之雄,而万民生计之是赖也。”周矩及其后裔和李家、萧家、蒋家对槎滩陂的以人为本的管理体制无疑具有先进性和前瞻性,他们的成功经验是宝贵的财富。解放后泰和县又设立了“槎滩陂管委会”,专门负责槎滩陂及其灌渠的管理。筑陂者的无私奉献精神,从周矩到李英叔及严庄蒋氏等,都是独资筑陂民众受益,因此得到广大群众的拥护。

科学选址和完善的古代水利工程管理制度及创筑和维修者的无私奉献精神,使得这座水利工程虽然历千年风雨,仍发挥着显著的灌溉效益,被称为“江南都江堰”。

注 释

[1] 白潢修、查慎行纂:《西江志》,康熙五十九年(1720 年)。
[2] 彭次云、刘敬六等修:《泰和县志》,清光绪四年(1878 年)。
[3] 周鉴冰、康席之等:《重修槎陂志》,民国二十七年(1938 年)。
[4] 周丙炎、周象玉等倡修:《西昌爵誉周氏族谱》,民国二十二年(1933 年)。
[5] 李烈淮等主修:《南冈李氏族谱》,民国二十六年(1937 年)。

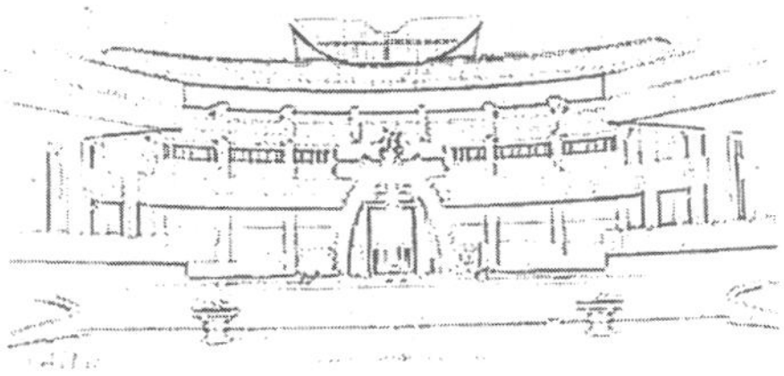

WenWu BaoHu

文物保护

浅谈馆藏文物保护

赖金明

【摘要】 馆藏文物是一个国家或地区社会历史进程的实物见证，是博物馆开展业务活动的物质基础，是实现陈列展览、社会教育和科学研究的实物资料。确保馆藏文物安全，让老祖宗留给我们的宝贵财富延长寿命，减缓自然老化过程，防止人为损坏，使藏品保持固有面貌并传之久远，是博物馆的头等大事，也是每一位文博工作者和全社会人民的义务。

【关键词】 文物保护 库房环境 文物档案 文物交接 管理制度 宣传教育

文物是人类在社会活动中遗留下来的具有历史、艺术、科学价值的遗迹和遗物，跟其他物质一样，文物有一个产生、发展和老化的过程，是一种无可替代的、不能再生的宝贵的文化财富。馆藏文物是一个国家或地区社会历史进程的实物见证，是博物馆开展业务活动的物质基础，是实现陈列展览、社会教育和科学研究的实物资料。没有馆藏文物，或者是对馆藏文物的保护、管理及利用不到位，博物馆的各项业务活动就无法正常进行。我们国家历来对文物保护工作非常重视，并提出了“保护为主、抢救第一、合理利用、加强管理”的十六字指导方针。在已经发布的《国家文物博物馆事业发展“十二五”规划（2011—2015 年））》和《国家文物保护科学和技术发展“十二五”规划（2011—2015 年）》中，“显著提高馆藏文物和遗产地风险预控能力”已被列入发展目标之一，并明确指出要“推进博物馆藏品保存环境达标建设，研究推广应用博物馆藏品保存保护技术，有效降低博物馆藏品的自然损坏率”。[1]确保馆藏文物安全，让老祖宗留给我们的宝贵财富延长寿命，减缓自然老化过程，防止人为损坏，使藏品保持固有面貌并传之久远，是博物馆的头等大事，也是每一位文博工作者和全社会人民的义务。本文仅就博物馆馆藏文物的保护谈点粗浅的认识，以求达到抛砖引玉的效果。

一　库房的环境因素直接影响藏品的寿命

文物藏品的保护主要有防和治两个方面，更长期的任务是预防。文物的预防性保护,即创造良好的保存环境,尽可能阻止或延缓文物的物理和化学性质改变致文物发生自然毁坏,以达到长久保存文物的目的。博物馆的藏品在库房、陈列展览、研究鉴赏、养护修复等各个环节里,都要求有一个相对稳定的环境。环境因素影响已经成为博物馆藏品损害的主要因素,主要包括不适宜的温度、湿度及空气污染、光线辐射、昆虫危害、微生物繁殖等。

文物藏品的损坏,有时是某一种因素单独在起作用,更多的是几种因素相互作用,彼此影响,其中空气中的温度与湿度是最重要的环境因素,是直接影响甚至决定一切物理、化学、生物作用的两个基本条件。控制博物馆内温度、相对湿度、污染物等环境因素最有效的方法是在建筑内安装湿度控制优先的恒温恒湿精密空调及带有净化过滤功能的通风系统。[2]然而此种调控手段对能源的消耗极大,对于维护经费紧张的全国大多数博物馆来说不具有可行性,但在文物库房至少也要安装空调系统和抽湿机,配备温度计、湿度计、密封文物柜等。温度要控制在藏品的质地材料能承受的限度,湿度要根据不同质地的文物,确定相对湿度,以保持其稳定。经国内外博物馆藏品保护科技人员的长期研究实践,目前已基本公认的博物馆建筑物内环境气候的标准数值是:温度为 15—25℃,相对湿度为 45—65%。在此数值范围内缓慢地波动,对保存文物是适宜的。一般认为,气温日较差不得高于 2—5℃,相对湿度的波动不得大于 5%。[3]否则由于温、湿度的高低,就会引起某些文物出现起翘、断裂、脱落、收缩等破坏现象。

空气中含有大量二氧化硫、硫化氢、二氧化氮和氯气等有害气体,除选择无风晴天适当开窗通风外,一般要紧闭门窗,尤其是春天刮风季节。灰尘对文物也有很大的破坏作用,灰尘与微生物的传播、寄生及繁殖都有密切的关系,因此,要定期打扫展厅及库房卫生,在空调机空气流动口设置专业过滤网,并定期及时清洗过滤网,减少粉尘带来的危害。清扫库房要用吸尘器,或湿扫、湿抹,切勿干扫、干掸;藏品入库前要清尘,馆藏文物尽可能放入密封性好的展柜和储藏柜内。工业排放的二氧化硫在空气中与氧、水结合形成硫酸和工业烟尘中的酸碱等污染物,对各类文物都起着极大的腐蚀作用。因此排除污染源是保护博物馆环境的根本方法,不得直接燃烧矿物燃料,博物馆旁边不应有工矿企业、铁路线和主要交通线。同时,扩大绿化博物馆的周围环境也可以减少污染,为藏品保护创造有利的外部条件。

光线对藏品有不可忽视的影响,有自然光和人工光,光线中的紫外线,可以使纺织品、纸张和有机物质老化,颜料和墨水褪色。为此,藏品的保存要尽量避光,库房不设窗或设小窗,窗上要加黑色或绿色窗帘,严防日光直射;库房要选用光线柔和的灯具,照明度要弱,光源与藏品的距离要远,以能工作为度;珍贵的有机藏品要放入柜(匣)内密封,使光照减至最低限度。

高温、潮湿是害虫和微生物繁殖生长的条件,使有机质地的文物霉烂和虫蛀。生过霉的纸张减薄,甚至霉烂成洞,生过霉的纺织品褪色,强力下降,丧失应有的坚强度，严重部位用手指轻触即破。对易虫蛀、霉变文物藏品的库房要干燥通风，并控制温、湿度，经常使用樟脑、烟叶等驱虫剂。要严把藏品入库关，发现有被虫蛀和有霉变的藏品，经杀虫、灭菌处理后，才能入库。

文物库房等建筑和保护设施以及保管设备，要安全、坚固、适应，库房要有完好的整体性密闭设施，墙体最好是保温的，要防渗漏，门窗要牢靠严实，要有缓冲间。应有防火、防盗、防潮、防虫、防尘、防光（紫外线）、防震、防空气污染等设备和设施。同时，在文物库房内及其附近，禁止存放易燃、易爆等危及文物安全的物品，严禁烟火；还应留出消防通道。库房无人时，应拉断电源开关和总闸。

二　建立文物档案是馆藏文物保护的基础

《博物馆工作条例》第六条明确规定，保管工作要做到“制度健全、账目清楚、鉴定确切、编目详明、保管妥善、查检方便”，这就要求博物馆要建立科学的馆藏文物档案。文物档案是馆藏文物必要信息的记录，是博物馆藏品保护的基础，如果没有建立文物藏品账和文物藏品档案，将无从依法管理。

标本在入库前都要进行鉴定和登入馆藏文物总登记账目（《藏品总登记账》）和馆藏文物分类登记账（《藏品分类账》）。藏品总登记账主要内容有：登记日期、总登记号、分类号、文物名称、时代、计件、计量、现状、来源、级别等。藏品分类账主要内容有：总登记号、分类登记号、原始登记号、文物名称、时代、件数、尺寸和重量、现状、来源、入藏时期、等级等。藏品总登记账是国家文化财产账，也是博物馆藏品的基本账，是核查藏品数量、质量和保证财产完整的依据，不能当作藏品目录翻阅，它带有一定的机密性。藏品分类账是按藏品的种类分别登记的，应增加分类号，分类号应回注在总登记账中的该件藏品备注项内，以互相印证，各类登记账的数量总和应与藏品总登记账的总数完全相符，分类登记账的栏目内容与藏品总登记账基本一致。藏品总账和分类账是具有法律效力的，不得任意更改，如有必须的订正，应经相关程序后订正，并在订正处做出标记，由订正经办人在订正处盖章。藏品总账和分类账应由具有敬业精神、责任心强的专业人员专门负责集中保管，永久保存，这个专业人员不能兼任库房保管，必须账、物分开。

藏品种类繁多，质地不一，所要求的保存条件也不同，应分类分库，实施有针对性的科学保护措施，才能收到良好的效果，也便于藏品的整理研究和使用。分类的标准和方法有很多种，可根据藏品的质地、用途、时代、来源等区分。

藏品分类后接着是上架，每一藏品应有一个固定的位置，据此来制定库内藏品方位卡，标明藏品在库内的具体位置：第几架（柜）、第几层，然后将方位卡编成排架（柜）目录。藏品摆放应遵循一定顺序，比如文物柜中的藏品，宜从上至下按序摆放，同一层面的文物，从大到小（或从高到低）宜从里及外摆放。要最小干预质地薄或易变形损坏的文物，应轻取轻放，或在能看到的情况下，以不动为宜，减少文物的移挪几率。当藏品提取出库后,应保留其空位,待藏品回库时,回归原位。由于博物馆藏品在不断地增加,新增藏品可另外上架,同样制作方位卡,待库房大调整时,再重新排放。藏品入库排架后,应经常检查,发现问题及时处理,还应定时清点。

接下来是对藏品进行编目、统计和建档。在保管工作程序中,编目处于关键的地位,可以是书本式,也可以是卡片式,将藏品编成目录,包括一级藏品目录、藏品分类目录和各种专题目录等,藏品定名要准确,力求做到见名称如同见到实物。通过目录体系,一方面为检索提供方便,另一方面也可以发现藏品的空白和缺项,为藏品征集提供依据。统计是对藏品实行计量化管理,能比较直观地反映藏品的实际情况,统计内容包括:各类藏品的总件数、原有数、增减数、累积数、珍稀标本数(一级、二级标本)、标本损坏数(注明原因)等。统计数字要求准确无误,反对用"一宗"、"一包"、"一箱"、"一捆"等笼统的说法,统计所采用的计算单位也要统一,要标准化。藏品档案包括每件藏品有关的历史资料、鉴定记录、修复记录、使用记录、有关研究著录,以及照片、拓片、器物绘图、检验报告等,把它们输入计算机系统,这样藏品信息就有了健全完整的电子档案,这是科学管理的重要历史记录和研究成果的体现,同时对藏品的安全提供了备查的证据资料。一旦藏品被盗或受损,则有案可查,避免造成重大损失。建立了藏品档案,可以大大减少对藏品的提用次数,增加藏品的安全系数,对藏品保护起着很好的作用,在一定程度上缓解了"保护"与"使用"的矛盾。

三　建立馆藏文物交接责任制

博物馆等文物收藏单位,在科研、陈列展览、宣传等提取文物过程中,文物出库、入库、交接等都应按规定进行。馆藏文物移交,一是指文物保管人员离任或接替时文物的交接,二是博物馆等文物收藏单位法人代表离任时,应办理馆藏文物交接手续。自 2015 年 3 月 20 日起施行的新《博物馆条例》第二十三条有明文规定:博物馆法定代表人对藏品安全负责。博物馆法定代表人、藏品管理人员离任前,应当办结藏品移交手续。

保管人员直接负责馆藏文物保管工作,了解馆藏文物情况,如馆藏类别、级别、数量、保存状况等。工作性质决定他们必须时时接触文物、搬运文物与研究文物,因此保管人员必须热爱文博事业,有责任感,有细致、耐心的行为习惯和忠实可靠、廉洁奉公的良好品德。他们离任,新的人员接替,既是保管工作交接,更是保管文物或文物藏品账、文物藏品档案的交接。在交接中,做到馆藏文物与文物藏品账相符。

博物馆等文物收藏单位的法人代表,是馆藏文物安全第一责任人,对馆藏文物安全负全责。法人代表离任应向新的法人代表移交馆藏文物,以加强对馆藏文物的保护管理。按照馆藏文物档案办理馆藏文物移交手续，可根据各馆的实际情况采取不同的方法。例如：对小型博物馆或馆藏文物在1万件以下的，可按照文物档案移交馆藏文物；对中型以下博物馆或馆藏文物在10万件以上的，按照馆藏文物档案，移交一、二、三级文物，抽查其他馆藏文物；对大型博物馆或馆藏文物在20万件以上的，按照馆藏文物档案，移交一、二级文物，抽查三级文物和一般文物。在此基础上，再按照馆藏文物档案，办理馆藏文物移交手续，签署移交文件。

四 建立健全的管理制度

建立和健全并严格执行保管工作的各项规章制度，这是搞好藏品保护的保证，各博物馆应根据自身的情况，制定切合实际的管理制度。为保证各环节不出漏洞，执行制度要严肃认真，一丝不苟。

第一，建立《库房管理制度》。藏品要有固定的专用库房，一旦固定就不要轻易地移动，因为藏品移动次数多就意味着损伤的可能增多。库房要设专人保管，保管员必须保证相对的稳定性，一般不宜轻易更换。库房要有必要的保密制度和措施，外来人员不得进入库房，如有外人要进入，须经有关领导同意，并登记签名。

第二，建立《藏品出入库制度》。藏品出入库房要有严格的手续，新入库标本要以入库凭证为据，办理手续，填写藏品卡，做好分类账和总账。藏品提用要由有关领导批准，办理出库手续。

第三，建立《保管员工作制度》。保管员要认真负责检查库房的安全，如有异常，注意保护现场，及时向有关领导报告；保管员不仅要尽到管好文物藏品的职责，同时还要掌握必要的文物藏品保护的科学知识。在动用藏品时要认真按照操作规程，双手捧持，轻拿轻放，严禁单手提边，不可提梁携耳或持柄而行。接触书画、织绣和金属文物藏品，要带上细手套，以免汗手对藏品的伤害。在拍摄馆藏文物活动中，绝不允许拍摄人员直接搬动文物。

第四，建立《保管员工作日记》。要保持库内整洁，做好库房日志，内容包括进库人员、标本进出情况、库房的温湿度记录等，这不仅可以督促保管员每天查看库房的安全和藏品保养情况，根据温湿度变化情况随时进行调节，还可为管理者了解库房现状和保管员工作情况提供书面材料。

第五，确保藏品的安全。这是一切管理的基础，包括防火、防盗、防震和防人为损伤等。各博物馆及收藏文物的单位，应设立保卫组织或专职保卫干部。安全防卫要贯彻“预防为主，确保重点”的方针。同时，应运用现代科学技术手段，确保库房馆藏文物和陈列展览文物的安全。如使用两种或多种报警设备，形成点、线、面、空间及地下综合报警系统控制网络。同时，要做好风险管理，要认真进行风险预测和风险分析，要针对不同风险制定预案，平时经常组织管理员工进行演练。根据文物藏品风险等级或有条件的都应安装电视监控、录像设备，从而形成完整的、有效的安全监控系统，确保文物安全，万无一失。文物进行复制、修复、拓印，要在保证藏品绝对安全和不损坏其价值的前提下进行。

第六，制定《藏品管理奖惩制度》。对热爱本职工作、认真负责、兢兢业业工作有成绩者，适当加以表彰或奖励。反之，不遵守规章制度，玩忽职守，造成文物损坏丢失者，必须根据情节轻重、损失大小，给予适当的批评教育或处理，以利于教育工作人员管理保护好文物藏品。因此，经常对全体人员，特别是新入馆人员，进行文物安全的教育，不断提高他们的纪律性和遵守制度的自觉性，是博物馆各级领导人员的重要责任。

五 对人民群众进行宣传教育

博物馆藏品的保护是一项长期的系统工程，这不仅是文物工作人员的职责，也是社会和公众的责任。我们要提高认识，统一思想，树立完整、全面的科学保护理念并落实到各项业务工作中。我们应通过报刊、杂志、广播、影视等各种媒体，采取多种形式，大力宣传和普及文物保护法及文物保护知识，提高社会和公众对文物保护意义的认识，积极的动员全社会共同参与文物保护，使广大人民群众懂得保护文物的意义及在文物保护中的责任。

此外，做好馆藏文物保护，必需加大投入，改善馆藏文物的存放环境，完善馆藏文物的保护手段；馆藏文物保护工作是一项专业技术要求较高的工作，需要专业人才来进行，博物馆还必需大力培养专业的文物保护人才，可以选拔馆内年轻工作人员出去学习，也可以邀请其他博物馆优秀人才前来培训等等，从而提升专业人员的业务素质和工作能力，这已成为目前工作的重要任务。

注 释

[1][2] 黄河、吴来明：《馆藏文物保存环境研究的发展与现状》，《文物保护与考古科学》2012 年 12 月第 24 卷增刊。

[3] 王宏钧：《中国博物馆学基础》，上海古籍出版社，2011 年。

陶瓷文物保护修复的几点思考

万水标

【摘要】 当代文物修复是传统修复与当代科学新技术的结合、旨在更好延续人类的共同文化遗产寿命的一项科学、专业、复杂、细腻、独特的工作，是一项长期而艰巨的系统工程。要做好这个工作，必须事前全面掌握文物的信息、精心设计修复技术步骤，严格依步骤施行，切实做好陶瓷文物三种不同形式的修复工作。

【关键词】 陶瓷藏品 保护 修复

2014年11月6日至11月29日，笔者有幸参加了由国家文物局主办、故宫博物院和故宫学院承办的陶瓷藏品保护与修复培训班。这次培训的授课老师均是分析检测、保护修复等业务方面的资深专家，十分注重修复的科学、专业特性，充分考虑到修复的实践性、实用性。教学现场鼓励老师与学员的交流，鼓励学员之间的合作，给学员提供了一个良好的学习操作和沟通交流的平台。通过培训，笔者体会颇多，对于今后更好地从事文物保护修复工作有了更多思考。

一 对陶瓷文物修复目标的认识

古陶瓷，是中国古代先民对世界做出的杰出贡献，是古代先民遗留下来的人类智慧的结晶，是中国灿烂文化和历史的具体体现。这些有形文化遗产蕴含着丰富的历史信息、深厚的艺术内涵及科技工艺的启迪，是不可再生的文化资源。然而，经过千百年的变化，大量陶瓷文物都不同程度的存在残缺、酥粉、裂缝、釉面剥落等病害，严重影响了陶瓷文物的展示和保存。

正是基于以上原因，如何让留存于库房中的陶瓷文物活起来，展示于世人面前，这就对我们陶瓷文物保护修复工作者提出了明确的要求，也决定了博物馆工作人员在对陶瓷文物进行保护修复时所采取的任何手段必须是科学的、可持续的。

陶瓷文物修复是一项科学、专业、复杂、细腻、独特的工作，是材料、化学、美术等多学科交叉的产物。我们现在所讲的文物修复不仅仅是考虑陶瓷文物完整性的问题,更多的是考虑如何更好延续文物寿命,如何将传统修复与科学技术结合,使我们的保护修复工作更合理,更为世人所接受。正如,故宫博物院单院长在《展望2020——把壮美的紫禁城完整地交给下一个六百年》报告中所讲述的那样,我们要向传统学习,经过传统的不断启迪和指导,吸取各行业先进技术的同时,与传统进行结合,完善我们的修复工作,我们的修复目的也不仅仅是恢复文物展示功能,更多的要考虑现代材料的稳定性及对文物本体的影响,修复过程中注重传统工艺、结构等原貌的保留,使我们的文化遗产能够完整的向世人展示并传承给后人,这或许是对修复工作的目的最好的诠释。

二 对文物修复过程的认识

(一)掌握文物全面的信息

观察分析文物现状是做好文物保护修复的基础,是制定科学的、有效的保护修复方案的重要依据。作为修复工作开展第一关,应该涵盖三个方面的内容:一是修复文物背景情况。掌握受保护修复文物历史的、科学的、艺术的价值,以及以往的、现有的文物保存环境现状。二是修复文物本体。通过肉眼对文物基本情况进行仔细观察,初步了解文物的制作工艺、保存状况、病害情况等,做好必要的文字、摄像记录等。三是科学的检测分析。运用科学检测分析手段,更加深入准确的了解掌握文物的具体状况。比如,显微镜可以放大视角,看到肉眼看不到的文物细微结构,X射线衍射可以检测文物所含的元素成分,X探伤可以看清文物内部破损程度等潜藏的不利因素,拉曼(或X射线荧光能普)可以了解文物物质构成也就是物相。

由表及里的过程是对文物了解和诊脉的过程,这些均为保护修复文物提供了必要的、科学的背景、环境、数据支撑。并集此制定出保护修复方案,确定修复技术路线、步骤以及材料的运用。

(二)修复技术步骤的设计和施行

陶瓷文物保护修复主要技术步骤包括:清洗、脱盐、加固、拼接、粘结、补配、作色。不同的文物材质、不同的损害程度,在保护修复实施过程中技术路线也会有所区别,所使用的材料也会有所考虑。总的来说,保护修复技术路线中每一个步骤均是紧密相联、环环相扣,任何一个环节处理不当均会影响到后续处理的结果。因此,绝对不能忽视任何一个细节。

1. 清洗。这一环节是唯一不可逆的,要遵循最小损害原则,分清哪些是病害,哪些是需要清洗去除的,避免破坏文物编号、历史遗留等有用信息。清洗方法的选择上,尽量采取物理清洗,物理清洗难以达到,才选择化学的清洗方式。对于一些基体结构疏松、釉层剥腐的瓷器，比如釉上彩、彩绘陶等清洗时，应结合文物本体的情况，可以用环十二烷等材料进行局部性加固后再进行清洗。或者，采用海泡泥进行贴敷吸附等方法，去除附着在器物本体上的有害污染物。

2. 脱盐。可溶盐的结晶、潮解、析出对于瓷器的破坏非常大，可以造成釉面开裂、脱落等病害，脱盐的过程就是要脱出渗透到文物内部的可溶盐。脱盐有纸浆脱盐、去离子水浸泡脱盐、超声波脱盐等多种方法。采取什么样的脱盐方式应视文物的保存情况而定，对于裂隙、裂纹较多，胎体较薄的瓷器，使用超声波脱盐应慎重，可考虑采用去离子水浸泡或贴敷脱盐，较为安全；对于基体较为疏松、孔隙多或基体上有一些历史遗留信息的文物可采用纸浆脱盐，并考虑必要的加固处理。

3. 黏结。黏结是在完成瓷器残件拼接后进行的一道工序。作为博物馆修复黏结需要考虑的不只是黏结剂强度、时间、价格等问题，还要结合考虑环境温湿度、文物基体本身的强度。在黏结时，要考虑可逆性问题，尤其是环氧树脂的使用。环氧树脂作为黏结剂，强度很好，但是，拆解时难以解除，用在文物上可逆性会差点。因此，环氧树脂作为主黏结剂前，应先在黏结面作一层隔离层，以便今后再处理时容易拆解和去除，比如用 B72 作一层隔离层，丙酮溶剂就很容易将其去除。

4. 补配、作色。该步骤是恢复文物原貌的过程，需要把握好文物的原真性以及所用材料的兼容性问题。在原真性方面，如瓷器的修复要注重其结构工艺、釉色等，避免随意创造性的修补，做到补之有据，用之有理，切实体现出文物本来的面目。在材料上，随着工业技术的发展，文物修复材料可选择性更多，需要我们在材料的运用上，做好前期的研究实验工作，运用一些成熟的、与文物基体能够更好融合的补全材料，比如材料耐老化、强度、密度等。

三　对于修复形式的认识

陶瓷文物修复形式，归结起来有三种方式：一是考古性修复；二是陈列性修复；三是商业性修复。

考古性修复是文博系统早期的修复方式。主要采用石膏进行结构性复原，更多适合研究的需要，也有作为展品进行陈列的。

陈列性修复是随着修复技术的发展、修复理念的转变，博物馆陶瓷器的修复，考虑了人的审美价值，在考古性修复的基础上，对补配面进行着色处理。这种协调性处理，可以给参观者美的视觉效果，是尊重观众、尊重文化的表现，它必须符合历史、不可臆造。

商业性修复，追求修复后的完美性，也就是人们常说的“修旧如旧”，而且，商业性修复更多的考虑其经济价值。博物馆作为历史文化传播的窗口，需要的是把握正确的文化导向,为社会公众服务,公益性是它最重要的机构特性。因此,博物馆修复侧重的是前两种修复方式,考虑文物长期、健康的保存。

总之,文物保护修复是一项长期而艰巨的系统工程。通过培训我更加感受到保护修复工作任重道远。文物保护修复工作只有起点,没有终点,需要我们在日常工作中加强防范,及时发现和处理,更好地保护人类的共同文化遗产。

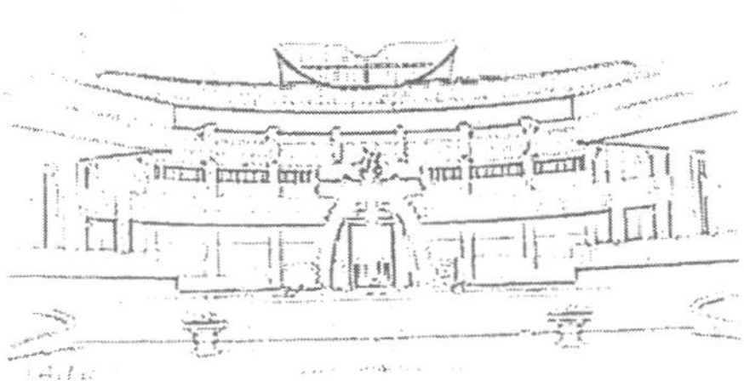

CangPin JianShang Yu YanJiu

藏品鉴赏与研究

唐风瓷韵

——上海博物馆拨交省馆唐代陶瓷精萃

段少京

【摘要】 唐代是中国封建社会繁荣发展的鼎盛时期,它在政治、经济、文化等方面取得的辉煌成就对后世的影响是巨大的。唐代的陶瓷艺术同时也步入了一个迅猛发展的阶段。“至晋而始有瓷,至唐而瓷窑始盛。”[1]唐代陶瓷从“南青北白”瓷到“唐三彩”的辉煌不仅展现了其陶瓷技艺的成就,更彰显了泱泱大唐的风采与气概。

【关键词】 青瓷　白瓷　唐三彩

上个世纪五十年代,在江西省博物馆建馆筹备期间,上海博物馆拨交了一批珍贵文物,这批文物合计1180件[2],涵盖字画、陶瓷、碑拓、金银器等多类别藏品。这批文物丰富了我馆馆藏品,其中唐代的一批陶瓷器亦弥足珍贵,现从中撷取一、二与大家分享。

1. 唐越窑青瓷盒(图一)

通高3.5、口径4厘米

现藏江西省博物馆

器1盖1,子母口。圆形,弧底,底有支钉痕。器内外均施釉,釉色莹润碧绿。胎质坚致,胎土细腻。盖面划花瓣纹点缀,线条织细流畅。整器玲珑,精致,典雅。

越窑是我国古代南方著名的青瓷窑,窑址主要分布在今浙江省上虞、余姚、慈溪等地。自东汉至宋,制瓷历史悠久。[3]唐代则是越窑青瓷制作工艺最精湛的时期。

图一

越窑之名，最早见于唐代，陆羽在其《茶经》中说："盌，越州上，鼎州次……越瓷类玉"10世纪中期以后，越窑成为吴越王钱氏官办瓷窑，所烧瓷器"臣庶不得用"。[4]宋初产量仍然极大，至吴越降宋后，越窑逐渐走上了衰微之路。

越窑烧造的瓷器以青瓷为代表。越窑青瓷代表了当时全国青瓷的最高水平。越窑青瓷有"类玉"、"类冰"之誉，釉色以匀润青翠取胜。[5]"九秋风露越窑开，夺得千峰翠色来。"千百年来，唐诗人陆龟蒙这首赞誉越窑青瓷的佳句流传甚广，是对唐代越窑青瓷的最美颂词。

2. 唐白瓷碗(图二)

高4.5、口径13.5、底径5.4厘米

现藏江西省博物馆

敞口，宽沿，弧壁，圆饼足。碗内外均施白釉，釉不及外底。露胎处可见胎质细腻。此白瓷碗系先涂抹一层化妆土后再施釉。故白色釉面光亮呈乳浊色。

图二

与青瓷相同，白瓷也是中国传统瓷器分类的一种。白瓷是用含铁量低的瓷坯，施以纯净的透明釉烧制而成。在出土的东汉墓葬中，已出现早期白瓷，但成熟的白瓷还是在隋唐以后。

唐时烧白瓷的窑址均在北方，有河北的邢窑、曲阳窑，河南的巩县窑、荥阳窑、安阳窑，山西的浑源窑、平定窑，陕西的耀州窑等。

唐代陶瓷盛行"南青北白"一说，与南方地区的越窑青瓷相匹敌的是北方邢窑的白瓷。邢窑白瓷有"类银"、"类雪"之誉，以洁白细腻见长。[6]这是因为唐时对烧造白瓷的要求提高了。唐早期白瓷在瓷胎上施一层化妆土，以增加烧成后的白度。唐中晚期已采用高质量的坯料，减少或不用化妆土加工瓷胎，白瓷已能达到体薄釉润光洁纯净的地步。

唐代以后景德镇的卵白釉，福建德化白瓷独步天下。

素雅的白瓷历来都是人们喜爱的一个瓷器品种，它看上去虽然没有斑润的色彩，却展示出朴实无华，自然天成的纯洁美。

3. 唐青瓷灯盏(图三)

高 3.5、口径 12、底 6.5 厘米

现藏江西省博物馆

盏敞口，圆唇，弧壁，平底内凹。盏内壁饰一道弦纹。沿内有环形提圈。器罩青釉，釉不及外底开冰裂纹。胎体厚重，胎土细腻致密，露胎处可见在胚胎上先抹一层化妆土再施青釉。

图三

此青瓷灯盏从釉色、胎质、品种等各方面看，应推定为江苏宜兴窑的产品。[7]

古代除用烛照明外，还使用植物油作燃料来照明，这就是人们常见的油灯。东汉开始用瓷油灯，油灯由承盘及盏两部分组成。两晋时期，青瓷灯多足下设承盘，盘中立一支柱，上座灯盏。六朝时的灯盏盏壁加深，以多容燃料。唐代灯盏大多呈筒状，灯柱多圆管形，如此件。瓷灯具有美观、实用、省油、卫生等优点。

4. 唐三彩杯(一对)(图四)

高 2.6、口径 5.5、底 3 厘米

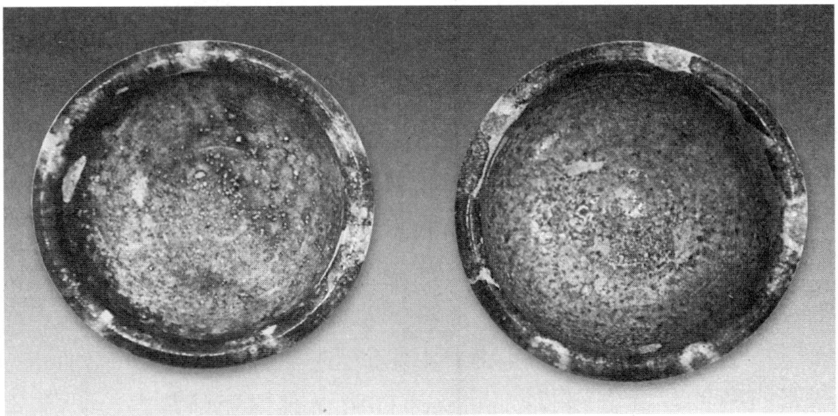

图四

现藏江西省博物馆

直口,卷唇,深弧壁,圆饼底。内壁及口沿施三彩,外壁及底素胎。胎质较松。

对于现今的人们来说,了解唐代陶瓷最熟悉不过的是唐三彩。

唐三彩是一种低温铅釉陶器,在色釉中加入不同的金属氧化物,经过焙烧,便形成浅黄、赭黄、浅绿、深绿等多种色彩,但又以黄、赭、绿三色为主。唐三彩主要是在陶坯上涂上的彩釉,通过烘制过程中产生色彩浓淡变化,互相浸润,斑驳淋漓,色彩自然协调,花纹流畅。是一种具有中国独特风格的传统工艺品。

唐三彩主要用于随葬,属于明器,因为它胎质松脆,防水性能差,实用性远不及当时的青瓷和白瓷。唐三彩始于南北朝,盛于唐开元期间,唐天宝以后逐渐衰落。

唐三彩生产地主要分布在西安和洛阳两地,在西安称为西窑,在洛阳的称为东窑。

5. 唐青瓷仕女俑(图五)

高 18.8 厘米

现藏江西省博物馆

女俑立状。发髻高耸,头微含,面庞丰腴,柳眉细眼,鼻高隆,嘴稍抿。衣着低

图五

胸唐仕女装，羽纱环披，裙袂飘逸，两臂环交于腹前。施青釉，釉色晶莹透亮。

仕女俑人物端庄、妩媚、高贵、典雅，凸现大唐女性优美风采。

陶瓷人像雕塑，是陶瓷艺术中的一个门类，是不具有实用性的艺术陈设品。[8]陶瓷雕塑历史悠久，新石器时代仰韶文化中就有发现，庙头沟类型的“人头形器口彩陶瓶”就是其中的一件杰作。秦兵马俑、汉代陶俑、唐各式人物俑，都有相当高的艺术成就，令后人叹为观止。

6. 唐青瓷骆驼俑（图六）

高 12.6、底纵 9、横 5.6 厘米

现藏江西省博物馆

图六

一椭圆形环几上立一匹憨态的骆驼，头微昂，眼凸扁长嘴，两耳耷拉，颈部刻划细鬃毛，驼峰耸立，四足稳健有力。施青釉，釉脱露胎，胎质细腻。

唐代陶瓷动物雕塑很多，羊、犬、猫、虎、鸽子、云雀、鹅等常见，但是我们见得最多的是雕塑马。这些均与唐代厚葬风俗有关，用陶瓷俑来殉葬是当时的风尚。各式的家畜、动物、阁楼、灶、灯充满人间烟火味的陶瓷明器，把现实生活和虚无世界联连一起，体现出了当时的民俗风情。

我们知道，中国陶瓷是一种积淀甚深的文化形态，透过其器形、装饰、胎釉，不仅能看到它所承载的历史，凸现的民族情怀和民俗习惯，还能体现出当时的价值观和审美观念。

上海博物馆拨交省馆的这批唐代陶瓷，种类较多，同类器物不多但比较精。从这批器物中我们可以观察到唐代制瓷工艺的特点。一是陶瓷制作在唐代已正式在窑前冠以地名，如浙江越窑、河北邢窑，瓷器已发展到“天下无贵贱通用之”的程度；二是青瓷与白瓷出现了争芳斗艳，并驾齐驱的局面；三是唐代陶瓷器更广泛

普及到民间日用生活中,新产品茶具、餐具、酒具、文具等种类繁多,造型新颖,制作精美;四是唐代陶瓷的装饰工艺,趋于多样化方向的发展,印花、贴花、剔花、划花、釉下彩等装饰手法丰富多彩。其绚丽的唐三彩釉,挥洒淋漓的花釉,变化巧妙的绞胎,以及丰富多彩的釉下彩,这些都为中国陶瓷由单色釉发展到缤纷华美的彩瓷开启了先河。

唐代陶瓷的器形内容和装饰技巧,反映了唐代陶瓷技术的高度成就。其作为文化的一种载体,折射出了唐代的社会状态,表现了特有的时代特征和独特的审美标准。唐代瓷器形体浑圆饱满,具有雍容华贵的气质;唐瓷的单色釉"天然去雕饰",在自然天成的意趣中显示出和谐的美学特征,能让后人体会出古朴的雅意。而唐代最著名的唐三彩的辉煌成就也是无可比拟的,它是盛唐那个特定的历史时期衍生出来的带有特别象征意义的产物,从另一方面展现了泱泱大唐的气概以及大唐美丽的风采。

馆藏这些唐代精美的陶瓷,反映了大唐那个时代丰富多彩的生活,折射出大唐那个时代的审美倾向和趣味,以及大唐开放的文化形态,唐人的自信与理念。唐代陶瓷所蕴涵的风韵是奇妙的,独特的,它引发我们后人在某种意义上对先人业绩的缅怀和赞颂,开启了我们的智慧,是一次审美的文化历程和充满想象的心灵陶冶。

注 释

[1] 刘子芬撰:《竹园陶说》,民国十四年(1925 年)石印本。
[2] 江西省博物馆编:《春秋华章》,江西人民出版社,2003 年。
[3] 中国硅酸盐学会编:《中国陶瓷史》,文物出版社,1982 年。
[4] 冯先铭:《中国陶瓷考古概论》,香港大学冯平山博物馆出版,1981 年
[5][6][9] 余家栋:《江西陶瓷史》,河南大学出版社,1997 年。
[7] 文物编辑委员会编:《中国古代窑址调查发掘报告集》,文物出版社,1984 年。
[8] 山谷著:《走近陶瓷》,书海出版社,2004 年。

流金溢彩　相映成趣

——江西省明代藩王墓出土镶嵌首饰赏析

李文瑾　娄慧莹

【摘要】 本文通过对江西省博物馆馆藏明代藩王墓出土的镶嵌首饰近距离地赏析，使我们了解明代镶嵌首饰的时代特征，首饰上镶嵌宝石的获取方式，以及这背后所呈现出的明代藩王奢华的生活方式和古代工匠们巧夺天工的技艺。

【关键词】 明代藩王墓　镶嵌首饰　彩色宝石　郑和下西洋

明代建立之后，朱元璋实行分封制，在江西有三藩：宁藩王系、淮藩王系、益藩王系。子孙繁衍，宗支蔓延，发展为异常庞大的藩王世家。自 20 世纪 50 年代以来，在江西省境内共发现了近 50 座明代墓葬，[1]出土了大量精美的文物，其中金银器占了很大一部分，这里面最精美绝伦的要数明代的镶嵌首饰。作为一种地位与身份的象征，明代镶嵌首饰在相当长的时间内为皇室专用，因此在制作过程中往往不计成本，力求精美绝伦。

江西省明代藩王墓出土的首饰，品种繁多，造型丰富，集历代之大成，各个阶层的墓葬都有出土。这个时期宝石被大量的应用到首饰设计中。在中国传统首饰设计中，明代以前基本都是素金首饰，偶见有宝石也是采用包镶粘接的方式，而明代是中国传统首饰设计运用彩色宝石的顶峰。彩色宝石因其自身绚烂的色彩、不菲的价值，成为明代社会各个阶层相互追捧的对象，于是我们看到了明代首饰与前代完全不同的设计样式，开始了第一次以宝石为主体进行设计制作的中国传统首饰。[2]这些出土的镶嵌首饰制作精美，文化内涵丰富，具有极高的艺术价值和历史价值。

文献记载，明代女子盛装是用各种首饰把满头装饰得几乎不漏发。通常一副“头面”有数十件，稍繁者更有二十余件。一整套形态各异的簪用以插戴鬏发之上，因为插戴部位的不同，簪的样式亦有别。明代出土的首饰品种繁多，它的体量小而在工艺上更要求制作精细。江西省博物馆馆藏的明代藩王墓中出土的首饰不乏当时的代表之作，其中涵盖了掩鬓、分心、挑心、金簪、耳环、钗等。

明代首饰繁荣的景象，与前代相比其造型逐渐趋向华丽，纹饰逐渐浓艳，洋溢着浓郁的宫廷气息。它们既有前代的清新古朴之风，又呈现出后世的富丽堂皇之气。下面我们来赏析一下部分馆藏的精品镶嵌首饰。

明代皇后像

双龙献"福、寿"鬓花金钗。一对,共重105克。器身以金丝编绕成双层。背面编成团龙,龙头盘卷在中部偏上,其下五朵祥云组成半圆形。正面中部绕成篆体字,一为"福"字、一为"寿"字,每字中部嵌宝石一颗,字体两侧有升天双龙戏珠图样,珠为红宝石。龙下有五朵祥云承托,每朵云中嵌宝石一颗,以中间的宝石最大,宝石呈椭圆形,其中一件缺失。两件共嵌红绿宝石十四颗,钗足扁平向上伸直。

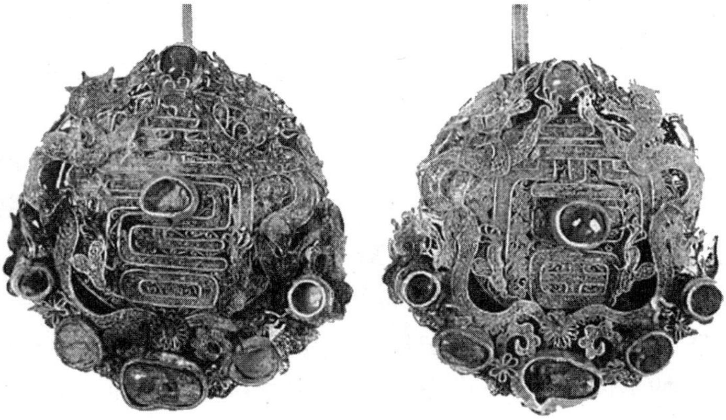

双龙献"福、寿"鬓花金钗(益庄王妃万氏棺内出土)

王母驾鸾镶宝石金凤钗。重80克。王母像高4厘米,簪脚长10厘米。金凤呈昂首挺胸,展翅飞翔状,两翅圆托上分别镶嵌1颗大红宝石,背上焊一圆托中嵌有1颗大蓝宝石,5条凤尾上的7个花托中残存2粒红宝石和2粒蓝宝石,凤尾中间镶嵌一尊头戴花冠，身披云肩，广袖长裙，双手托持一枝荷花，背有一轮金圈的王母坐像。

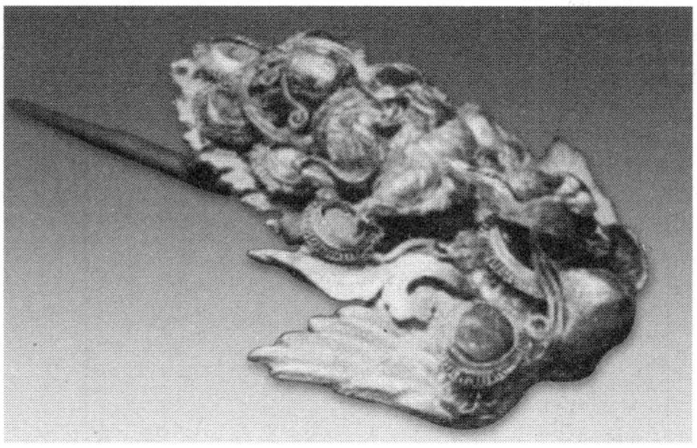

王母驾鸾镶宝石金凤钗（益宣王继妃孙氏棺内出土）

镶珠宝金耳环。一对，共重 23 克。粗金丝为钩，细金丝缠绕成架。每只耳环的金钩上穿饰 1 粒菱角形绿松石，其下方的蝴蝶托和中间的花托内各镶嵌 1 粒红宝石，金丝缠绕的环上还分别穿有 4 粒珍珠。保存完好，实属难得。

镶珠宝金耳环（益庄王妃万氏棺内出土）

云纹镶宝石鎏金掩鬓。一对，连宝石共重 58 克。两只掩鬓呈相对朵云状，云脚细长，周边饰 9 朵云纹，中间圆托上分别镶嵌一粒红、蓝宝石，簪脚体扁，由粗渐细。

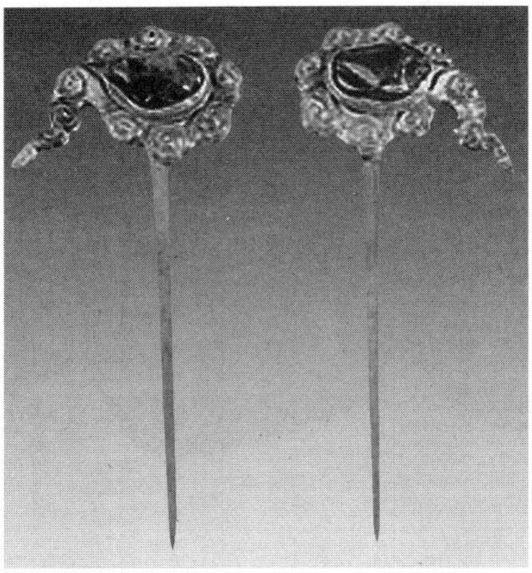

云纹镶宝石鎏金掩鬓(益端王夫妇合葬墓出土)

镶宝石金凤簪。一对,连宝石共重 38 克。整件首饰呈昂首飞翔状,凤首及颈部分别由两块金片捶压成型后焊接为两层台,上面有一朵单层四瓣金花,中间焊有一镶红宝石的花托,另一个为三层台,上面饰有一朵双层四瓣金花,花托上镶嵌 1 粒红宝石,此外,凤尾上还焊接有 5 个圆柱形宝石托。

镶宝石金凤簪(益宣王继妃孙氏棺内出土)

金冠。长 11 厘米,由圈、盖、檐和舌 4 个部分组成,通体以卷叶形金丝焊接而成。冠底以金圈围成椭圆形,饰镂空金丝花纹,圈上覆椭圆形冠盖,中线处为两条拱形横筋,夹嵌 9 颗宝石,又有 9 条纵筋平均分布,与横筋一起形成冠盖的支架;冠盖前后左右各有一片檐,后檐接两舌,檐面、檐脚和舌面、舌脚都嵌有宝石。冠盖横筋左右底部各有一小孔,孔内各插金簪一枚,用于固定头发,簪头为伞形,錾刻有花纹,簪柄压印"银作局嘉靖二十六年(1547 年)十月造金五钱"字样。这件金冠精美绝伦,其上共镶嵌了 55 颗宝石。

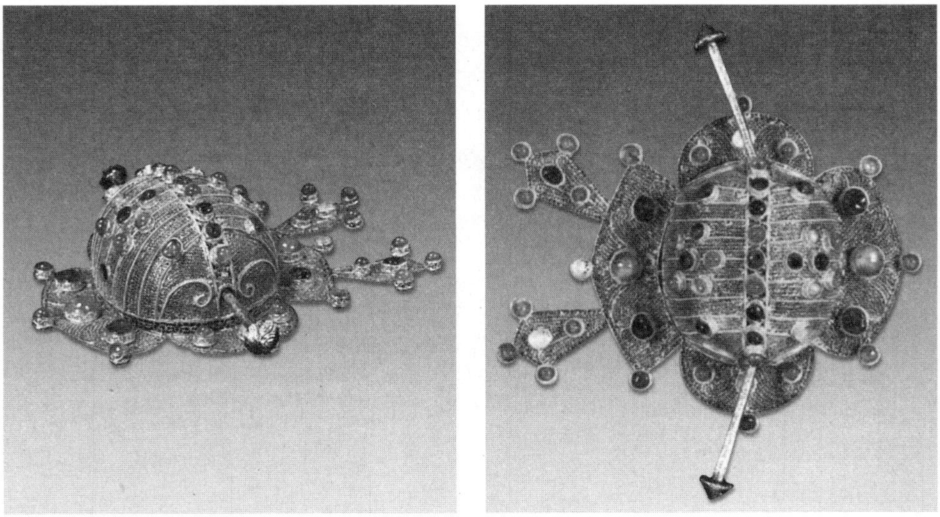

金冠(益庄王妃万氏棺内出土)

通过上面的赏析,我们可以看到明代首饰的显著特点是大量镶嵌宝石,像上面提到的金冠,竟镶嵌了 50 余颗宝石,而且镶嵌的宝石属于最为名贵的红宝石、蓝宝石、祖母绿、猫眼石。在当时来说一件首饰中,宝石是最为贵重的部分,价值超过制作首饰的黄金或白银。在商代就已经出现了黄金制品,唐代则是金银器制作的顶峰。明代宫廷首饰的制作,珠宝已是与金银平分秋色。[3]这个时期,明代首饰已经打破了传统以金银为主的局面,随着彩色宝石的出现,它和金银相互映衬,相映成趣,华美异常。从文献记载和已出土的文物中,我们可得知明代金银首饰在永乐年之后,开始使用各种彩色宝石,而镶嵌了宝石的首饰在明代具有明确的等级意义。明代政府屡次发布政令“禁官民人等妇女、不许用浑金衣服、宝石首饰”。在嘉靖年之后,这一政令逐渐被人们突破,官员、庶民的墓葬中也出土了镶嵌彩色宝石的首饰。

首饰所用彩色宝石在中国内地没有产出,必须要通过贸易来获得,而明代最著名的贸易方式要数郑和下西洋。据《明史》记载,郑和七次出使西洋:第一次始于永乐三年六月,永乐五年九月还;第二次始于永乐六年九月,永乐九年六月还;第三次始于永乐十年十一月,永乐十三年七月还;第四次始于永乐十四年十二月,永乐十七年七月还;第五次始于永乐十九年正月,永乐二十年八月还;第六次始于永乐二十二年正月,大约是年冬还;第七次始于宣德五年六月,何时还不详。[4]在长达三十年的时间里,郑和遍访东南亚、南亚、西亚和东非等地区,同数十个国家和地区进行了广泛而深入的物质、文化交流活动。东南亚山地矿产资源藏量丰富,种类繁多,有宝石等出产。[5]郑和率领的船队在西洋诸国采买宝石,以及西洋诸国向明王朝朝贡宝石,都成为了明代彩色宝石重要的来源。

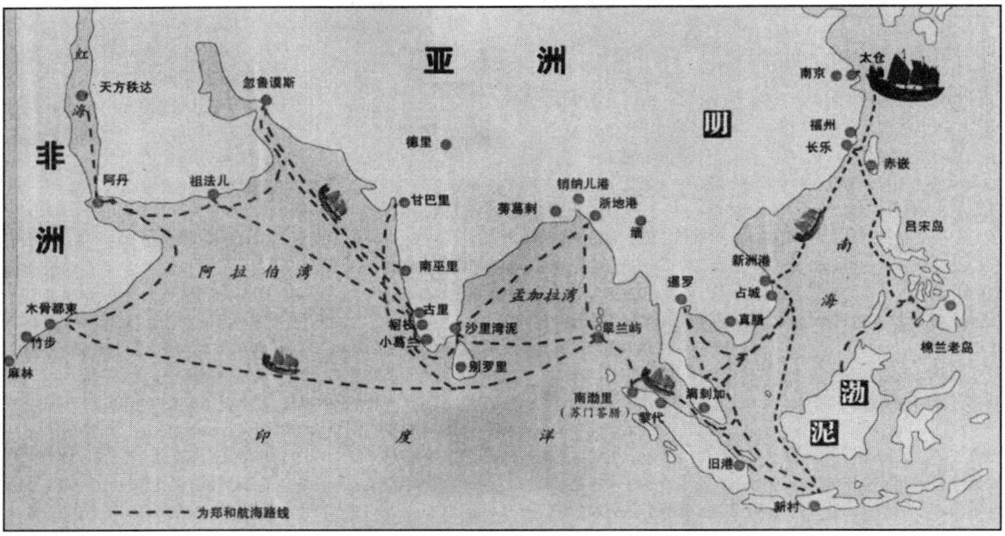

郑和下西洋贸易路线图

彩色宝石被大量引进明代宫廷,这从侧面反映出,郑和下西洋的一个重要原因就是要获得海外奢侈品满足贵族需要。[6]明朝藩王不得干政,但是朝廷给予的待遇是极高的。随着藩王世家的日渐庞大,按照品级佩戴珠宝玉饰逐渐增多,这样无形之中就增加了对珠宝玉器等奢侈品的需求,而这样的需求就成为郑和下西洋的一种动力。明代皇室为了满足自己的需要,集结各地能工巧匠到京城服役,不计成本地为他们的奢侈生活服务。宝石镶嵌工艺的出现使彩色宝石大量出现在明代的首饰设计中,不但丰富了明代首饰的色彩,更出现了民间无可比拟的奢华之美。

镶嵌首饰作为文物,不仅仅承载着历史,也显示出航海时代的昌盛国力。明代温和政治统治和平稳的社会环境造就了发达的商品经济和对外贸易,国家安定,生活富足,人们对物质生活、精神生活的要求就更高,对首饰的需求也就越大。通过这些珍贵文物的出土,使我们更加直观的了解明代宫廷生活的实况,而镶嵌首饰则为我们了解帝后生活提供了实物资料。

明朝在文化艺术上继承宋、元,继续发展,不断提高。外来工艺的引进,也为这个时期的首饰设计灌输了新鲜血液,其主要工艺特点就是与宝石镶嵌结合,镶嵌技艺同样达到很高水平。而从表现题材来说,更是花样翻新,除传统的几何纹样缠枝花卉外,吉祥寓意的题材也日益流行。另外,设计样式也是与时代风气一致,与其他门类的工艺美术相互借鉴、互为影响。在当代,明代的首饰瑰宝依然感染着人们的思想、观念和设计思维,可以为当代的首饰设计和发展提供丰富的经验和重要的借鉴。

注　释

[1] 江西省博物馆、南城县博物馆、新建县博物馆、南昌市博物馆编:《江西省明代藩王墓》,文物出版,2010 年。
[2] 郑静:《明代首饰繁荣背后的社会因素——以江阴出土的明代首饰为例》,《创意与设计》2014 年 5 月第 34 期。
[3] 扬之水:《鬓边春色乱琼珍——清宫首饰的一次集中展示》,《收藏家》2013 年第 9 期。
[4] 任昉、王素:《金相玉质履厚席丰——〈梁庄王墓〉评介》,《中国文物报》2008 年 3 月 26 日第 4 版。
[5] [明]费信:《星槎胜览》,中华书局,1954 年。
[6] 王纪潮:《郑和下西洋的正面意义有多大——从梁庄王墓出土文物说起》,《博览群书》2005 年第 7 期。

万上遴绘画浅谈

马 健

【摘要】 万上遴是清代江西画坛值得关注的一位书画家。他工山水,同时擅长梅画,在当时受到人们的赞誉。本文根据万上遴存世绘画作品(以江西省博物馆藏品为主),对其山水及花鸟画的艺术面貌和特色进行了分析。万上遴在绘画上颇具功力,山水涉猎宋元诸家,形成了清朗俊秀的风貌;其写梅老健雅拙,而指画梅花更加潇洒俊逸,鲜明地突出了其艺术个性。

【关键词】 万上遴 绘画 指画 江西 梅花

万上遴(1739—1813年),江西分宜辋冈(一说南昌)人,字殿卿,号辋冈,清代江西书画家。在乾、嘉时的江西画坛却颇有名声,工山水,又善写梅花,“尺缣寸幅,人知宝贵”(《江西通志》卷一百四十二)。当时万上遴画梅与秋溪(今属江西赣州石城县)赖新画松、南城(今江西抚州市南城县)吴广照画兰竹,合称“江右三绝”。目前万上遴的绘画作品并不少见,仅江西省博物馆就藏其绘画数十件。通过现存作品,我们可以对万上遴的艺术面貌作进一步具体的认识。

据载,万上遴乾隆五十四年(1789年)得中拔贡,又在乾隆时期担任过画院待诏,但具体情况不详。乾隆、嘉庆之时,万氏往来于文人雅士之间,雅集唱和、谈书论画,尤与清代书法家、文学家翁方纲(1733—1818年)和清代诗人曾燠(1759—1831年)交好。从万上遴存世书画的题跋及相关画史记载看,他的足迹以赣北一带为中心,涉及赣鄂诸省,曾客游信州(今上饶,1792年)、鄂城(今湖北鄂州,1795年)、虔州(今赣州)濂溪书院(1797、1798年)、白鹭(今吉安白鹭洲,1801年)等地。

一

万上遴的存世绘画以山水和墨梅为多,并有少数花鸟和人物画,如江西省博物馆所藏的几幅花鸟立轴、《摹宋荦五十四岁像》(1784年,北京故宫)、与阙岚合作的指画《东坡笠履图》(四川省博物馆)等;其中较早的作品为五十岁左右所作,而六七十岁的晚年是他绘画创作的活跃期。

从画作和记载来看，万上遴的绘画功底十分扎实，其七十岁为贺友人古稀之寿所作的《山水》图（普林斯顿大学博物馆藏），苍茫雅致，得元人气象，颇见功力。他能作牛腰大轴，又精于临摹，曾经摹过一本黄荃的《杜鹃图》，此本后来又成他人临写的摹本；他还多次为友人临写《天冠山图》。有的画更为工细，曾作《桓伊邀迪笛图》，极工（《画林新咏》卷一）。但万氏并不以精工为其能事，他作山水画，上溯五代宋元诸家，对传统又有体悟，最终形成了自己的风貌，而无作家习气。

总体来说，万上遴的山水画清朗俊秀，用笔稳健，刚柔并济，能融合南北派之法；画面的空间感较强，"石廓崚嶒，树木夭矫"（《国朝书画家笔录》卷二），颇显山之骨气。如《天冠山图》卷 1801，山峦连绵，气势恢弘，有北宋山水的峻厚严谨，不失古意。《山水》卷 1807，山河相间，屋舍掩映，有极目千里之势，清秀文雅之气。江西省博物馆藏有一幅《山水》轴，近岸山石从画面右侧延展而出，施斧劈皴。山体

《山水》轴(1803)

《山水》轴

夹峙在河道两岸,开合有度,重点突出了远处正中的山峰,山势扭曲而有动感,用笔清爽,皴染有度,很好地突出了石面坚硬的质感。馆藏还有几幅类似的画轴,虽然山体不甚丰满,峰峦不多,但强调山体块面间的大关系,注意表现了山峰的开合与动势。

关于万氏山水的渊源,《国朝书画家笔录》中说"山水宗迂老"。从现存画迹看,万上遴确有仿习之作,但他学习倪瓒反对"画求形似者",超越了一般人以"一树、一石,萧疏平远为法"的凑泊、简便的门径,进一步看到了云林山水之中峰峦法大备,能得荆、关遗意之处。所以,他上追五代两宋,涉猎南北诸家,于研习峰峦表现之法上下功夫,虽然最后的面貌与倪瓒的图式面貌有一定差距,但仍不失清秀的气息。

此外,万上遴还作册页小品,有一些仿古,涉猎各代诸多名家,如有董源、巨然、米芾、李公麟、赵伯驹、吴镇、王蒙、倪瓒、沈周、文徵明等名家。其中有的出于所好仿其笔意,有的则是为表达特定的诗意寻求最适合的名家笔法,体现了"诗中有画,画中有诗"的特点,正如其"嗜王摩诘诗,所作致有雅韵"(《江西通志》卷一百四十二),能很好地将诗意与画境结合起来。1795年,万上遴客鄂州施朝干(1735?—1797年)处,应请写唐宋人楚中名句成册,即参用诸家画法,如"王建《江陵道中》句淡雅天真,非以倪高士笔写不可"。整册"笔墨超拔,脱去畦町"(《红豆树馆书画记》卷七),同时他又将自然之景化于其中,在似与不似之间,以致让施朝干有了"此册非必实有其景,觉舟行所经亦得仿佛一二"的感受。另有一些册页,为写生或即兴创作,构图疏朗,笔墨清朗,物象简逸生动,营造出了耐人寻味的意境,江西省博物馆藏《山水》册八开即属此类。

《山水》册八开之五

《山水》册八开之六

二

在山水以外，万上遴亦善花鸟。他中年时摹写的黄荃《杜鹃图》，“为花五百四十六，为叶一千六百五十七，一蜂一蝶，根畔绿草，悉如其旧”（《何绍基诗文集》），受到赞誉，后有意庐、朱观察两人分别摹写此本，可见万氏花鸟功力之一斑。江西省博物馆藏其几件花鸟立轴，或钩或染，运笔沉着，墨色淳古。

在万上遴的花鸟画中，为人称道的是竹与梅，其笔下之竹当时被人们夸作“辋冈竹”（《南村草堂诗钞》卷二十一）。现在有的册页中仍能发现，小叶丛竹，密而不乱，率意有致。

相对于竹画，万氏的梅花似乎更为人称道，存世作品也不少。所作墨梅，老健雅拙；而其指头画梅，更有个性，人称“指梅”，不论粗干细枝，均能出之潇洒率意。万氏墨梅被称“为童钰继起”（《国朝书画家笔录》卷二），童钰（1721—1782年）是乾隆时期的梅画家，写梅苍老古朴，墨气雄厚，万上遴虽不及其用墨浓厚，但梅花形姿各异，富于变化，指梅更见生动而有逸气。然而万氏的画格往往不为浅薄之人所识，后人林思进（1874—1953年）曾在友人处目睹一幅万氏梅画，念念不忘，二十年后在竟在花市又见此画，但画已被人割去旧款，改署童钰，他因此十分惋惜，感慨道：“盖浅人不辩有辋冈也，因叹自来名迹，遭此厄者，正复不少。”（《清寂堂集》）。

《花鸟》轴

万上遴笔下的梅花，“虬枝疏影，真气喷涌，遂于扬（无咎）、汤（贻汾）之外又开生面”（《怀古田舍梅统》卷五）。从现存作品来看，其指画梅花，常款“指头蘸墨”“指头戏墨”“指墨”或“指戏”等。以指作画，可远溯唐代张璪以手摸绢素涂抹，但多为偶尔尝试，后经过历代沉淀，到了清代的高其佩，则投入更多精力进行研究和实践，并集成《指头画说》，“自此开端，遂遍天下”，开创了“指头画派”。万上遴便是近学此指头画法。以手取代毛笔，使得画家对纸和墨的感受更加丰富和敏锐，创作起来更加灵活自由；指尖画细枝或花瓣，指肚、指背表现较粗的枝干，并注意手指的组合。万上遴的指梅，多为白梅，或有红梅，大致可以分为两种，一种布局较为舒朗，以一两段粗屈曲老健的枝干为主，向四周伸展出劲秀的花枝；另一种

《梅花》轴

《梅花》轴(1808)

布局较满，梅花枝条铺天盖地，初看似繁密，实则脉络清晰，繁而不乱，密中有疏，没有闭塞之感，率逸之气自然流露。我们从这种老干新枝的对比，屈曲扭动的造型，疏密有致的布置中，看到了不俗的格调和其中蕴含的勃勃生机与活力，观之使人精神一振，这也许正是万上遴梅花别开生面之处。

以上，我们通过欣赏万上遴的作品，体会到其清朗拔俗的绘画风格，他名于乾隆、嘉庆之时，确有不俗的造诣。他的山水清俊而有骨气，写梅不拘一格，雅拙苍秀；皆有姗姗欲仙之相，不流于俗貌，这应与他“生性耿介，雅操拔俗”(《江西通志》卷一百四十二)相一致。如果说山水是万上遴心灵之寄托的话，那么梅花便是他真性情的表露，两者相辅相成，很好地诠释着万上遴的艺术人生。

世间珠玉安足取　何如荆溪一丸泥

——江西省博物馆藏紫砂器简介

尹青兰

【摘要】 以我馆收藏的紫砂器为例，简单介绍紫砂器生产历史上的几个重要时期的紫砂器时代特点，以及一些经典造型的紫砂器。

【关键词】 紫砂器　典型紫砂壶类

紫砂陶又称紫砂器或紫砂陶器，是我国独特的陶器工艺品，以造型多样、色泽古雅、质坚耐用、技术精湛而著称于世。紫砂器创于何时，在我国陶瓷史上一直是悬而未决的问题。但明代是紫砂正式形成较完整的工艺体系的时期这一观点得到大家的认同，紫砂器在明代中叶以后，逐渐形成了集造型、诗词、书法、绘画、篆刻、雕塑于一体的紫砂艺术。

紫砂陶的主要品种有各式茶具、酒具、餐具、文具、花盆、雕刻和陈饰工艺品。在紫砂制品中，最为突出的是紫砂茶壶，早期的紫砂壶是供煮水之用，做工粗糙，变化很少。嘉靖后，出现了一大批制壶名家，壶式千姿百态，技术精湛，紫砂壶已具备高度的艺术品位，逐渐形成了独特的民族风格。

我馆收藏的紫砂器，多为茶具，虽非出自名家，但也品种较多，在某些程度上也能反映出紫砂器发展历史上几个片段。

下面我将选择一些有代表性的器物加以介绍。

加彩汉方壶：清末民国初年。通高 18.7、口径 8.5×8、底径 11×10.5 厘米。造型为汉方壶式。盖钮、壶流、把手等部位施绿釉。壶身黑釉地上彩绘火珠云龙纹，壶盖黑釉地上彩绘两朵云纹，底部钤印“阳羡陶业”篆款（图一）。

清朝雍、乾时期民富国强，宫廷用器讲究富丽堂皇，社会上也跟着崇尚华丽。紫砂壶受其影响，引进了彩釉装饰，在烧好的紫砂壶上，用釉彩绘或满身挂釉，再二次烧成。紫砂壶彩釉装饰具有流光溢彩、华丽缤纷的视觉效果，堪与景德镇瓷器相媲美。不足之处是影响紫砂的透气性能。清代阮葵生《茶余客话》说：“近时宜兴砂壶覆加饶州之鎏，光彩照人，却失本来面目。”可知当时人已知觉此种彩釉装饰之弊端，即失去紫砂壶质朴清雅的审美特征，且紫砂胎上的彩釉常产生气泡孔及棕眼，更堵塞了紫砂泥特有的双气孔而使其在实用上丧失特色。故而，嘉庆、

图一

道光之际,此类装饰即已式微,偶有出现也属点缀性装饰,奢华不再。到了晚清民初时期,在复古风潮的影响下,宜兴艺人才又有仿制,但工艺水平已无法和清三代相比。

炉钧釉汉方壶:清朝。通高25、口径10.8、底径9.6厘米。汉方壶造型。敛口,短颈,直腹微侈,四注式盖,弧形钮,扁环状把,管状流,下方紧贴腹壁,器足露胎处一周无釉。底刻"荆溪徐飞龙制"六字阳文篆书印章款。里胎呈褐红色,砂质细腻,器表施浅蓝色炉均釉(图二)。

图二

紫砂壶彩釉装饰里比较独特的是创制于乾隆时期的炉钧釉紫砂壶。炉钧釉是宜兴均陶和江西景德镇彩釉相结合的产物,清代《南窑笔记》记载:"炉均一种,乃炉火中所烧，颜色流淌中有红点者为佳，青点次之。”且在紫砂壶上施釉时会有深浅相间的变化，斑驳淋漓，流淌变化莫测，颇为华丽。紫砂炉均釉器曾风靡一时。然而炉均釉器同样也掩盖了紫砂素面素心的材质美，妨碍了紫砂透气的材质性能，以至到后来变成了作坊主对残次品的一种补救措施，并没有得到进一步发展，徐飞龙，清雍正、乾隆时期著名紫砂壶大师，以汉方壶传世。

汉方壶是传统器型，名称最早见于明·周高起《阳羡茗壶系》之“名家”：“徐友泉、名士衡……予尝博考厥制，有汉方、扁觯、小云雷……惜未见传器。”从清初壶艺名家华凤翔到民国初年制壶高手胡耀庭均有制作紫砂“汉方壶”。

紫砂镶铜洋桶壶：清末民初。高12.3、口径8.2、底径12.8厘米。壶身为圆柱体，折肩，短颈，缺盖，三弯流，壶肩两端置软提梁双耳装配双铜提梁。采用镶铜工艺，颈、双系、流等部位镶铜，并将铜金属镂刻成蝴蝶、竹、梅、花卉以及“平升三级”等图案点缀镶嵌在壶肩、腹上，底部镶成圆钱形，上有“京口永昌自造”“点同”款，紫砂壶底上刻有“时大彬”款（图三）。

图三

此壶造型为紫砂壶里较为常见的一种款式——洋桶壶。紫砂洋桶壶自清末民初创制以来，以其造型简练、古朴大方、使用方便，其日用功能与艺术功能俱佳的特点和风格，成为传统经典款式之一，几十年中长盛不衰。自清末时起，紫砂洋桶壶作为一种畅销品种，行销海内外。

紫砂镶铜、锡装饰是继道光以后兴起的紫砂包锡工艺的又一种有益的探索，道光以降，紫砂装饰又有新的发展。其中之一就是包锡壶，也就是先以紫砂作壶胎，然后请锡匠以纯锡包覆壶身。但因包锡壶掩盖了紫砂质朴、雅致的砂感之美，且影响紫砂壶泡茶的效果，笨重暗淡，所以此种装饰尝试最终是以失败而告终。和将整个身桶包裹起来的包锡装饰不同的是，镶铜、锡是用镂空好的图案点缀镶嵌在壶上，紫砂身桶大部分露出，与所包铜、锡在质感上形成对比。此种装饰手法凸显了紫砂与金属的对比,有较强的视觉冲击力。紫砂壶镶铜、锡的手法产生于晚清,是当时山东威海人所为,他们将宜兴紫砂壶烧好运往威海进行镶制,但此壶的款为京口,应是在镇江镶制的。

紫砂鱼化龙纹壶、杯:民国。壶通高 8.5、口径 7.7 厘米。杯高 5、口径 5.4 厘米。

一壶四杯。壶为鱼化龙壶式。圆形的壶体通作海水波浪图案,大开大合,虽简单几刀刻划,却将翻涌海水刻划出来。立体雕出的龙首探出,将壶柄巧妙地设计为龙尾,壶腹为龙身,似蛟龙腾海,神气活现。壶盖的捉手是祥云一朵,龙头可以伸缩。盖内钤印"唐□林印"。该壶设计巧思,造型华美大方,刻画精细而不繁琐,块面清晰简洁,线条流畅明快,沉静中透出活泼,配上四个同样款式的杯子,令人叹为观止(图四)。

图四

鱼化龙壶相传由清代嘉庆年间的紫砂艺人邵大亨创制,因为鱼化龙壶构思得极为巧妙,后来清末紫砂艺人黄玉麟也模仿邵大亨制作了鱼化龙壶,仅对壶形作了些许改动。后来他的鱼化龙壶逐渐取代邵大亨,成为这种壶型的标准样式。黄玉麟之后,清末民初的紫砂艺人俞国良也擅制"鱼化龙壶",形式与黄玉鳞的几乎相同。近代紫砂名家范大生,现当代紫砂名家朱可心、汪寅仙、何道洪、强德俊等,都制作过精美的"鱼化龙壶",使这一经典壶型得以延续和发展。

紫砂加彩菊瓣壶:民国。通高 13、口径 8.3 厘米。菊瓣形筋纹器壶式。形制端庄,口、盖、钮与壶体纹理配合精确,一弯秀嘴在菊瓣中伸展出来,圈把、身、盖、钮三者之权衡比例恰当,筋纹贯气,如出一辙。口盖吻合,属母子线型,由 24 个等比筋瓤组成,可任何方位置换,配置精密。以蓝白两彩在壶盖、把手、流上绘花卉,壶身上一面绘狮子戏球纹,书有"□□"两字,并绘有三个朱文印款,另一面彩绘折枝花卉纹(图五)。

这种造型的紫砂壶被称为筋瓢货(紫砂壶根据造型和装饰工艺可分为光货、方货、筋瓢货、花货等四大类),筋瓢货就是以各种花的变形,如菊花、葵花、梅花、

图五

菱花、海棠花等，进行图案变形，它的线条有凹凸形成曲线形，筋纹的器皿具有整齐感、节奏感和生动感。

紫砂南瓜壶：民国。通高 9.8、口径 3.2 厘米。壶呈南瓜形，盖作成瓜蒂状，壶身贴塑两枝瓜蔓花叶（图六）。

图六

这自然仿生类紫砂壶即俗称花货，花货大多取材于自然，来自生活，如松、竹、梅、树藤、瓜果等，经取舍提炼，夸张变化，使它别具生趣。花货产生较早。《阳羡茗壶系》记载明代最早的著名花货高手是欧正春，他“多规花卉果物，式度精妍”。明末清初最杰出的砂艺家首推陈鸣远。陈鸣远是继时大彬以后最为著名的陶艺大家。陈鸣远站在了繁复精细的花货山峰的顶端，为当之无愧的花货大师。对之后两三百年的紫砂壶艺尤其花货制作产生了极其深远的影响。

刻花紫砂壶：民国。高 12.1 厘米。1956 年省人民法院交。弧形盖，瓜蒂形钮。盖内钤印“□生”款。圆壶，正面刻一枝花，背面题刻“自汲幽泉带落花。□□”底钤一印款（不识）（图七）。

图七

在紫砂壶上雕刻花鸟、山水和各体书法，始自晚明而盛于清嘉庆以后，并逐渐成为紫砂工艺中所独具的艺术装饰。

铭刻是紫砂装饰的开始，万历后日渐风行。但早期铭刻仅止于名款。清初则兴起泥绘、堆雕之法，更为立体。康、雍、乾时期，受瓷器兴盛的影响，紫砂审美也追求富丽堂皇之风，在壶身施以珐琅、粉彩，通体施釉。此种装饰手法尽失紫砂之特性，也与紫砂及茶道淡雅平和的追求相去甚远，所以嘉、道间已趋于衰微。此时，书、画、印的文人化装饰兴起，尤以嘉道间陈鸿寿（曼生）为巨擘。其铭刻集文学、书法、金石于一炉，臻于化境，使人对之生闲远之思。曼生之后，瞿应绍、朱坚辈更以绘画刻于壶上，加之款识，至此诗书画印俱备，并逐渐成为紫砂工艺中所独具的艺术装饰。

紫砂香炉：民国。高 5.8 厘米。炉作双耳三足鼎式，光素无纹。底钤“顾金□制”方框印款（图八）。

图八

紫砂加釉杯：民国。高3.5、口径6.9厘米。口微敛，圆弧腹，底内凹，圆圈形把手下有一泥条相托，刚好容食指扣入圈中，中指抵住泥条稳住杯子，设计合理。杯外壁及底施灰绿色釉，杯内施米白釉，开鱼子片纹。外底中央戳印商标，其商标中间由“吴德盛”三字构成金鼎图案，“金鼎商标”四字以古鼎图案为中心呈逆时针排列，外套双圆圈（图九）。

图九

金鼎商标，是由吴德盛陶器行创立人吴汉文注册的商标，作为该店订制产品的专用品牌印记。吴德盛是民国时期一家著名的宜兴紫砂陶器经营店行，1916年由吴汉文在江苏宜兴县城开设，1920年后启用金鼎商标并逐步发展为公司经营模式，1925年在上海增设分号，1939年因抗日战争爆发等原因停止运营，随之金鼎商标也不再沿用。

紫砂刻山水纹攒盒：民国二十五（1936年）。中心盒通高11.8、口径19.6、足径8.7厘米；边盒通高8.8厘米。原应为七子攒盒，缺两个边盒。中心盒为一圆形盖碗，碗内、盖内及捉手内施米白色釉，开鱼子片纹。外壁及盖面刻山水纹，题款为“岁纪丙子秋月岐陶主人画并刻”，底戳印金鼎商标；四个边盒均作扇形，器内施米白色釉，开鱼子片纹，盖面及盒外壁均刻山水文，盖题“岐陶氏刻”，盒底戳印商标，其商标中间由“吴德盛”三字构成金鼎图案，“金鼎商标”四字以古鼎图案为中心呈逆时针排列，外套双圆圈（图十）。

吴汉文（1874—1941年），艺名跂陶，宜兴芳桥人。自幼习文练字，后学制紫砂，民国五年创办吴德盛紫砂陶器行，民国十八年创立“吴德盛”著名商标品牌“金鼎商标”。跂陶氏，吴德盛陶器行出产之商品，凡名工代为制作和镌刻者，署“跂陶氏”、“企陶”、“启陶”等名款，而由吴汉文亲自操刀者，往往加刻“吴”字。

图十

仿古铭文紫砂碗:2件高8、口径16厘米,1件高6、口径11.5厘米。三件碗均为1956年南昌望城岗军校出土。绿泥紫砂,烧成后呈浅黄色,器形与装饰风格相似,均为撇口,深腹,圈足。碗内施灰白釉,开细片纹。碗外壁模拟一段拓印砖文,分别是“中平二年”、“太康七年”和“永和四年”,分别题刻“中平砖文,跂陶仿古”、“太康砖文,跂陶”和“永和砖,癸酉秋月之吉跂陶氏刻”。其中中平二年碗的另一面刻了“右东朋□铭”及十个金文,太康七年碗另一面刻了“右铁伯鬲铭”及十个金文。三件碗底均钤印“金鼎商标”款。癸酉年为1933年(图十一)。

图十一

民国时期流行复古风尚,紫砂器装饰上常参照秦汉瓦当、汉泉及西周鼎彝铭文的拓本,在紫砂器上进行刻绘;从这几件金鼎公司产品来看,有一个共同点是器物的内部都施米白色釉,并开细片纹,这是否是因为这几件器物不是用来沏茶的壶,而是吃饭的碗和装食品的盒子等,这样便于清洗?

自晚清开始,由于资产阶级蓬勃兴起,商业经济的进一步发展终于影响到了紫砂行业,紫砂壶开始了它的高度商品化之路。这一时期,自营的小作坊和各地的紫砂商号如雨后春笋般迅捷地发展起来。当时主宰宜兴紫砂生产的已非当年的文人雅士或达官贵人，而是在各地，主要是上海的一群工商实业家。他们所定制的壶上开始印有店号商标，紫砂产品上既有"注册商标"，又有制作者的名字。他们在全国乃至世界各地纷纷开设陶器商号销售紫砂器。这些商号的基本营销模式是在宜兴开设作坊，在上海、天津、杭州、无锡等地开设商行或公司，他们的紫砂壶则由名工按样制作，从宜兴订坯烧成，然后刻署商行或公司的商标。晚清民初的这种新状况是紫砂壶自明代中期兴盛以来近四百年所未曾有，可以说是紫砂发展史上的又一次重要转变。这种转变直接影响了紫砂壶的制作工艺、审美倾向和经营模式，甚至对紫砂艺人的发展之路也造成了巨大的影响。但由于这一时期进行紫砂器的批量商品生产，因此导致大部分紫砂作品的艺术性不高，虽然这一时期大部分紫砂商号在紫砂器艺术性的表现并不佳，但却繁荣了清末民初的紫砂经济，为民国前、中期紫砂业的兴盛，为铁画轩陶器公司、吴德盛陶器行、利用(利永)陶业公司、陈鼎和陶器厂等民国著名紫砂商号的繁荣，为培养、锻炼民国时期包括顾景舟大师在内的紫砂名家奠定了坚实的基础。

临川李氏翰墨香

——李宗瀚、李瑞清书画赏析

彭志才 高劲松

【摘要】 江西临川县杨溪李家村是一个人文底蕴深厚的大家族。清代书画界别具盛名的桂林"临川李氏"就是杨溪李氏后裔。李氏家族的书画大家包括李秉礼、李秉绶、李宗瀚、李联绣和李瑞清等。其中乾隆间的李宗瀚远宗王羲之,近学虞世南,以行、楷见长,文采风流,标寄高峻;清末入民国的李瑞清取前人经验,融钟鼎文、汉、魏碑与楷、行书为一体,书法风格呈颤笔凝劲的特点,出入金石,格高韵古,领一代书坛之风骚。

【关键词】 临川李氏 书画艺术 李宗瀚 李瑞清

位于江西省中部、鄱阳湖平原南缘的临川县杨溪李家村(今属进贤县温圳镇),"汝水(抚河)横其前,林木深秀,缭如旷如。"[1]风景优美,人才辈出。杨溪李氏家族是一个人文底蕴深厚,有着六七百年耕读传家传统的大家族,历代都有重视读书育人的优良传统,流淌着家族文化的血液。

清代书画界别具盛名的"临川李氏"即为乾隆年间迁居广西桂林的杨溪李家村李宜民(1704—1798年)之后裔。李宜民,清代著名盐商,擅长书法,为培养家族人才不遗余力。李宜民共有八子,其中又以李秉礼、李秉绶最为知名。李秉礼诗风冲淡平易,格清味腴;李秉绶善书画,尤以画兰竹最有名,有"乾嘉十六画人"之誉。第三代中李宗瀚的书法堪称一绝,李宗瀚的少子李联绣亦能诗善文。李氏家族世代官宦,文化氛围浓郁,成就斐然,史书称"五六十年间,海内称德门者,咸曰桂林临川李氏云"。

一 李宗瀚:文采风流 标寄高峻

李宗瀚(1768—1831年),字北溟,一字公博,号春湖,为李宜民长孙,李秉礼长子,过继给叔父李秉仁,寄籍广西桂林。乾隆五十八年(1793年)进士,入翰林院。嘉庆十二年(1807年)官湖南学政,后任工部侍郎,是李氏家族中地位最显贵者。

李宗瀚嗜好金石文字。其收藏号称"海内之隋唐拓孤本"之隋丁道护《启发寺碑》、唐虞世南《孔子庙堂碑》、唐褚遂良《孟法师碑》、唐魏栖梧《善才寺碑》尤为罕见，号曰“临川四宝”，为艺林矜夸。其传世行书《长安杂诗轴》现藏于日本京都国立博物馆。李宗瀚亦好吟咏，有《杉湖酬唱诗略》传世。

李宗瀚中年以后以养亲居林下十年，书法尤为世重。其书法远宗王羲之，近学虞世南，以行、楷见长，篆书传世甚少。其书不以外形取媚于人，而致力于学识和修养的内在功力，表现为外形冲淡平和，而内含清刚之气，平矜释躁，雅步雍华，清代陈康祺著《郎潜纪闻四笔》称之“文采风流，标寄高峻”。[2]曾国藩评价道：“偶思作字之法可为师资者，作二语云：‘时贤一石二水。’一石谓刘石庵(墉)，二水谓李春湖、程春海也。”[3]

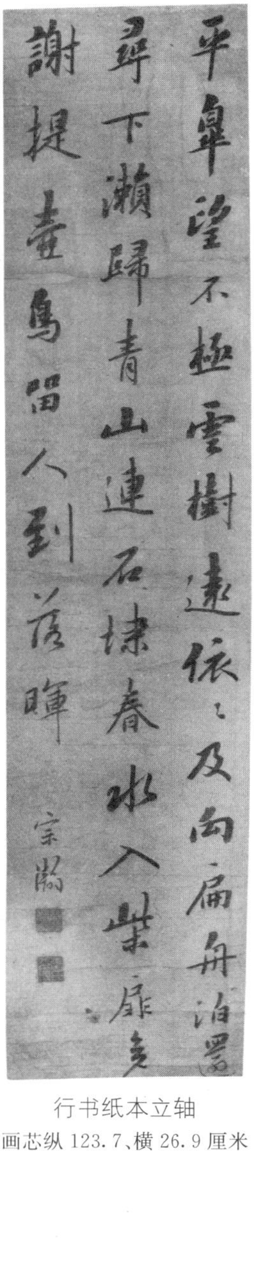

行书纸本立轴

画芯纵 123.7、横 26.9 厘米

江西省博物馆藏。

行书:“平皋望不极,云树远依依。及向偏舟泊,还寻下濑归。青山连石埭,春水入柴扉。多谢提壶鸟,留人到落晖。”款:“宗瀚”,钤朱文“宗瀚印信”、白文“李氏公博”印。

该立轴所书为林逋《上湖闲泛舣舟石函因过下湖小墅》诗。林逋(967—1028年)字君复,北宋著名诗人、隐士。曾漫游江淮间,后隐居杭州西湖,结庐孤山,有梅妻鹤子之誉,其诗意趣洒然,起得浑脱。宋仁宗赐谥“和靖先生”。此纸本立轴笔力劲健,行笔爽利,结体俊俏秀雅。全文布局严整,上下呼应。笔墨浓重,运笔连贯,苍劲有力,字体俊逸。乍看似乎有些平淡无奇,但点画之间却蕴藏着变化多端的笔势,颇得《夫子庙堂碑》的神韵。

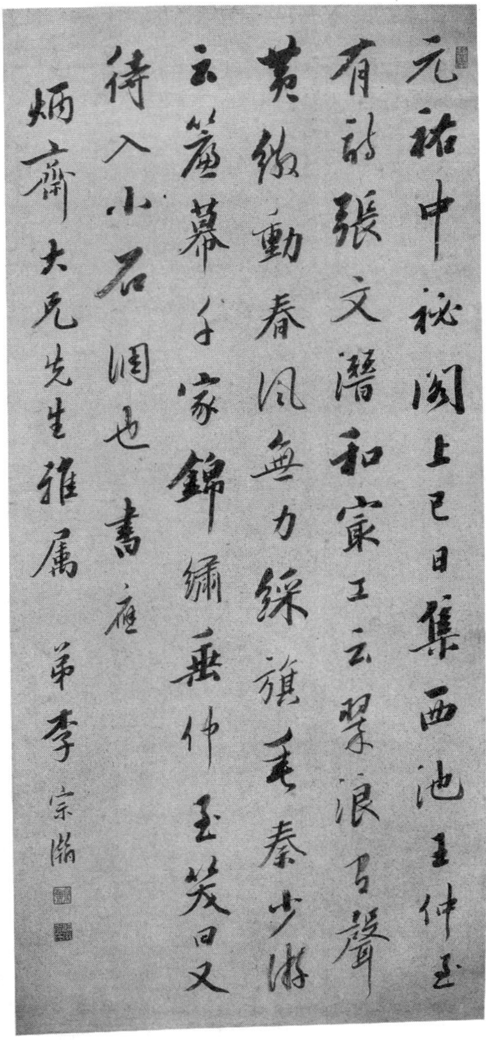

行楷纸本立轴

画芯纵 131、横 59 厘米

行楷纸本立轴(局部)

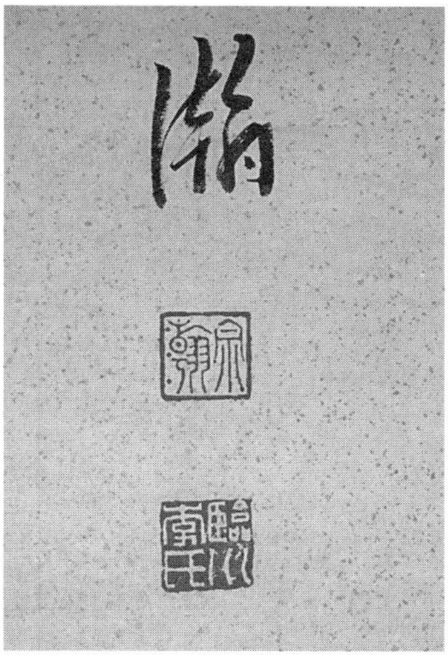
行楷纸本立轴(局部)

江西省博物馆藏。

行楷书:“元祐中,秘阁上巳日集西池,王仲至有诗,张文潜和最工。云:‘翠浪有声黄伞动,春风无力彩旗垂。’秦少游云:‘帘幕千家锦绣垂。’仲至笑曰:‘又待入小石调也。’”题款:“炳斋大兄先生雅属,弟李宗瀚。”钤朱文“宗瀚”、白文“临川李氏”印,右上角钤白文“静娱堂”印。

所录语出《诗人玉屑》卷10《词胜·小石调》。李氏此幅行楷,乃以行法作楷,既灵和多变,又不失规范。运笔更是匠心独具,横细竖粗,以变代同,多用中锋,富有立体感。在结体上,作者采用了敛肆并用的方法,笔画多的字坚而密之,重于

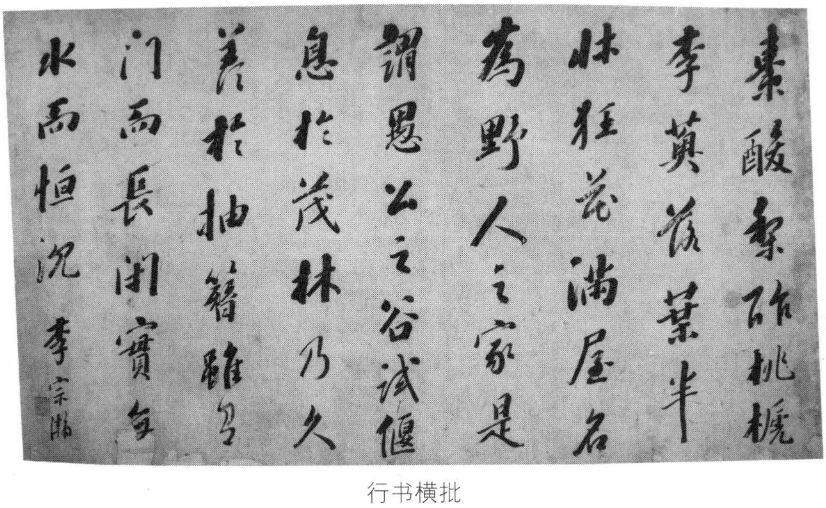
行书横批
纵69.5、横121厘米

敛,笔画少的字舒而展之,长撇显得格外舒展,别有逸趣;短捺则画短意长,似言有尽而意无穷,得含蓄之美。点画外柔内刚,且刚而含筋骨,柔而有风神,既避开了楷书刚直生硬之缺,又不失楷书法度森严,工整大方之长,字字充满灵气,颇得晋人风韵,堪称"运用之妙,存乎一心",足见李氏书法学永兴又步入魏晋之室,得其三昧,乃臻妙境。

江西省博物馆藏。

录文如下:"枣酸梨酢,桃榹李薁,落叶半床,狂花满屋。名为野人之家,是谓愚公之谷。试偃息于茂林,乃久羡于抽簪。虽有门而长闭,实无水而恒沉。李宗翰。"钤红色篆文"宗翰印信"印。

此所录为南北朝时期诗人庾信的《小园赋》,反映的是隐逸的闲情逸趣。此系李宗瀚晚年较有代表性的书法作品。该书意致醇厚静穆,用笔清丽典雅,字密行疏,整肃有致。行与行之间互相照应,距离十分和谐,留有适当的空间,利于点画舒展,于规整庄重中见潇洒超逸,达到了精奥神化的境界,给人以开阔的美感。

李宗瀚从翁方纲学习书法,受之启发,于是精研隋、唐书家笔法,师法虞世南,同时又上随汉隶和东晋王氏书法,这些造就了李宗瀚独特的书风,其主要以行、楷见长,这是与作者古源宗法的苦学精神和灵犀独慧的艺术天分分不开的。李宗瀚书法在当时颇受推崇,嘉庆间人邓显鹤对李宗瀚有这样的记载:"书法推重一时,人得其片纸弃,弃以为荣。"[4]而近代学者马宗霍《霎岳楼笔谈》则同样赞云:"清代学永兴(虞世南人称'虞永兴')者,莫不兼信本以成体,以永兴中和易失之庸也。独春湖(李宗瀚)外标冲蔼之容,内含清刚之气,平矜释躁,雅步雍华,真可谓入永兴堂奥者,书品之深,并世无偶,而安吴包氏不称之,可异也('安吴'为安徽泾县古称,'包氏'指书法理论家包世臣)。"[5]

二　李瑞清:出入金石　格高韵古

李瑞清(1867—1920年),字仲霖,号梅庵、梅痴,自称梅花庵道人,喜食蟹,自号李百蟹,李宗瀚胞弟李宗淮之曾孙,清末民初诗人、书画家、教育家。光绪二十年(1894年)进士,随后钦点翰林院庶吉士。1906年至1911年间,任两江师范学堂监督。入民国"隐沪上,匿姓名,自署曰清道人,鬻书画以自活。"[6]

李瑞清的书法造诣精湛。年少时即遍临各种钟鼎器铭、碑刻,弱冠后研习唐以降书法。善以碑笔临帖,以涩笔临魏碑,又以涩而顿挫之笔写篆、隶,博取前人经验,融钟鼎文、汉、魏碑与楷、行书为一体,书法风格呈颤笔凝劲的特点,与曾熙齐名于上海,有"南曾北李"之称,领一代书坛之风骚。在书法理论上,他认为后世碑刻实际与青铜器铭文一脉相承,提出学书要"求分于石,求篆于金"。[7]

李瑞清“书各体皆备,尤好篆隶”,提出“作篆必目无二李,神游三代乃佳”。[8]这一思想与他那个时代的崇古籀篆隶学风紧密相连。

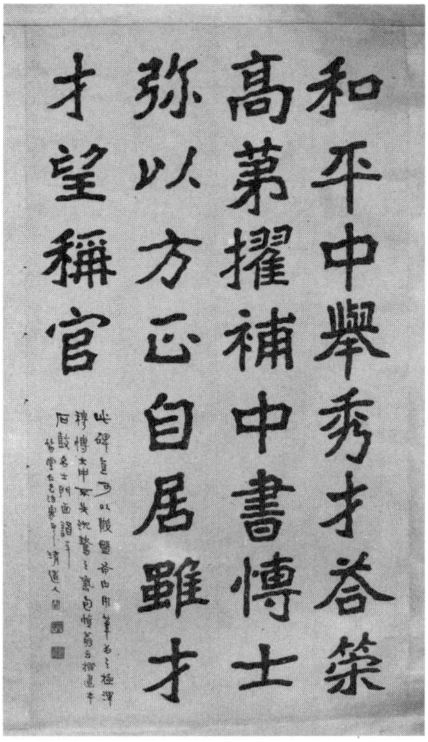

郑文公碑大字纸本中堂
画芯纵 137、横 77 厘米

郑文公碑大字纸本中堂(局部)

江西省博物馆藏。

此纸本中堂墨色浓重,笔势劲健。隶书《郑文公碑》:“和平中,举秀才,答策高第,擢补中书博士,弥以方正自居。虽才才望称官。”左下大段题款:“此碑直可以散盘,纸白,用笔为之,极浑穆博大,中不失沉鸷之气,包慎翁云:‘措画本石鼓,名士门面语’耳。”款:“笏堂仁兄法家正之,清道人”,钤朱文“阿某”、“清道人”印。

李瑞清自称“求分于石,求篆于金”。李瑞清自幼习篆,取法商周金文,最得力于“散氏盘”。30 岁以前,已临遍钟鼎碑刻,魏碑成就尤为突出,马宗霍《书林藻鉴》评其书法曰:“自负在大篆,而得名则在北碑。”此中堂所书为北魏宣武帝永平四年(511 年)之《郑文公碑》。《郑文公碑》为北魏碑刻代表作。此碑依石布字,洋洋洒洒,大度雍容,集众体之长,变化多端,雄浑凝重,为书家所重。李瑞清创造性地将大篆笔法施之于六朝碑志,获得了探索上的成功。此中堂将碑、帖之妙合二为一,刚柔俊逸于毫端。落墨运笔,中笔必折,外墨必连,转必提顿,以方为圆,落必含蓄,以圆为方,颇具匠心。结体外松内紧,神气内敛,通篇高古清拔,于朴拙沉实中见纵逸飞动,意韵深邃。

李瑞清最爱书写《郑文公碑》,就参用《散氏盘》的笔法,淡雅雍容,不激不厉,被时人称为一绝。他自己在临写《郑文公碑》的题记中也说:“余每用散氏盘笔法临之,觉中岳风流去人未远。”1920年秋,日本书画会慕名邀请清道人将近作参展。他为该会书写了四幅不同面貌的魏体,当即轰动了日本朝野,报章杂志竞相刊载,誉为“中岳再世”、“中国书法家精擅北魏者,一千四百年来第一人耳”。所以近代书画家符铸称赞说:“清道人以篆籀之气行于北碑,穷源览胜,自是殊观。”

李瑞清书法一个最显著的特色是能书写各体、各派,所谓“无体不备,无所不醇”。民国初年他在上海卖字时,所定润例竟标明周、秦、汉、魏、六朝、唐、宋、元、明、清及各名家、碑帖书体,由买字者任意指定,无不立就,可见其功力和熟练程度。他的作品看似复制,实为用古人之法,从他手中化出,不是他服从于古人,而是他融化了古人,写出了与古人书法“神形俱得”或“虽不形似,而神与之合”的作品。

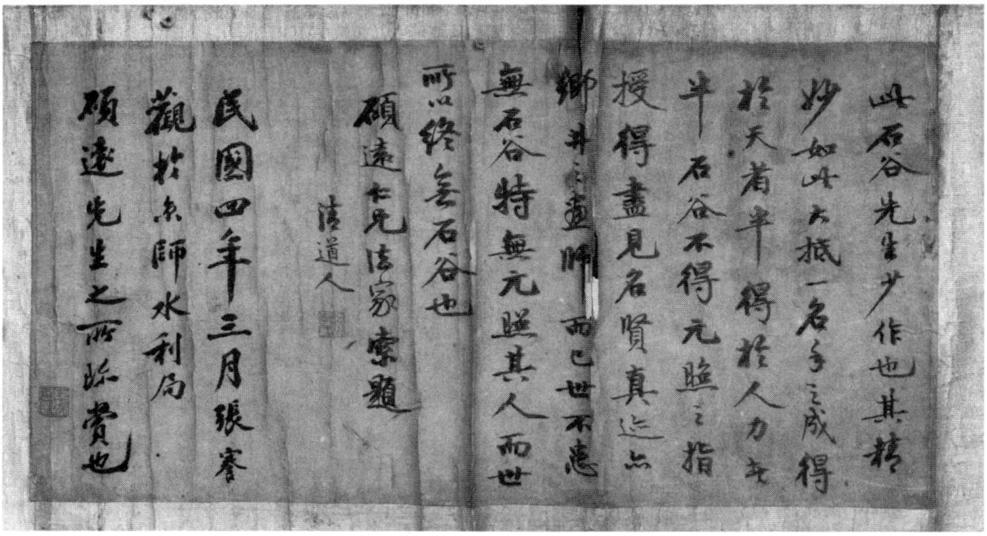

行书纸本横批

画芯纵28.5、横55厘米

江西省博物馆藏。

行书:“此石谷先生少作也,其精妙如此,大抵一名手之成,得于天者半,得于人力者半,石谷不得元照之指授,得尽见名贤真迹,亦乡井之画师而已。世不患无石谷,特无元照其人,而世所以终无石谷也。”题款:“硕远仁兄法家索题,清道人”,钤朱文“临川李氏”。后附张謇鉴赏跋:“民国四年三月张謇观于京师水利局,硕远先生之所珍赏也。”钤朱文篆书印:“臣张謇信”。

此书中所言“石谷先生”指清初四王之一的王翚(1632—1717年),字石谷,号乌目山人,耕烟散人,清晖主人,剑门樵客,江苏常熟人。王翚画作完美地融合了“元人笔墨,宋人丘壑,唐人气韵”,是熔铸南北二宗的山水画大家,石谷创立的“虞山画派”在清代三百年间盛行不衰。

此横批笔墨秀雅,分行布局,起笔收笔尽在自然与法度之间,古朴沉着。李瑞清作书,真气弥漫,气贯十指,笔力充沛。涩笔顿挫,一波三折是李书的又一个特色,也是其创新。他的用笔全靠一股柔和之力牵掣而行,必使万毫齐力,转折处善用转与折,并结合他特有的指法应用,故其线条有血有肉,浑圆道美,立体感强。其书写时的涩笔顿挫、一波三折,涩而不滞,自然流畅,这种笔法“只有在他的作品中出现,才有特殊意义,不显造作。”[9]

李瑞清也是清末民初的著名画家,擅丹青,山水、人物、花卉,绘画涉猎广泛。山水师法原济、八大山人,花卉宗恽南田。所绘松石、花卉意境独特,尤擅画佛。在画法上,他以篆作画,以画作篆,合画篆为一体,独创画篆结合的艺术风格。所见既多,书画兼擅,遂成一代书画鉴定大家,尤长于古画鉴赏,是一位有多方面成就的艺术大师。

戴笠骑驴图纸本立轴

戴笠骑驴图纸本立轴(局部)
画芯纵71、横40厘米

江西省博物馆藏。

该图笔法简洁，意境深远，有一戴笠者在小道骑驴前行，周边树木屋舍用寥寥数笔勾画。题款："佐之仁兄法家正之，清道人"，钤朱文"清道人"、"阿某"印。

李瑞清通诗、书、画，尤精书法，为一代书法宗师。李派书学熔铸古今，不偏不倚，至博且精，勇开风气，所播深远直至当代，为薪火相传的金石书派。李瑞清一生授徒甚多，桃李满园。张大千、张善孖、胡小石、吕凤子、李健、姜丹书、经亨颐、黄鸿图等一批在中国美术和教育史上赫赫有名的大人物，均出自李师门下。虽然李瑞清的作品在书法拍卖市场上与他的学生动辄数百万的价格相比，有天壤之别，但这并不能否认他杰出的艺术成就，而更能体现其在艺术教育上的重要地位和突出贡献。

注　释

[1] 陈宝箴:《诰授资政大夫兰生兄都转大人六旬荣寿》,杨溪李氏族谱编纂委员会:《六修杨溪李氏族谱》(问礼堂)卷8,1989年。

[2] 陈康祺:《郎潜纪闻四笔》卷9《李宗瀚文采风流》,中华书局,1990年。

[3] 曾国藩著:《曾国藩日记类钞·求阙斋日记》第六编《治学论艺记·作字:评古代书法名家风格类》,安徽人民出版社,2013年。

[4] 李放撰:《皇清书史》卷23,辽沈书社,1985年。

[5] 祝嘉著:《书学史》,岳麓书社,2011 年。
[6] 赵尔巽:《清史稿》卷 486《列传·文苑三·李瑞清传》,吉林人民出版社,1998 年。
[7] 李瑞清:《玉梅花庵书断》,《清道人遗集》,近代中国史料丛刊本,文海出版社,1969 年。
[8] 赵尔巽:《清史稿》卷 486《列传·文苑三·李瑞清传》,吉林人民出版社,1998 年。
[9] 李定一,陈绍衣:《李瑞清书派的形成及其书学理论与实践》,李定一、陈绍衣编著:《李瑞清书法选》,武汉理工大学出版社,2010 年。

我用我法　其命维新

——赏《南京博物院藏傅抱石写意画展》

曹　珺　魏勇敏

【摘要】 毛泽东诗意画是一个时代文化气象，而傅抱石是创作毛泽东诗意画的代表画家，他以革命现实主义与革命浪漫主义相结合的创作手法，为传统的山水画提出新的创作思路。在毛泽东诞辰121周年之际，展出傅抱石毛泽东诗词写意画，一位革新的艺术家作品带给现代国画发展的思考和启迪。

【关键词】 傅抱石　中国画　毛泽东诗词

2014年12月26日为纪念毛泽东诞辰121周年，江西省博物馆与南京博物院合作，举办了《南京博物院藏傅抱石写意画展》，在江西省博物馆展出了艺术大师傅抱石1958年至1965年创作巅峰时期毛泽东诗词写意画75幅，一代伟人毛泽东的诗词气势磅礴大气、格调阳刚恢宏、意境高远壮阔，感染了一大批画家，傅抱石先生作为最早探索毛泽东诗意画创作的代表画家，他对毛泽东的诗词发自内心的热爱，对艺术的满腔热情和执着，促使他对有些诗词反复描绘，试验性的进行多样创作。展览展出傅抱石1958年至1959年间根据毛泽东《沁园春·雪》创作的词意画有三幅，而在1958年至1962年五年之间创作《沁园春·长沙》词意画更是多达八幅。对画面表达的精益求精、近乎完美的追求让他的作品深入人心、过目难忘。革命现实主义与革命浪漫主义相结合的创作手法，不仅响应了时代的号召，为20世纪50年代传统的山水画提出新的创作思路，同时也影响着新一代的国画创作者们。

一

傅抱石（1904—1965年），我国现代画坛杰出的艺术大师、成就卓越的国画家、美术教育家、美术史论家和书法、金石家。原名长生、瑞麟，因喜爱石涛艺术，自名抱石，生于南昌，祖籍江西新余。傅抱石出生贫寒，父亲早逝，跟着寡母一起生活，少年时到瓷器店里做学徒，虽然生活艰苦，却有机会接触艺术。后来他凭着自己的聪明与刻苦赢得了免费读书的机会，进了师范学校，毕业后成为美术教员。1933年3月，傅抱石东渡日本，入东京帝国美术学校，拜美术史家金原省吾为师。由于长期浸沉于史论、画论，造就傅抱石深厚的绘画理论基础，对画史的精通和对古代诗词的研究，使他能站在历史的高度回溯历史，把握千古文脉，领悟中华传统艺术的真谛。

“美术家是否伟大，全在于看他在传统基础上偏离传统的程度，在于看他在旧的造型——感知方式上提供新的造型——感知方式的能力”，[1]傅抱石在艺术上也是推崇创造与革新。从20世纪30年代起，他就开始了革新山水画的不断尝试，他在日本研究日本绘画的期间，结合我国传统文化，融会日本画技法进行艺术变革，以皮纸破笔绘山水，创独特皴法——抱石皴。他还借鉴西洋画的水彩技法，加以改进和创新，使之与国画恰当结合，丰富了中国画的表现方法。追求新的表现，新的技法和新的画风，傅抱石从来没有止步不前。虽然在艺术创作的表现形式上，傅抱石接受了西方尤其是日本绘画的影响，但是中国画中文人画的精神深入其骨髓，他是一位真正的文人画家。

新中国成立后，传统中国画的命运面临着危机，特别是民族虚无主义的盛行，使古老的中国画如何为新的社会主义建设服务成为当时争论的焦点。从20世纪50年代中期开始到60年代，水墨画创作的文人气象完全被淹没在政治现实的氛围之中，傅抱石也在积极寻找一个能够契合现实的方式方法。新中国国画的种种探索实际上就是针对如何用传统的笔墨表现现实的生活，如何让文人的意境服务于政治的需求而进行的革新。伴随着对国画改造的思考，1960年3月，傅抱石和钱松嵒带领江苏国画家13人历时3个月、行程2万3千多里，先后到了6个省的十几个城市写生，这些可视作他为改革中国画进行的主观探索，并由此推动了新山水画20世纪中期的发展。此外，傅抱石突破传统诗意题材的束缚，将气势磅礴的毛泽东诗意纳入山水画创作中，很好地处理了传统笔墨与现实生活表现的关系，毛泽东诗意山水画的出现将传统山水画中那种脱离尘世的清高，改变为结合现实的歌颂，这在当时所具有的“革命”的意义，是一般的山水画难以企及的。他发展了石涛的“笔墨当随时代”论，向同时代画家提出“思想变了，笔墨不能不变”的口号。傅抱石以不间断的创作使传统笔墨呈现时代精神，将理论著述和实践探索相结合，引领着中国山水画的变革与发展。

二

1. 沁园春·雪

《沁园春·雪》是毛泽东诗词中最具代表性作品之一，创作于1936年2月，1945年11月发表。毛泽东诗词中一些气势磅礴而又充满浪漫主义情怀，极大的刺激着画家的灵感和想像力。傅抱石在他的《北京作画记》一文中叙述：“记得还是解放以前，在重庆金刚坡下，一个雪花漫天的日子，我第一次读到毛主席的名篇《沁园春·咏雪》，心情无限激动。那气魄的雄浑，格调的豪迈，意境的高超，想像力的丰富，强烈地感染着我。”

此次展览展出了傅抱石对这首诗词创作的三幅作品，其中包括傅抱石作于1959年7月《江山如此多娇》(图一)的草稿，画稿虽然不大，但也有着1959年傅抱石、关山月共同为人民大会堂所绘巨作的感觉，充满喻意、视野纵横万里的表现方法，气势磅礴、壮丽山河。而1958年的《沁园春·雪》词意画(图二)则延续了傅抱石1949年之前画作的创作风格，画面主要突出历史事件，而不是诗意，基本上人物处于画面中心，表现着一种孤高情调，在“抱石皴”基础上，增加了革命红旗和行军队伍等红色元素及符号。两幅就毛泽东同一诗词进行创作的作品，时期不同，境界不同，诠释画面的方式不同，作品带给观赏者的感受完全不一样。两幅作品在展览时在同一展板，让人印象深刻。

“取材于诗的山水画，并非用形象图解诗意，也非诗的插图，画家当有自己的创造；可是画的意境不能不受诗的意境规范。”[2]傅抱石的画充满诗情画意，但很少以诗句题画，而是诗情与画意的完美结合，而《江山如此多娇》(图一)和《沁园春·雪》词意画(图二)虽源自同一首诗词，但画家创造出作品各自的意境。

图一 江山如此多娇

图二 《沁园春·雪》词意画

诗词：北国风光，千里冰封，万里雪飘。望长城内外，惟余莽莽；大河上下，顿失滔滔。山舞银蛇，原驰蜡象，欲与天公试比高。须晴日，看红装素裹，分外妖娆。江山如此多娇，引无数英雄竞折腰。惜秦皇汉武，略输文采；唐宗宋祖，稍逊风骚。一代天骄，成吉思汗，只识弯弓射大雕。俱往矣，数风流人物，还看今朝。

2. 蝶恋花·答李淑一

《蝶恋花·答李淑一》创作于1957年5月11日，1959年6月发表。毛泽东以这首长词的形式答长沙十中的李淑一，词中寄托了毛泽东对夫人杨开慧烈士和亲密战友柳直荀烈士的无限深情，也传递出他对烈士遗孀和昔日老友的关爱。画作的创作源于陈毅的深情朗诵，傅抱石感概颇多，激发了创作灵感。

图三 《蝶恋花·答李淑一》词意画

如果不算《江山如此多娇》的话，傅抱石花心思最多的应该还是展览中的这幅1958年创作的《蝶恋花·答李淑一》词意画（图三），这幅作品是傅抱石此次展览中少有的人物画。中国的传统绘画强调源于物象，但经过人文化、品味、经验等的过滤超越原有的物象，表现原有物象外形的同时，还表达原物象的内在精神，表达了画家的情感和精神。傅抱石的人物画同样表达着自己的理解与心境。这幅作品中描绘了两个神话人物嫦娥和吴刚，美丽的嫦娥在空中挥袖起舞，吴刚捧着桂花酒。对画中人物面部刻画细腻，设色简单雅致，画面清新独特。倾盆大雨的完美诠释，线条的灵活多变，嫦娥头部周围的刻意留白，使整张画人物形象突出，神气生动，而流动的画面也充满着浪漫的诗意。

傅抱石的人物画虽然传统，却气韵生动、饱含生机。“谢赫把气韵生动放在统领其余五法的首位，成为中国历来公认的论画最高准则，影响深远，”[3]对于这一点，傅抱石着重“气韵生动”的“动”，加强了人物画中动的表达，为画面创造出一种灵动的感觉。这是傅抱石在传统人物画基础上进行新的理解与创新。

诗词：我失骄杨君失柳，杨柳轻飏直上重霄九。
问讯吴刚何所有，吴刚捧出桂花酒。
寂寞嫦娥舒广袖，万里长空且为忠魂舞。
忽报人间曾伏虎，泪飞顿作倾盆雨。

3. 满江红·和郭沫若同志

《满江红·和郭沫若同志》创作于1963年1月9日,1963年12月发表。1963年毛泽东读了郭沫若的《满江红·领袖颂——一九六三年元旦抒怀》后,为诗中的激情感染,写下了这首气势恢宏的和词《满江红·和郭沫若同志》。

展览中傅抱石的三幅《满江红·和郭沫若同志》词意画均让人印象深刻,表现手法夸张,视觉冲击力大。尤其是这幅1964年3月所创作的作品(图四),画面一眼看去是一轮耀眼的红日,悬挂于云海之上,近景用松树和山石拉开画面的空间感,而仔细端详发现红日原是地球模样,上面很细致的画出中国地图、空中枯叶分飞。画法和风格与傅抱石平常的作品相差很大,画面中的政治用意明显,鲜艳的红色打破了画面原本应有的气氛,作品带有装饰画的感觉。

图四 《满江红·和郭沫若同志》词意画

但如果暂且抛开创作这幅作品的政治背景等,只是单纯的从绘画进行分析,19世纪60年代在法国出现了印象主义绘画,20世纪30至40年代,徐悲鸿也对印象派持肯定和赞赏态度,而后是新中国成立初期的国画大改造。傅抱石是一位革新的文人画家,有着深厚的民族文化底蕴以及其命维新的决心,在20世纪五六十年代对国画题材的突破显然是成功的,而处在黄金时期的傅抱石娴熟的国画技法也是有目共睹,但中国书画家最忌走到"烂熟"的地步,创新才是艺术的生命。而印象派从日本、中国艺术中吸收了营养,在表现语言上追求绘画的平面性、装饰性,这与傅抱石的这幅《满江红·和郭沫若同志》表现的方式与画面感觉接近。

诗词:小小寰球,有几个苍蝇碰壁。嗡嗡叫,几声凄厉,几声抽泣。蚂蚁缘槐夸大国,蚍蜉撼树谈何易。正西风落叶下长安,飞鸣镝。多少事,从来急;天地转,光阴迫。一万年太久，只争朝夕。四海翻腾云水怒，五洲震荡风雷激。要扫除一切害人虫，全无敌。

图五　《沁园春·长沙》词意画

1965年是傅抱石创作生涯的最后一年，展览展出傅抱石这年的作品《沁园春·长沙》词意图、《水调歌头·游泳》词意图，此次展出傅抱石对《沁园春·长沙》诗词创作的词意图多达八幅，其中1965年创作的三幅。《沁园春·长沙》创作于1925年12月，1957年1月发表。这是毛泽东苦寻救国之路时所写，是一首别具特色的秋之歌。笔下的秋景活泼、美好，但是毛泽东的感情却惆怅、深沉。毛泽东把诗中自然美与社会美融为一体，以传统的形式反映现代的生活内容。祖国的壮丽河山，毛泽东越写山河的壮美，越使人感到人民不能主宰大地的悲哀，越发感到中国革命的必然。傅抱石的《沁园春·长沙》词意画（图五）把毛泽东词中的意境完美呈现，画中山峰、水面映照的红色首先映入眼帘，山川的颜色虽都是红色却层次变化明显，碧绿的湘江上来往的船只乘风破浪，红山碧水映衬着祖国大好山河，而青年毛泽东在近景的船上指点江山。整个画面生机勃勃，充满着浪漫的诗意。其实傅抱石的山水画中人物一向很少，而且往往都不会处理在第一视点上，为的是在仔细欣赏山水的同时突然发现静态或动态的人，让人眼前一亮，从而达到静中有动的效果，彰显出作品的生命。1965年的作品还有一幅《水调歌头·游泳》词意图，画作虽然不大，却重视节奏，画面表现得苍劲雄健，水墨淋漓，颇有毛泽东诗词中洒脱的意境。

诗词：独立寒秋，湘江北去，橘子洲头。看万山红遍，层林尽染；漫江碧透，百舸争流。鹰击长空，鱼翔浅底，万类霜天竞自由。怅寥廓，问苍茫大地，谁主沉浮？携来百侣曾游，忆往昔峥嵘岁月稠。恰同学少年，风华正茂；书生意气，挥斥方遒。指点江山，激扬文字，粪土当年万户侯。曾记否，到中流击水，浪遏飞舟？

在20世纪60年代，随着新国画提出“画山水必须画真山水”的改造，傅抱石对毛泽东诗词中所表现的景物也进行了考察或写生，如展出的《西江月·井冈山》词意画、《登庐山》诗意画、《到韶山》诗意画、《人民解放军占领南京》诗意画等。20世纪60年代是傅抱石的巅峰期，作品的色调以早期偏灰暗转向明快，画面大量出现红色的运用，其实傅抱石后期创作的毛泽东的诗意画装饰化趋向以及国画中各种各样的红,甚至在一些画作中的红成一片,都极大的反映了这一时代的特点和变化,展出作品有《冬云》诗意画、《答友人》诗意画、《卜算子·咏梅》词意画等。扎实的绘画理论基础,深厚的国画史学底蕴,加之20世纪五六十年代的创作和写生实践,使傅抱石对毛泽东诗词意境的把握、体悟准确而到位,并且形成了自己独特的笔墨语言和形式技巧。他将浓郁的诗意与时代特色相结合,创造充满浪漫理想的诗意画。傅抱石在题材上的出新,使新山水画因为毛泽东诗意画而在国画中得到了少有的重视和广泛的影响,成为新中国成立初期新山水画表现建设内容之外的另一个重要题材,同时也为特殊时期的新山水画拓展了更加广阔的创作空间。

三

"思想变了,笔墨不能不变"。傅抱石提出的这个口号,最初是源自石涛。石涛的"我用我法"、"收尽奇峰打草稿"等强调个性、重视自然造化滋养的绘画观,一直是希望在绘画上有所创新的画家们奉为经典的至理名言。[4]石涛是一个反正统派的画家,甚至无视传统法则大胆革新,他的"我用我法"让年轻的傅抱石茅塞顿开,新颖的艺术观点和主张对后世的画坛影响也很大。但反正统不代表石涛无视传统。恰恰相反:他"借古以开今"的观点同他"法自我立"的观点一样,都说明了任何创新无不是从富有生机活力的传统中演化而来。[5]艺术的创新是建立在传承的基础之上,傅抱石也是继承前人的绘画图式和技法后又创造出新的图式和技法。随着西画的引入,西方艺术观念和绘画技法对中国传统国画艺术冲击,国画的改造成为必然,诗书画印的熏陶、笔墨趣味的强调以及画家个人的内外兼修的修养。傅抱石亦是在这些传统的基础上,对国画和西画进行"我用我法"的创新融合,继而在时代的浪潮中求发展和突破,才能有革命现实主义和革命浪漫主义结合的毛泽东诗意画的出现。

"其命维新"出自《诗经·大雅·文王》,也是傅抱石的座右铭。继承不是一味摹古,而要有创新意识,在传承中国传统文化的基础上,创新才是发展我国国画的有效途径。谓"创新",非仅囿于题材、内容,亦非唯笔墨,乃在于形式之于内容、技法之于题材的创造性表现。不在于方法材料或时代风格,东方的笔墨也好,西方的笔触也罢,不受题材或内容局限,"我用我法"表现真我和天真,"其命维新"创造新的艺术气象。在国画的创新发展的历史潮流中,新国画提出对写生的现实主义倡导。写生可以为艺术的创作与创新提供素材,傅抱石在《中国画变迁史纲》中分析李成时指出:"对景造意,不是无景造象,也不是对景造形,造意而后,自然写意。"[6]自然景象引起情感的共鸣,进而随心取舍自然物象,表达人的思想感情,这般情景结合的写生才有创新的能力。

傅抱石进行二万三千里的旅行写生,创作了大量的当代风格山水画,确立了"思想变了,笔墨就不能不变"的观点,笔墨因思想和观念的转变而改变,写生是国画创新发展的形式之一。西方的创作手法和经验可以借鉴，但不可用西画的观点来衡量中国画，国画有自己民族的历史积淀和风格、技巧。也不必刻意追求中西合璧，艺术的创新并不局限于技巧与形式的创新，也应体现出思想与情感的创新。以对现实生活和情感的积累，磨炼画家对事物的观察力、感受力、想象力，回归艺术对心灵的质朴表达，挑战自我创造新颖风貌，才能创造出震撼心灵的作品。

从绘画多元化的今天来看，傅抱石对以传统作为创作的源泉与动力，理性批判地吸取传统文化和艺术，特别是"其命维新"的创作态度和探索精神，使他的作品拥有强大的生命力和创造性，这也给新一代的国画创作者们如何发展国画提供宝贵的经验。

注　释

[1]　王宏建、袁宝林:《美术概论》,高等教育出版社,2010 年。

[2]　中国艺术研究院美术研究部:《美术史论》丛刊,人民美术出版社,1983 年。

[3]　李润生:《多视角美术赏析》,人民美术出版社,2001 年。

[4][5]　余秋雨主编:《创造与永恒中西美术史话》,百家出版社,1997 年。

[6]　张志民、侯弟坤、王兴堂:《中国山水画教学》,辽宁美术出版社,2007 年。

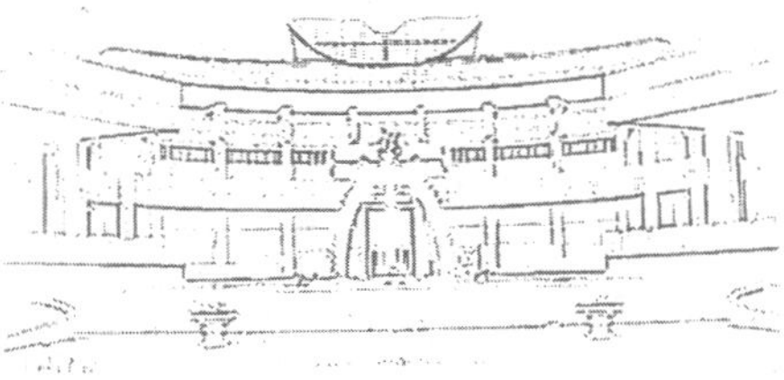

BoWuGuang GongZuo Yu TanTao

博物馆
工作与探讨

浅论新时期博物馆宣教工作的变革与发展

范丽君　游　越

【摘要】 群众教育与服务是博物馆的主要社会职能之一，新时期下博物馆事业的发展理念已由"以藏品为本"向"以人为本"转变，博物馆的一切工作必须适应社会发展趋向和公众的需求。当下讲解工作已经成为博物馆宣教工作的基础，开展丰富且有意义的教育活动成为目前衡量博物馆宣教工作的新标尺。同时，微博互动、微信语音导览、电子阅览室、网络教学等新媒体的盛行与广泛运用也给博物馆宣教工作带来了时代的推动力。还有随着博物馆志愿者数量的不断增加，对于志愿者的制度规范管理与培养也已从讲解向各类社教活动方面延伸，更大程度地利用和发挥博物馆讲解员与志愿者本身的专长、加强博物馆讲解员与志愿者的相互学习与合作成为了新时期下博物馆宣教工作的新方向。

【关键词】 服务意识　教育活动　新媒体　志愿者

随着社会的进步和科技的发展，越来越多人走进博物馆，他们的兴趣不同、年龄不同、层次不同、目的不同，博物馆已经很难以传统同一的服务来满足所有观众的需求。传统依托展览的讲解方式已经无法顺应时代和社会的发展需求，也无法满足当下公众的期望值，博物馆宣教工作正经历着巨大的变革与发展。

一　博物馆服务意识的转变

服务是博物馆工作的重要职能和组织目标，国际博协在 1974 年通过的组织章程中就明确申明博物馆是"为社会和社会发展服务"的社会文化机构。但是，人们对这一基本任务的认识和理解却是逐步深入的，是随着时代的发展而不断拓展的。博物馆提供服务的内容和范围逐渐扩大，服务内容在原有的陈列、教育和科研服务的基础上，逐渐增加了满足观众休闲和文化消费需求的服务，服务范围也扩展到了馆外。

博物馆服务是指立足博物馆的藏品，运用陈列讲解、流动展览、图片文字资料、多媒体信息、社教活动、服务设施等方式，满足观众和社会大众的认知、欣赏、自我学习等各种需求而进行的工作。也就是说，博物馆服务是基于博物馆藏品、博物馆陈列和博物馆设施而开展。自 2008 年全国博物馆陆续实行免费开放以来,博物馆的服务意识和能力都得到了不断的提升,这一方面是博物馆工作人员服务意识的转变,另一方面是由于观众对博物馆服务要求的转变。

(一)博物馆服务理念的形成

新时期下的博物馆在社会职能方面已经发生了巨大的变革,在世界范围内博物馆开始由传统的对收藏、研究的看重,转变为对社会大众精神文化需求的关注,博物馆的文物收藏、学术研究、展示教育等职能均以为社会服务、为大众服务为宗旨,这就是新时期下的新博物馆理念——“以藏品为本”转变为“以人为本”。

现阶段,中国的博物馆已经进入一个迅猛发展时期,各大博物馆进行着或完成了改扩建工程,博物馆的硬件设施条件发生了显著的变化,博物馆开始关注社会公共服务建设,并意识到高质量服务才是对吸引观众和提高观众满意度的关键。从全国各大博物馆可以看到:陈列展览的推陈出新、讲解水平的不断提高、新媒体数字化的多元化服务、博物馆藏品数据库建设、无障碍设施的配备等等,博物馆在不断地努力完善公共服务的各方面内容,对博物馆工作人员的服务意识和态度也上升到制度化管理层面,全方位树立博物馆为公众服务的理念已经形成。

(二)观众对博物馆服务要求的转变

观众从最初博物馆免费开放至今,8 年时间里已经由之前渴望得到服务转变为必须得到服务。这种转变是由于观众对精神文化的追求在不断提高,而且参观者自身的文化层次也较之前有全面的提高,所以观众才希望在博物馆获取更多更全面的服务,这对博物馆而言是新时期下的又一重大考验。

博物馆观众构成具有极大的广泛性,为了满足大部分观众的心理需求,博物馆定期的观众调查研究是非常有必要的。对观众的调查研究包括:观众类型、观众组织、观众参观心理和参观兴趣等方面。只有不断地通过与观众的沟通了解才能使博物馆的服务做得更好。社会和社会发展的趋向总是从社会公众的愿望中反映出来,而社会公众的要求也总是代表着社会和社会发展的趋向。因此,博物馆的一切工作必须适应社会和社会发展的趋向,适合公众的需求。只有了解观众、熟悉观众、争取观众、组织观众、为观众服务、满足观众的需求,才是博物馆的根本宗旨。所以,新时期博物馆的发展目标,将从满足广大民众日益增长的文化需求,拓展到保障广大民众的基本文化权益,再延伸至让广大民众共享文化发展成果。博物馆的核心价值观,也将从保护文物藏品到保护文化遗产,再到服务社会,进而向参与推动社会变革的神圣责任回归。

二　各类型教育活动已成为博物馆宣教工作的新主体

《中国博物馆学基础》一书中对博物馆教育与服务的定义是:“博物馆的教育

与服务包括许多方面，主要是为广大观众提高思想品德和文化素养服务，为在校学生的校外教育服务，为成人终生教育服务，为科学研究服务和为旅游观光和文化休闲服务。”也就是说，博物馆不在于它拥有什么，而在于它以其有用的资源做了什么。

新时期下讲解工作已经成为博物馆宣教工作的基础，当讲解工作已经成为必需品后，开展丰富且有意义的教育活动成为了目前衡量博物馆宣教工作的新标尺。教育活动如何开展又应该注意哪些问题呢？

（一）开展博物馆教育活动的步骤

全国博物馆免费开放以来，各博物馆积极融入社会、融入公众生活，努力创新教育服务的内容和形式。策划和实施有针对性的教育活动可以让不同年纪不同兴趣爱好的观众在博物馆能够找到属于自己的活动方式，在参与的过程中最大程度的调动每个人的积极性和创造性，使观众不仅停留在参观博物馆，更多的是能够让观众主动地学习和思考。著名学者苏东海认为：“博物馆是通过为观众自我学习提供服务而实现教育目的的。”

开展博物馆教育活动的步骤主要分三步：第一步是活动主题的确定。活动主题的确定要求正面积极，馆内活动一般以陈列展览为依托，传统节假日为导火索，创新的立意为思路源泉，馆外活动则应以目的的异同而开展相应的专题活动。例如江西省博物馆在清明节假日举行“风筝节”活动，邀请有小朋友的家庭通过手绘风筝和放飞风筝的形式，了解清明节与风筝的关联，以达到传承和弘扬中华民族传统文化的目的。此外，在国际博物馆日举行的以国际博物馆日为主题的大学生志愿者演讲比赛和文化遗产日的“瑞昌剪纸”专题活动等都是以传统节假日为线索展开的。以展览为依托的活动更加的丰富多彩，尤其是现在各博物馆临时展览层出不穷，展览也是博物馆吸引观众的主要原因之一。因此，策划实施好与展览相配套的教育活动是本阶段的“重头戏”，它们能有效地延伸展览，并进一步烘托其内涵。馆外的活动主要是以“文化三进”的形式开展，最重要是与学校教育机构的合作，最具针对性的是小学生和高校大学生，小学生可以走进课堂，大学生更多的则是座谈实践。

第二步是策划方案的确定。成功的教育活动，来自于详尽缜密的策划方案，以及有效的追踪和管理。所以每个活动都需要一个完整的策划方案，其中内容包含活动主题、活动目的、活动内容、活动过程、活动时间地点和受教群体、活动经费预算等等。策划方案的制定不仅可以帮助博物馆工作人员有序高效地完成工作，而且可以为日后教育活动总结经验。以江西省博物馆为例，开展教育活动受众群体最多的、效果最好的属学生团体，其中以小学生的亲子活动居多，因为博物馆的教育活动不仅是学校教育的补充，也不仅是学生的“第二课堂”，它等同于家庭教育和学校教育，成为学生接受教育的重要组成部分，与其他教育方式一样起着殊途同归的作用，在弘扬和传承中国文化、加强爱国主义教育、提升自我综合素质的伟大事业中肩负着神圣的使命。

第三步是宣传报道。博物馆教育活动的宣传报道与活动本身一样对博物馆的而言都有着重要的意义，一次成功的教育活动若没有做到全面的宣传报道，那么这次活动的效果将大幅缩水，因为博物馆举办教育活动的目的在于更广泛、更有针对性的传播文化知识，吸引更多地观众走进博物馆、关注博物馆，所以全方位的宣传报道对于教育活动而言必不可少。如今，由于宣传方式的多样化大大提高了宣传报道的途径和力度，其中主要分为传统的媒体报道和新媒体宣传两种方式。传统的媒体报道有博物馆的馆内宣传册页和海报宣传、报纸和电视媒体的报道；新媒体宣传是通过博物馆的网站、微博、微信和客户端。怎样的宣传才算是全方位的呢？其应将教育活动分为前、中、后期进行宣传，首先是将制定好的策划方案以博物馆海报、网站、微博、微信方式在活动开始前告知公众，以便选择性报名参加或观看；在活动中记者的拍摄采访、博物馆微博和微信的互动都可以促进参与者与活动内容的进一步碰撞；活动结束后的报纸、电视、网站、微博、微信的报道是整个教育活动的宣传重点和总结。

（二）开展博物馆教育活动应该注意的几个问题

博物馆是国民教育的特殊资源和阵地，而教育活动的规划和实施则是博物馆发挥“教育”这一首要功能的主要手段。积极地开展各类教育活动不仅有助于提升博物馆服务社会的公共形象，而且有助于提升博物馆讲解员的综合服务水平，在开展活动中不断地开拓思路、学习知识、总结经验。所以，在此我们应该注意以下几个问题：

1. 资料存档、总结归纳。善于总结是进步的捷径，也是活动精益求精的必要途径。不仅如此，资料存档可以为以后教育活动的开展和提升提供较大帮助，而且日后如果出图集或是在一级馆评定时也是十分重要的原始材料。

2. 寻找合适的受教群体。博物馆该如何应对众多观众的需求开展教育活动，真正做到寓教于乐，这就要求博物馆在开展活动时对不同的受教群体必须有针对性。以江西省博物馆为例，在开展针对小学生亲子活动时，一般会选择电视台或报纸的小记者，这些小记者来自于当地的各个小学，与媒体合作举办活动，不仅参与人员数量和纪律有保障，而且活动的媒体宣传也得到了支持。

3. 人才资源的有效利用。人才的资源永远是最宝贵的资源，致力打造一支强有力的博物馆服务队伍一直是各博物馆常年不懈努力的方向和目标。由于博物馆开展的教育活动有着知识性强、类型范围广、专业突出等特点，所以需要各方面的人才资源才能满足各项活动的教育需求，这时我们首先应该考虑博物馆工作人员的自身特长，其次再寻找志愿者队伍中有艺术专长或专业教育能力的，最后再聘请社会或学校的专业老师。但是，由于活动的逐渐频繁，博物馆的领导者应该考虑不断培养提高博物馆在职员工的综合素质。

三　新媒体在宣教工作中的广泛运用

随着社会的不断发展，新的科学技术形态层出不穷，对博物馆的发展也提出了新的挑战。当博物馆的陈列展览日趋现代化、当博物馆的社会教育活动日益多元化、当博物馆的研究保管工作越发时效化，我们不难发现，新媒体对传统的博物馆发展而言，已带来了全新的变革。当时下流行的微博、微信、播客、数字电视等改变我们生活时，也潜移默化地改变着博物馆的各项工作。新媒体在博物馆宣教工作中广泛运用在以下几个方面：

（一）微博的信息发布与互动

长期以来，博物馆通过报纸、广播电视来发布信息，公众只是这些信息的被动接收者，而且还被信息发布规定的时间约束着。而在新媒体平台上，大众既是被动的信息接收者，同时也具有主动性，不仅可以随时随地通过博物馆的官方网站、官方微博、官方微信等得知博物馆的活动信息，在微博中公众还可以与博物馆的工作人员互动交流，对某一事件或活动进行评价与讨论，同时还可以就社会教育活动进行网上预约、网上调查、收集意见等等。这种方式可以直接了解观众需求，大大减少了博物馆工作人员开展观众调查的时间和材料费用，不仅环保而且效率高。

（二）微信的语音导览服务

社会教育最基础也最直接的工作是讲解，通过讲解拉近博物馆展品与观众的距离，通过讲解传播更多的文化知识，但是，每个博物馆的讲解员的数量都是有限的、讲解的时间也是有限的，讲解员无法满足每个不同观众的需求。于是，后来出现了语音导览器，可是语音导览器的租用是需要一定费用的，而且存在你用、我用、他用的卫生问题和设备的维护损耗问题。如今，全国各省级博物馆基本都将微信语音导览服务普及开来，因为它免费而且选择性强，即使不在展厅也能观赏到文物照片并配有相应的语音讲解。博物馆这项服务得到了所有公众的喜爱和好评。

（三）电子阅览室

电子阅览室一般出现在当下的图书馆，方便大家查阅图书资料。其实在国外的博物馆很早就出现了电子阅览室。由于观众对文物知识的一知半解，讲解员数量的有限，语音导览又受时间限制，能够做到全方面的剖析文物及背后的知识的只有网络时代下的电脑，利用强大的搜索引擎可以帮助博物馆工作人员另一面的服务公众。

(四)网络教育

博物馆知识讲座或者是趣味讲堂大多是面向馆内职工或是少部分公众群体，受到场地和时间的限制，大部分公众都无法直接参与活动现场，针对这一问题，大多数博物馆现都将讲课的内容直接录制好连同相关PPT一同放在网站上，供需要的公众随时学习观看。同时，还可以制作博物馆电子刊物，供博物馆爱好者观看。

四 志愿者成为宣教工作可持续发展的重要载体

当今社会，志愿者和志愿者服务已经成为了一种潮流，越来越多的人加入志愿者队伍，他们出现在社会各个角落无私地为公众服务。博物馆志愿者是利用自身的特长来补充博物馆人力资源，以传播和宣传博物馆科学文化知识和服务社会大众。在美国博物馆正式员工的数量与志愿者人数的比例是1∶4，因为美国民众普遍认为，凡是成功人士，都应该为社会做出更大贡献，因而他们乐意参加各种机构的志愿服务以及其他一些慈善事业。随着中国经济和文化事业的飞速发展，中国民众的志愿服务意识也日益增强，中国的志愿者也开始朝着数量日益增多、服务质量不断提升、管理水平日趋制度化和精神满足感日渐充裕的态势发展。

(一)博物馆志愿者的来源与心理的改变

中国博物馆协会志愿者专业委员会于2009年成立，是一个非营利性的、非政府的、致力于团结和支持全国各博物馆志愿者的组织。志愿者专业委员会的目标是促进和传播博物馆志愿者理念，组建全国性的博物馆志愿者网络，搭建博物馆与志愿者之间的桥梁，帮助志愿者在支援服务时得到自我提升，成为博物馆志愿者可以分享经验与快乐的平台。

博物馆志愿者的职业日趋多元化，这是在近些年发展起来的，最初的博物馆志愿者大多来自高校学生，而学生的服务时间有约束、更新的速度过快，如今稳定的志愿者讲解员大多来自社会各界人士，他们的心理：希望做慈善的事回报社会，在帮助别人的过程中寻求一种自我满足；希望在博物馆学到更多的知识，在志愿服务中寻求自我成长，并在这个团队找到志同道合的队友，寻找另一种生活快乐。故宫博物院自2004年12月招收第一批志愿者以来，截止2014年12月，已累计招募志愿者535人，十年间，累计为观众提供服务107491小时，服务观众人数达508277人次。博物馆志愿者人数的不断增长，也同时考验着博物馆对志愿者的管理水平。

(二)博物馆志愿者管理的改变

博物馆志愿者由最初报名即可成为志愿者到如今需要考核筛选，在这个过程中博物馆对志愿者的服务与管理水平都在不断地完善和提升。首先是《博物馆志愿者管理制度》的修订,管理制度不但包含了对志愿者的要求,例如志愿者的服务时间、服务内容的质量、年度的考评,而且还包括博物馆为志愿者提供的专业培训以及奖励评选等等。目前在很多省级博物馆都成立了博物馆志愿者委员会,从中选出主任和副主任负责管理志愿者,也就是志愿者自己管理自己,较大限度地弥补博物馆人手不足的问题,同时增强志愿者的团队凝聚力。

其次是博物馆对志愿者的专业培训。由于志愿者的身份多元化,博物馆也将有针对性对其进行培训,除了日常常规的讲解培训,定期的主题讲座等,还应安排志愿者赴其他博物馆参观学习,或是参加国内专业的讲解培训班,不断提高志愿者的文博专业知识和讲解专业服务。

再次是博物馆每年举办专门的志愿者活动,肯定和激励志愿者的服务,例如志愿者评先、讲解比赛、最佳服务奖、小小讲解员之星的评选等等,还有其他志愿者参加的"文化三进"服务和每年志愿者更替时的表彰会和告别会等等。以此不断激励志愿者的工作热情和创造力。

(三)博物馆志愿者在宣教工作中的实践和改变

志愿服务和博物馆服务工作是相辅相成的,博物馆借助志愿者弥补工作人员的不足,志愿者借助博物馆这个平台服务于社会。免费开放后,面对观众最为紧缺的是讲解员,因而志愿者大多安排在讲解员的岗位,通过全面的培训和多年的实践,志愿者讲解员的身影不仅在展厅内成为服务公众的亮点,在博物馆宣教工作中也成为了不可或缺的组成部分。志愿者对公众的服务已经从讲解向各类社教活动方面延伸,更大程度地利用和发挥志愿者本身的专长和素养、加强馆内工作人员与志愿者的相互学习与合作,成为了新时期下博物馆志愿者在宣教工作中实践的改变方向。

当下,社会经济和文化都经历着巨大的变革,博物馆作为公共文化的重要组成部分,也将顺应时代的发展需求,不断提高服务意识、提升讲解水平、增加教育活动、广泛运用新媒体、积极培养志愿者,以创新多元化的服务理念和形式满足新时期下博物馆的发展需求和社会公众对博物馆的要求。

注　释

[1] 程丽臻、钱红:《博物馆讲解工作研究》,湖北人民出版社,2014 年。

现代博物馆的观众服务工作
——以江西省博物馆为例

樊文杰 赵 磊

【摘要】 近年来,随着社会经济文化的发展,博物馆成为公众选择文化休闲的好去处。与此同时,以人文关怀为主的观众服务工作也逐渐成为博物馆研究的一个重要方向,从物到人、从被动单一的讲解服务到主动全方位的整体服务,博物馆的观众服务工作在不断变化。本文以江西省博物馆为例,探讨在现有基础上观众服务工作的现状及问题,并就如何改善提高观众服务质量进行探讨。社会的进步引导着博物馆的发展趋势必定是以观众为中心,一切为了观众、一切服务于观众。

【关键词】 博物馆 观众服务

观众服务是博物馆对外开放工作的中心和重心,也是博物馆三大功能的体现,博物馆一切的硬件和软件设备都是为了观众而服务的。近些年来,随着社会经济的高度发展、文化事业的不断繁荣,人们已不再满足于物质生活的追求,而逐渐向精神层次靠近。博物馆正好顺应了社会发展的需求,成为了人们了解历史、学习知识、开展教育、享受文化休闲的好去处;而博物馆观众量的上升又突显出观众服务这项工作的重要责任与使命。

一 相关概念

(一)博物馆

1989 年 9 月,国际博物馆协会将博物馆的定义修改为:“博物馆是为社会及其发展服务的非营利的永久机构,并向大众开放。它为研究、教育、欣赏之目的征集、保护、研究、传播并展示人类及人类环境的见证物。”[1]我国则在此之前就提出了博物馆的三重基本性质和两项基本任务,即:博物馆是科学研究机关、文化教育机关、物质文化和精神文化遗存或自然标本的主要收藏所的三重性质和博物馆应为科学研究服务、为广大人民服务的两项基本任务。[2]

然而,由于社会经济的发展,文化价值观的改变,传统博物馆的定义也随之发生变化，其中最突出的两点是：博物馆是“人与物之间的结合”及博物馆的社会参与性，强调博物馆是为社会服务的。[3]前者认为博物馆是为社会服务的机构，博物馆收藏实物也是为了服务于社会，因此，博物馆应致力于研究人和物的关系[4]；后者则意识到博物馆工作与社会的日益发展紧密相关，服务于社会是未来博物馆发展的主流趋势。无论是20世纪的定义还是后来的演变，我们不难看出，博物馆的发展总是围绕着“服务”而来的，来源于社会而服务于社会，这是博物馆的意义与根本。

（二）观众服务

观众顾名思义就是参观的人或人群。从客观上看，凡是参观过博物馆陈列展览或者巡回展览、参加过博物馆各种教育服务活动的社会公众都是博物馆观众，未到过博物馆的公众被称为博物馆“潜在的观众”。[5]服务则是指为他人做事，并使他人从中受益的一种活动。

进入21世纪以来，随着社会经济文化的发展，人们在各领域的需求都有所增加，博物馆承担的社会服务功能也愈加得以体现。早在20世纪末就有学者提出现代博物馆正在以“物为中心”转变为以“人为中心”，必须把公共服务当作未来发展的主要力量；[6]后来中国通过不断学习引进西方博物馆的先进理念和经验，也提出“博物馆在世界范围内开始由传统的对收藏文物标本的看重，变为对社会大众精神文化需求的关注，即由以藏品为本的博物馆转变为以人为本的新博物馆”[7]，“中国博物馆进入服务时代”[8]。然而无论是“服务时代”还是“以人为本”，其根本的基础就是观众。“服务时代”是服务于观众的时代，“以人为本”是以观众为根本的理念，因此观众才是博物馆的核心，观众服务才是博物馆一切工作的目的，“了解观众，熟悉观众，争取观众，组织观众，为观众服务，满足观众的需求，是博物馆的根本宗旨”。[9]

二　观众服务的体现及问题

社会经济的发展使得如今的博物馆成为大众学习历史文化知识、陶冶情操、亲子活动、旅游休闲及社会教育的文化空间。在博物馆日益成为人们生活所不能缺少的活动领域时，“观众服务”这一理念突显得尤为重要。它是博物馆实现“以人为本”的重要体现，是现代中国博物馆的发展方向；观众服务的体现是衡量一个博物馆人文关怀的重要标准，也是反映一个地区、一个国家人文精神高低的重要尺度。博物馆体系繁琐、工作复杂多变，同时博物馆观众也很复杂。观众按年龄可分为幼、少、青、中、老；按需求可分为学习、旅游、娱乐、休闲；按职业又可分为工人、军人、学生、老师、公务员等各种职业，因此意味着观众服务工作不仅要体现在博物馆工作的各个方面而且是复杂多变的。这里将以江西省博物馆为例分析观众服务在几方面的体现以及现实存在的问题。

(一)讲解服务

讲解服务是博物馆对外展示的一个重要窗口,是博物馆不可或缺的功能。这是实现博物馆社会教育职能的重要手段和途径,也是陈展内容被观众认识与了解的桥梁,是历史与现实的连接点。[10]随着社会信息科学技术的发展,如今大部分的博物馆在讲解服务上不仅有人工讲解,还提供语音、微信等各种先进设备的讲解服务,这在一定程度上缓解了自免费开放以来博物馆人流量增多、讲解员不够的压力,也为观众的自助参观提供了较好的服务。江西省博物馆自 2008 年免费开放以来,也同全国其他各大馆一样,经历了观众人数增多、需求增多等情况,但遗憾的是,在讲解服务工作上还是只能提供传统的人工讲解,并没有语音导览等现代化的设备。因此,在对外讲解中,由于讲解员人数的限定,不能做到每批观众都可以享受讲解服务,讲解服务也为此大打折扣。

讲解是最能直观体现"以人为本"服务精神的一个工作,特别是人工讲解。当讲解员以一口标准流利的普通话,并带着甜美的嗓音讲解时,相信很多观众都能在冰冷的展柜面前感受着温暖和惬意。然而,博物馆是面向全社会的,不论是国内还是国外;不论是城市还是农村;也不分地域民族和年龄。因此,在博物馆的讲解服务中,语言也很重要。针对外国游客,应尽可能提供不同语种的讲解服务;针对本地的农村游客,在讲解中说几句本地土话,也能让人感到亲切;针对少数民族游客,尽量在讲解中不要提及有关民族的忌讳;而针对一些残障人士,讲解要缓慢耐心,最好还要会些手语。故宫博物院对外国游客提供包话英、日、韩、俄等四十多个语种的语音导览服务;南京博物院除了外语服务外,有半数以上的讲解人员能够使用流利的手语为残疾观众服务。[11]而江西省博物馆在这方面的服务还不到位。在外语讲解方面,除了展板上的英文介绍外,没有语音导览,人工讲解只能以中文服务,手语讲解服务也没有普及培训。

讲解服务不仅体现在语音上,还要体现在内容的专业化上,这就在一定程度上要求讲解员的基本素质和文化内涵。随着观众文化素养和鉴赏水平的提高,身处一线的讲解员也被提出了新的要求,专业化的讲解服务也更能体现与观众之间传播、教育、沟通的作用。但目前我国讲解员总体的学术水平不够理想,专业基础和研究能力较为薄弱,对业界和专业领域的最新研究成果也少有了解,导致讲解内容仅限于一成不变的讲解词,[12]满足不了观众更高层次的文化需求。在这方面,江西省博物馆近年来由于招了不少具有硕士学位的讲解员,在学习专业知识和研究历史上有了很大进步,目前对于馆内观众的大众需求或专业需求都能提供服务,这也是我们值得发扬的。

(二)陈展服务

在我国,一般习惯上将长期展出、比较稳定的展览叫作陈列;将短期展出、经常更换的展出称为临时展览。博物馆陈展是博物馆实现其社会功能的主要方式，是博物馆工作人员与博物馆观众之间进行交流的方法和途径。[13]陈列是博物馆特有的语言。[14]观众进入博物馆首先是用眼睛去看，然后才是听，只有看到了感兴趣的内容，他才会认真地听关于这部分内容的解说。可见，陈展服务的重点就在于是否能吸引观众的眼睛，能否让观众的兴趣一直保持着高昂。然而国内大部分的博物馆包括江西省博物馆的展览方式都是以静态为主，高科技手段应用较少，往往调动不了观众的兴致，从而导致陈展服务工作不到位。

我们以江西省博三个馆的固定展览为例，由于省博是历史、革命、自然三馆合一，风格完全不同，陈展设计也迥然有别。如历史馆内仍采用传统的图片、文字展示方式，过于专业从而缺少动感效果，观众往往一闪而过，根本不知道有些什么藏品和历史知识。对于此类的基础藏品陈列，可以采取动态展览或互动的模式来吸引观众：对于瓷器的陈列，可以设计古代陶瓷制作区，让观众感同身受、直观体验；青铜器则可以通过高科技播放的形式让观众了解青铜的制作。又如革命馆，经过改造后的革命馆同全国其他革命馆的陈列一样，既有传统的图片文字，也有现代的声光电，这在一定程度上吸引了不少观众参观；但是由于展览路线设计得不合理以及昏暗的色调，容易让观众在参观的过程中产生迷惑和压抑的感觉。最后的自然馆可以说是省博较为成功的一个陈列，不可缺少的声光电、互动的电脑游戏、电视DVD的介绍、真实的动物模型等等，这些都是吸引观众的关键，展览的场景化、立体化使得观众兴趣大增，不仅饱了眼福也愉悦地接受了许多自然知识。这样才是博物馆陈展服务的最好体现，是其他展馆陈列设计所要学习的。

临时展览则与固定陈列不同，它具有灵活多样的内容结构和艺术形式，能够满足不同观众多方面的需求，名曰临时，其效果和作用却可以是显著的、长期的。[15]以江西省博为例，近年来一直以做精品临展为基准，推出的许多精品展览都深受观众的好评。如最近推出的河南商周玉器展，展品除了图片、文字等基础资料外，还运用了音乐、DVD电视展播、微信语音讲解等手段对展品进行烘托，把一个个精致、典雅、高品位的文物展现在观众面前，既欣赏了玉器又感受到了雅致的氛围。这样一个展览的推出，不仅服务了观众，使他们身心愉悦；博物馆工作人员同样也很满足，这就是服务到位的体现。

此外，我们还要注意的是，任何陈列的路线服务、文字服务也是要考虑的。陈列路线设计得好，观众参观就不会晕头转向或是重复观看；对残障人士的路线设计则更要贴心。陈列的文字服务上除了中文，还要走向国际化；对于不认识的生僻字则要以拼音的方式告诉观众；最好还可以设计些盲文以便于这类观众的需求。

（三）教育服务

群众教育与服务是博物馆的主要社会职能之一。博物馆作为人类文明记忆、传承、创新的重要阵地,作为政府公共文化体系的重要组成部分,最大限度地发挥教育职能,也正是实践和完善政府公共文化服务职能的积极体现。[16]博物馆的教育与服务包括了许多方面,如针对大众的基础教育服务;科学研究服务;文化休闲服务以及无障碍教育服务等等。2008年始,随着全国大多数博物馆的免费开放,公众的文化权益与博物馆的社会责任得到了空前有效的体现,博物馆的教育功能显著增强,社会影响日益扩大。[17]可以说,如何更好地实现博物馆的教育服务是当前博物馆事业发展的重中之重,前面所提及的讲解与陈展服务都是实现教育服务的手段,都是为了实现教育服务而服务的。下面将以江西省博物馆为例,在四个方面探讨教育服务的体现和缺失。

1. 博物馆的基础教育服务。这里的基础教育指的是馆内教育和馆外教育。馆内教育服务顾名思义指在博物馆内进行教育服务,包括对青少年儿童的教育服务、对成人的教育服务及馆内的各项教育活动。这样的服务就很多了,如举办针对各种层次人群的精品展览;开展符合青少年儿童的互动教育活动;与大学生群体合作开展综合素质教育实践基地;举办节假日庆祝活动;组织各类知识的专家讲座等等。而馆外教育服务则指的是在博物馆外面进行的活动,如进学校、进基层、进社区、进军队等。这样的教育服务属于主动性教育服务,互动性更强,得到的社会宣传和舆论效果也更加突出。江西省博在这方面也做了一些努力,但是不够全面,在社会上的影响也不够大,如在馆内教育服务上,精品展览有了但专家讲座却很少;几个主要的节假日活动有了但专门大学生及青少年教育实践基地却没有,也更谈不上以年龄分层进行教育活动服务;进学校开拓教育活动有了但却没有进基层、社区、军队等的活动;进校教育也只是单一的宣讲形式并没有做到互动,也无法组织学生进行各种类型的夏令营活动;此外,关注学生的教育比关注成年人的教育多,开展成人教育活动基本是没有的。

2. 博物馆的学术研究服务。博物馆是以实物资料为特征的知识信息交流中心,它以丰富的馆藏吸引着许多专业研究工作者和科学家。为科学研究服务是博物馆的一项重要职能。[18]它的服务主要体现在为专业研究者提供藏品资料和研究成果、咨询服务、鉴定服务及科研技术设备;与有关机构和高校进行项目合作,开展专业人员交换;对进行博物馆专项研究的学者提供费用和财力支持;提供丰富的博物馆专业图书资源和在线资源等。[19]在这一领域的服务中,江西省博物馆就明显不足,在基本上满足本馆人员学术需求的基础上,除了与部分高校有专业学术互动外,其他服务项目都只能是差强人意。

3. 博物馆新兴的休闲娱乐服务。随着社会经济的发展,追求精神文化上更高层次的需求便成为了一种趋势,有学者指出:“在文化生活高档化趋势下,一个值得重视的现象就是文化娱乐的需求。高尚的文化娱乐是休息和积累精神再生产能力的积极方式。博物馆是提供高尚文化娱乐,培养生活情趣,满足美感要求的场所,博物馆应该强化这方面的职能。”[20]还有更多学者则直接认为休闲娱乐功能已成为当代博物馆的主要功能之一[21]。因此，现代许多博物馆开始关注观众的休闲娱乐性需求，并在此基础上达到“寓教于乐”的教育功能，使休闲娱乐与教育能有机地结合起来，让博物馆的教育服务上升到了一个新的高度。然而，休闲娱乐服务不是那么简单就能完成的，它要有与之相应的服务理念、主题展览活动及配套设施，特别硬件上要有如休憩空间、活动室、医疗室、阅览室、影视区、文化产品销售区等这样的设施。江西省博物馆在此方面只能说理念已跟上，但无配套硬件相应。硬件设施的不完善已然成为江西省博在各项服务中的硬伤。

4. 无障碍教育服务。博物馆的无障碍服务是建设无障碍社会环境的一部分。所谓无障碍环境是指为保障残疾人及老年人、孕妇、儿童等弱势群体的安全通行、便利使用、顺利交流而设立的各种设施和提供的各种服务，其中包括交通无障碍、建筑无障碍、信息无障碍和文化无障碍等。无障碍环境是人道主义和良好社会风尚的重要标识之一，是社会文明进步的标志。[22]博物馆作为公益的社会机构，开展各种无障碍服务是其应有的责任，也体现出博物馆以人为本的服务理念，更重要的是体现对弱势人群尊严和个性的尊重。交通无障碍在江西省博物馆内则体现在馆内道路设有坡道和盲道、有供轮椅使用的电梯，其他如盲人路标、残疾人专用厕所、助残设备等还没有提供；而体现出无障碍教育服务的信息无障碍和文化无障碍也基本没做到，盲人说明牌、手语、可触摸式展览等有关无障碍的服务都提供不了，仅仅能提供比平时更加耐心、细致的讲解，在更好地实现无障碍教育方面大打折扣。

（四）志愿者服务

在我国，通常把志愿者看成是“不为物质报酬，基于良知、信念和责任，志愿为社会和他人提供服务和帮助的人”。[23]而志愿服务就是作为一种自愿的，不计报酬和收入而参与社会活动，推动人类发展和促进社会进步的行为，是大众参与构建社会道德体系的一种重要形式[24]，并逐渐成为人类社会活动的重要组成部分。博物馆志愿者服务活动的开展既能加强博物馆与大众联系，又能弥补馆内人力资源不足的现状，因此大多数博物馆都十分重视志愿者服务，并把志愿者活动的开展与博物馆级别评定的标准相挂钩。这里，将把志愿者服务分为两类来分析：

第一类，对志愿者本身的服务。目前，我国博物馆的志愿者来源大致分为在校大学生和社会人员（包括在职人员和退休人员）两部分，可见志愿者来自于大众，本身就有享受博物馆服务的权利。因此，在他们为大众提供服务前，博物馆要先为他们提供服务。在服务与被服务的关系下，博物馆要为这些志愿者提供专业培训、考核、奖励等基本服务项目，然后志愿者们才能更好地服务于大众甚至博物馆。在这方面，我国很多博物馆都做得很好，从招聘、选拔、培训、考核、奖励、对外交流学习等一系列的流程十分完善，志愿者也从中学习到了不少知识，体验了助人为乐的快乐。江西省博物馆在这方面则相对薄弱：首先是志愿者人数少，仅是大学生来馆做志愿;其次没有好的培训和考核体系,只是发放讲解词让他们去学习,也局限于常设展览的讲解词;第三是奖励和对外交流学习也基本没有形成模式,只提供奖状以资鼓励;更不要谈如何去发掘志愿者本身的才华和兴趣进行培养了。

第二类,志愿者的服务。博物馆志愿者服务范围很广,一般是围绕着博物馆的职能和日常工作来进行的,如博物馆的参观接待和讲解、馆内的环境卫生、馆各项社会教育活动组织策划、来馆观众的咨询服务、对残障人士的服务、各种信息的社会调查,甚至是有能力的志愿者参与馆内相关科研工作等较高要求的专业工作。志愿者全方位的参与到博物馆的工作不仅大大加强和提升了博物馆的办展水平、讲解水平、宣传力度等各项工作,更影响和促使更多的人参与博物馆、融入博物馆,扩大了博物馆在社会的影响。江西省博物馆由于志愿者人数少、硬件条件不足,在志愿服务这方面做得也不够完善:只能进行固定展览的日常讲解服务、馆内的环境卫生服务、观众的咨询服务及一些简单的残障人士服务;对于组织策划相关的社会教育活动和专业学术服务等高级别的志愿服务却提供不了。

(五)安全服务

博物馆是国家珍贵文化遗产的保存机构,从来是各国都严加防护的单位。[25]这里说的安全并不是完全针对文物保护上的安全,而是指在加强观众参观时间内对展品的安全保障管理服务的同时,更有为观众提供安全保障服务的义务。我国博物馆在实行免费开放后,为了满足广大观众日益增长的文化需求,在陈列固定展览的同时,每年都会引进大量的临时展览供大众参观,导致参观人数激增,直接引发了博物馆需要直面的一个问题:公众安全。如排队时的推挤,电梯等设施的意外情况,火警,电路故障,观众的突发疾病等等问题都直接影响到博物馆的开放,因此博物馆的安全服务是新时期中国博物馆免费开放后的一个新挑战。

安全服务主要从两方面着手:首先是硬件条件——博物馆的公共设施,硬件条件在前面多次谈及,若博物馆的公共设施相对较为完备,那在遇到突发状况时也能处理的及时;其次是软件——安保人员的服务,在这里将着重谈下。安保部门在每个博物馆都是必须存在且十分重要的部门,观众一进博物馆首先面临的就是安保检查,随后进入展厅也有专职安保人员与观众直接接触,因此安保人员要时刻注意自已的形象,牢记在公共场所服务:做到统一着装、微笑友善、文明用语、及时与观众沟通交流,熟悉展厅基本情况和展览内容,熟练操作展厅的各种多媒体设备,完全掌握相关的安全技能,要有能及时处理突发状况的应变能力等等,最重要的还是要有为观众安全服务的意识。在安保人员服务的方面,江西省博物馆这些年来基本还是可以的,没有出过大的安全问题;但是存在着安保人员年纪偏大、没有处理过突发状况的现实情况,这些都是今后改善的重点。

三 观众服务质量的提高

博物馆是社会文化事业的重要组成部分，是公共文化服务体系的重要载体。近年来，博物馆的规模和设施得到了空前发展，如何在免费开放的新形势下进一步将社会服务意识上升为使命，不断提高服务社会的能力及提升服务社会的质量，这些已成为迫不及待需要解决的问题。

（一）增强“以人为本”的服务意识

行为来源于意识，只有思想意识上去了，我们在服务工作上才更有主动性、积极性。坚持“以人为本”，倡行人文关怀，不仅是博物馆事业发展的客观要求、核心理念，也是其应有的指导思想暨实践原则。[26]树立“以人为本”的服务观念，就要摒弃以往只重“物”不重“人”的观念，要从根本上正确认识博物馆“以人为本”的深刻内涵，使“以人为本”成为博物馆工作的内驱力，真正从内心重视观众的需求和心理态度，实现博物馆与观众的良性互动与和谐发展。[27]

（二）加强制度体系和法规建设

俗话说，无规矩不成方圆。博物馆的服务对象是整个社会。每天各类不同的观众涌进博物馆大门，用什么影响观众、服务观众，规章制度有着不可忽视的作用。从一定意义上讲，法规制度也是一种教育手段，它体现了社会道德观念、公众行为准则和精神文明的规范。[28]博物馆除了总体的规章制度外，其所有的服务行为都要有一定的体系制度，如讲解制度、陈展体系、社教制度、志愿体系和安全体系等等，每一类的体系制度越完备，其所提供的服务质量就越高。做事有法可依、有例可循，才能在服务过程中碰到事情及时准确地处理，才能提高为观众服务的水平。

（三）增加经济投入

博物馆免费开放后，面临的一个严峻考验就是博物馆经营管理成本的增加。随着参观人数的增多，馆藏文物的管理成本、硬件设施的扩展及维护、陈列活动及社会教育活动的经费、文物保护和馆内工作人员的增加等都需要大量的经济支持，但在我国，由于大多数博物馆都属于事业单位，基本的经济来源就是依靠地方政府的财政拨款，而政府对这方面的投入又相对较低，博物馆运营面临资金短缺的重大挑战。没有经济的保障，博物馆在各项工作上都无法实现更好服务观众的目的。

（四）借鉴国内外友馆经验

远的看，欧美、日本等发达国家和地区的博物馆建设与发展得到了全社会的关注与支持,办馆时间与经验也远非我们所能及的,特别是在陈列、志愿、社会教育等服务方面更是十分成熟且效果良好,“以人为本”的人文精神在这些博物馆中体现得淋漓尽致;近的看,像北京、上海等大城市的博物馆在全方位的观众服务上做得也十分到位,就连外国友人来参观都觉得很好。友馆的成功经验能帮助我们看到本馆工作中的不足,少走弯路,能让我们在对比和学习中取得更多的工作方法和经验,更有助于服务好广大的观众群体。

总之,在现代社会中,“人”是第一要素。在国外提倡的是人文主义;在中国提倡的是以人为本,实际都是要以“人”为中心,所有的事情都应以最终服务于“人”为目的。博物馆作为社会文化事业的优秀群体,更应该提高社会服务意识,通过全面的观众服务体系,最终将以文化的形态服务于大众,将先进文化传播给每一位观众。

注 释

[1][2][3][4] 王宏钧:《中国博物馆学基础》,上海古籍出版社,2001年。
[5][16] 崔大伟:《博物馆开展社会教育工作的探讨与思考——以河北省博物馆为例》,《中国文物报》2011年6月29日。
[6] 陈琴、李俊、张述林:《国内外博物馆旅游研究综述》,《人文地理》2012年第6期。
[7] 张红霞:《谈在博物馆陈列工作中应加观众意识》,《博物馆研究》2004年第2期。
[8][11] 单霁翔:《进入服务时代的博物馆管理》,《敦煌研究》2013年第3期。
[9][13][14] 王宏钧:《中国博物馆学基础》,上海古籍出版社,2001年。
[10] 杨萍:《新形势下如何做好博物馆讲解工作》,《群文天地》2012年第11期下。
[12] 何沫:《关于博物馆讲解员专家化的思考》,《中国纪念馆研究》2012年第2期。
[15] 范德伟:《河北省博物馆举办临时展览的几点体会》,《文物春秋》2004年第3期。
[17] 魏保信:《免费开放后博物馆社会教育功能的拓展与延伸——以苏州博物馆为例》,《中国文物报》2010年1月27日。
[18][19][25] 王宏钧:《中国博物馆学基础》,上海古籍出版社,2001年。
[20] 苏东海:《博物馆演变史纲》,《中国博物馆》1988年第1期。
[21] 方百寿、乔雪华:《博物馆休闲功能实现的路径探讨》,《湖北文理学院学报》2012年第11期。
[22] 王裕昌:《博物馆无障碍设施建设的理念与思考》,《丝绸之路》2009年第

24 期。

[23] 王清珍:《浅谈博物馆的志愿者服务》,《中国文物报》2010 年 12 月 15 日。

[24] 李易志:《对我国博物馆志愿者工作的思考》,《中国博物馆》2004 年第 3 期。

[26][27] 常雯岚:《刍论中国博物馆事业“以人为本”思想暨实践的深化和拓展——以博物馆观众调查为视角》,《西安文理学院学报》(社会科学版)2008 年第 1 期。

[28] 王宏钧:《中国博物馆学基础》,上海古籍出版社,2001 年。

我国博物馆观众研究的回顾与思考

罗永顺

【摘要】 随着全国博物馆免费开放工作的深入,博物馆越来越重视观众研究,开展系统的博物馆观众调查工作。2015年5月10—14日,中国博物馆协会区域博物馆专委会主办、陕西历史博物馆承办了第一届"博物馆观众调查与研究研习班",这也凸显了对博物馆观众调查与研究的重视。博物馆观众研究既是博物馆教育研究的基本点,又是博物馆教育研究的核心问题。博物馆观众研究的开展,旨在了解博物馆观众、改进博物馆工作,充分发挥博物馆社会教育、社会服务功能。如何进一步规范博物馆观众调查与研究,使之朝着更科学、系统化发展,以适应新时期博物馆发展要求,值得我们去思考。

【关键词】 博物馆 观众调查 观众研究

博物馆观众研究既是博物馆教育研究的基本点,又是博物馆教育研究的核心问题。近年来,博物馆社会教育面临着一些新的形势:新媒体的影响、公众参与的重要性、博物馆社会教育评估的开展、博物馆社会教育新理念——"以观众为本",这些都凸显了观众的重要性,观众研究的必要性,都要求我们积极开展观众研究。

随着全国博物馆免费开放工作的深入,博物馆越来越重视观众研究,开展系统的博物馆观众调查工作。2015年5月10—14日,中国博物馆协会区域博物馆专委会主办、陕西历史博物馆承办了第一届"博物馆观众调查与研究研习班",这也凸显了博物馆界对博物馆观众调查与研究的重视。

一 博物馆观众研究的必要性

观众调查是研究和了解博物馆观众、改进博物馆工作的重要手段。从2008年开始,为了掌握我国博物馆发展情况,全面促进博物馆健康发展,国家文物局开始组织博物馆的评估定级工作,到目前已经分别进行了一、二、三级博物馆的评估定级工作,以及一级博物馆的运行评估工作。根据《博物馆评估暂行标准》,博物馆评估主要从综合管理及基础设施、藏品管理与综合科学、陈列展览与社会服务等三方面进行。在国家一级博物馆运行评估指标体系中，定性指标评估体系中要求公众服务必须包括有计划的开展多种形式的常规观众调查、有针对临时展览、教育活动的公众调查和通过第三方的公众调查，以了解和掌握公众需求，采纳公众意见和建议的内容。就现行的博物馆评估体系而言，博物馆公众服务必须开展观众调查与研究。

近些年来，博物馆社会教育面临着一些新形势，这些新形势也从侧面反映了博物馆社会教育越来越注重观众的参与，对观众的研究。新媒体，拉近了公众与展览的距离，拉近了观众与博物馆的距离。观众参与，更是博物馆社会教育的体现。博物馆社会教育评估也要求我们多开展观众调查。这些新形势也要求我们加强对观众研究。

2014年4月16日至20日，由中国博物馆协会主办、中国博物馆协会志愿者专业委员会与中国博物馆协会区域博物馆专业委员会共同承办的"文化遗产与公众参与"国际培训班在宁波博物馆举行。此次培训班聚焦"公众参与"，提出了许多新的观点，通过国际化的交流和碰撞，明确了"公众参与"的重要性和必要性，试图寻找到适合中国当下实际的"公众参与"的机制、途径和方法。"公众参与"也需要我们加强对公众的调查与研究。

2015年5月，由中国博物馆协会区域博物馆专业委员会主办，陕西历史博物馆承办了"2015年博物馆观众调查与研究研习班"。交流会邀请了台湾博物馆学研究所兼任副教授徐纯先生、中央民族大学教授潘守永先生、吉林大学教授史吉祥先生等国内外同行与知名专家学者，交流在观众调查与研究工作中的经验，探讨问题与困惑，搭建信息共享平台，培养具有国际视野的专业化研究团队，进一步提升观众研究水平。

不论是博物馆评估指标体系，还是近些年来博物馆界的一些会议，都促使我们对博物馆观众进行进一步的研究，这也与博物馆社会教育职能的实现是相辅相成的，博物馆社会教育需要对博物馆观众进行调查研究，而博物馆观众的调查与研究又有利于博物馆社会教育的实现。

二　博物馆观众研究历史回顾

我国对博物馆观众的探索始于20世纪30年代，研究者多是从为什么要研究观众论述问题，强调研究观众的重要性。及至博物馆免费开放后的这几年，各大博物馆才越来越重视博物馆观众研究，取得了一定成绩，撰写了一些观众调查报告，为博物馆工作提供参考。

（一）理论层面

观众调查是研究和了解博物馆观众、改进博物馆工作的重要手段，长期以来被运用在博物馆教育工作中。20世纪20年代,西方博物馆开始了最早的观众调查研究。我国对博物馆观众探索始于20世纪30年代,从20世纪30年代到70年代,这一探索主要是强调观众研究的重要性,例如傅振伦在吸收苏联的《博物馆学基础》成果写就的《博物馆学概论》,强调观众对博物馆教育的重要性。

我国博物馆学术界重视观众调查的活动起始于20世纪80年代以后,随着西方博物馆学界的有关观众调查的方法和成果被介绍到国内,促使国内一些研究者开始对博物馆观众进行调查。例如王建国率先介绍了欧美博物馆学关于观众心理研究成果(1985年),陈宏京就博物馆观众研究的课题和方法论做了理论探索(1986年)。与此同时,欧美博物馆观众调查研究的成果不断被译介到国内,触发了博物馆观众调查活动的发轫。20世纪80年代到90年代这一时期出版的各种博物馆学概论、新编等专著,均有专门的章节论述观众问题。此外,河南博物馆学会组织编的《博物馆教育入门》和中国博物馆学会社会教育专业委员会组织编的《博物馆群众教育工作》也对观众的类别与特征,观众的组织方法和研究方法做了论述。

2000年以来,特别是博物馆免费开放之后,博物馆观众研究备受重视,博物馆界和高校博物馆研究逐渐聚焦到博物馆观众上来。史吉祥、陆建松、宋向光等都有致力于观众调查和研究,对观众调查要注意的问题、方法、原则、分析等进行了探讨,对指导观众调查的实践活动有现实意义。2000年以来公开发表的有关观众研究的论文近60篇。除了论文外,有关专著也有相继问世。如吉林大学史吉祥主编的《2002:博物馆公众研究》,《2003—2006年中国国家博物馆观众研究》、《故宫博物院观众结构调查》、《陕西历史博物馆2010年度观众调查报告》等。

(二)实践层面

1. 以高校为主体的观众调查

我国博物馆观众调查研究的开始是1985年张松龄先生发表了上海自然博物馆观众调查报告《海洋与它的居民》。至此,全国范围内的博物馆观众调查陆续展开。1987年南开大学博物馆学专业学生以第三者身份对京津地区的博物馆开展社会调查活动,发表了《京津地区博物馆观众调查报告》,这是我国博物馆发展史上首先运用科学的方法对博物馆公众进行研究,为后来的博物馆观众调查研究提供了可供参考的样式。之后上海博物馆和上海大学历史系博物馆教研室为了了解博物馆的利用率,联合对上海博物馆所在的上海市进行了市民抽样调查(1988年)。

一些高校比较积极开展博物馆观众调查,例如吉林大学博物馆学专业近些年开展了多项观众调查活动,如:吕军《邯郸市博物馆观众调查的启示》、《辽宁省博物馆观众调查报告》、《直隶总督署博物馆观众调查》、《2002年博物馆公众研究:以旅顺日俄监狱旧址博物馆为例》等。1998年9月中旬,吉林大学考古系博物馆学专业借博物馆实习之机，以辽宁省博物馆为个案做了一次博物馆观众研究活动，这个研究分问卷调查和行为观察两部分。2010年10月24日—12月2日，吉林大学边疆考古研究中心、吉林大学文学院博物馆学系的本科生在湖北省博物馆进行教学实习，期间完成了为期一周的观众调查。调查采用了问卷调查、定点观察和跟踪调查三种形式。问卷设计囊括了对观众基本信息的了解，观众对展览的喜好，观众了解展览的途径以及博物馆讲解服务和志愿者培训等方面的内容。

与此同时，一批研究生纷纷以某一具体博物馆的观众调查为依据，写出了一批博物馆观众实证研究论文，例如《我国博物馆观众初步研究——以数据分析为基础》（王娟，吉林大学）、《山东博物馆基本陈列家庭观众研究》（李西东，吉林大学）。

2. 博物馆自身开展的观众研究

此外，博物馆自身也开展了一系列的观众调查活动，撰写了一些博物馆观众调查报告，如：《西汉南越王墓博物馆观众基本情况调查报告》、《从南京博物院观众调查引发的思考》、上海博物馆教育部进行的《"国宝展"观众调查报告》、《平遥县两类博物馆1999年观众调查报告》等。1989年，秦俑博物馆第一次展开观众问卷调查活动，现在，每年两次的观众问卷调查活动已步人秦俑馆正常工作轨道。周口店遗址博物馆每年在观众旅游的旺季，都会进行多次观众调查，根据这些调查结果加以改进博物馆工作。河北省博物馆在2011年进行了"您心目中的新省博"观众调查。2012年江西省博物馆开展"每月一宝"观众调查。2013年吉林省博物院对《黑土军魂》展览观众调查。陕西历史博物馆和苏州省博物馆已经开展网上问卷调查。

3. 博物馆与高校合作

除了高校或博物馆为主体进行的观众调查外，高校与博物馆也互相合作进行调查。例如河南博物院与吉林大学、武汉大学等高校和科研机构合作开展观众调查分析，吉林大学以河南博物院为研究对象的调研成果《河南博物院观众满意度调查报告》、《博物馆与观众新型关系的开端——2008年11月河南博物院入馆观众调查分析》等相继发表。

（三）博物馆观众调查主要方法

1. 观众留言簿

观众留言簿是比较传统的观众调查方法，在各个博物馆也比较常见，观众在参观完展览后针对展览、服务以及参观感想等方面提出自己想法，为博物馆工作提供参考。观众留言是比较传统的调查方式，观众自己随机性比较大，如果要了解有针对性、更具体的问题，还需要结合其他方法进行。

2. 问卷调查法

问卷调查法是博物馆常用的观众调查方法。使用问卷调查法，需要经过问卷设计、填写调查问卷、回收问卷三个过程。问卷调查法成本低、操作相对简单,可以得到大量信息进行统计分析。对观众进行定量调查,对象容易配合,结果便于统计,但大多数的封闭式答案不利于观众心理深度和广度的研究。

3. 行为跟踪法

行为跟踪法主要是在不打扰观众参观的情况下,也是观众未知的情况下,观察、记录观众参观行为,对观众参观行为进行研究。行为跟踪法比较费时,收集数据需要较长时间,一次调查的观众人数比较有限。

4. 访谈法

访谈主要是面对面进行采访,要探索观众深层心理分析,需要通过小组座谈、深度访谈等具体方法来实现。访谈法能比较直接地询问观众相关问题,互相交流,进行比较深入的探讨。

(四)观众调查内容

目前所进行的博物馆观众调查,就调查内容,概括而言包括以下内容:针对基本陈列进行的观众调查,针对特定展览的观众调查,针对博物馆社会教育活动的调查,针对讲解进行的调查、针对博物馆满意度的调查。就内容而言,调查的越来越深入、细致,从而能进一步发现问题、解决问题。

三 博物馆观众研究现状与问题

(一)起步相对较晚

早在1990年,美国就成立了观众研究协会,其任务是:在非正规学习的环境中透过调查、对话与评量,来致力于了解观众学习的经验。纵观国内的博物馆,观众调查研究起步较晚,在免费开放之后甚至2010年之后,各博物馆才更为关注博物馆观众研究。免费开放后,很多博物馆才开始启动博物馆观众调查工作,例如苏州博物馆、武汉革命博物馆。所以,我国博物馆观众研究起步较晚,也就是近几年开始引起博物馆的重视。以下为几位参加“2015年博物馆观众调查与研究研习班”的博物馆工作人员对本馆观众调查研究情况的概述,从而便于我们具体了解一些博物馆观众调查开展情况,一窥国内现有几个一级馆观众调查研究的情况。

陕西历史博物馆免费开放前,主要是放置观众意见簿和观众调查表;宣教部在节假日组织志愿者进行观众问卷调查;在校大学生完成社会实践活动或实习所进行的观众问卷调查。免费开放后,每年进行年度观众问卷调查。

南京博物院从1992年开始进行观众调查等相关工作,在2009年以前,没有系统化、常态化地进行,从2013年南京博物院改扩建全面开放后,进行了较为全面而系统的观众调查与研究。

湖南省博物馆自2003年开始系统地开展观众调查与研究工作,已基本形成一套完善的观众研究工作体系，调查员主要来自社会或第三方机构。

河南博物院开展观众调查研究活动始于20世纪90年代初，1998年新馆对外开放后，观众调查与研究工作更趋系统化、常态化。2011年采用RFID无线射频技术的票务及观众统计分析系统正式投入运行，使观众数据的采集更加全面、科学、准确。近年来设立专项课题，加大观众调查数据的分析研究力度。

山西博物院于2008年开始从事观众调查与研究，主要针对常设展览和临时展览进行观众调查与研究；与第三方单位共同合作进行有关观众调查和研究工作。

（二）主要由宣教部工作人员完成

目前而言，博物馆专门从事观众调查与研究工作人员非常有限，大多数博物馆主要是由宣教部工作人员来完成，他们工作在一线，和观众接触最多，这是进行观众调查有利的方面。然而，观众调查是一项系统工程，涉及方面很多，需要博物馆多部门不同专业的人员来共同完成，例如观众问卷调查，问卷的设计、发放、回收、统计、分析，需要不同学科人员合作。

（三）相关观众调查报告公开发表的较少

博物馆所做的一些观众调查，未能对调查结果进行深度分析，相关调查研究论文较少，能公开发表的更少，这就造成资源、信息交流方面的障碍。如果本馆所进行的观众调查报告能够分享到各个部门，那么对各部门、对整个博物馆工作的改进有指导意义。而不同博物馆之间信息的交流，可以起到借鉴、学习、改进、提高的作用。在这方面，湖北省博物馆做的比较完善，自2011年起特设馆级立项课题提供全额经费资助年度观众调查工作，每年都开展年度观众调查，撰写报告，并将研究成果公开出版发行。

（四）成果共享不足，对博物馆指导作用有限

现有博物馆所做的这些观众调查，未能公开发行，有的只限于本馆内部，馆际之间交流相对缺乏，因此在“2015年博物馆观众调查与研究研习班”上，与会代表都倡议今后多开展博物馆观众调研与研究的交流会，互相交流，互相学习，相互探讨，分享经验。博物馆观众调查与研究的目的就在于充分发挥博物馆的社会教育、公共服务职能。因此，对研究结果进行分析和发布，有利于博物馆管理，并为具体工作提供依据。

四　博物馆观众研究对策及建议

现代的博物馆是一个致力于公众服务的公益性机构，因其特殊的运行规律，

通过量化的方式加以衡量就存在一定困难。就博物馆观众调查与研究而言，由于起步晚等原因，在工作的开展中遭遇困境和瓶颈是在所难免。针对当前观众调查和研究中存在的问题，或可采取以下措施。

(一)多机构、多部门协同化

博物馆观众调查涉及面比较广，需要多机构、多部门协同合作。博物馆可以与高校、与第三方调查机构合作，博物馆内部各部门也需要协调合作。就观众调查中的观众问卷调查而言，问卷的设计需要从业人员有一定的统计学、博物馆馆学、心理学、教育学等基础，问卷的统计需要工作人员会使用专门的统计软件，问卷的分析也同样需要博物馆学、心理学等学科知识。不同专业的人员互相合作，共同完善，所做出来的结果可信度也更高。

(二)调查员专业化

调查员要进行系统培训，目前各博物馆还是比较缺乏这一方面的专业性人才。博物馆有必要培养一批专门从事观众调查与研究的工作人员，提升观众调查整体水平。现在博物馆有一批从事社会教育的工作人员，细化而言，还有专门从事博物馆志愿者工作的人员，博物馆观众调查与研究也需要工作人员专业化，同时，也要加强业务培训，提升业务水平。

(三)调查方式多元化

随着新媒体的发展，博物馆信息化工作开展，网站、微博、微信的建立，一方面让博物馆管理层了解公众反馈信息，另一方面也使得博物馆工作接受公众监督，形成与公众之间良好互动关系。新媒体的发展，加强了观众与博物馆之间的联系，观众的互动性、可参与性大大增强了。与此同时，观众调查方式也更加完善、更加多元化，一些博物馆已经开展了网上电子问卷调查，使得受调查人群更为广泛，打破时空限制，这也反映了近几年博物馆观众调查方式的多元化。

(四)调查研究科学、系统、常态化

博物馆观众调研与研究应该朝着科学化、系统化、常态化的方向前行。一些博物馆在观众调查与研究方面还未能形成一项常态化工作，包括一些省馆或一级馆。就我国公布的《国家一级馆运行评估报告》，可以就观众调查与研究方面总结探讨经验、问题及改进对策，对一些科学方法进行推介、梳理，对一些博物馆改进自己薄弱环节提供参考。针对我国博物馆观众调查和研究专业指导比较欠缺等问题，可以借鉴欧美等国博物馆研究的经验，并结合我国博物馆的实际情况，从而使得博物馆观众调查与研究趋于科学化、系统化、常态化。

博物馆要避免被社会所遗忘和被边缘化，就必须获得社会与公众的关注与重视，搭建起博物馆与公众沟通与互动的平台，从而提高自身的社会地位和影响。因而，博物馆就应日益重视观众的调查与研究，真正做到"以人为本"、"以观众为本"。

注 释

[1] 康迎彦：《首都博物馆老年观众行为与需求调查分析》，《东南文化》2011 年第 3 期。

[2] 吉林大学边疆考古研究中心、吉林大学文学院博物馆学系、湖北省博物馆社教部：《湖北省博物馆观众行为调查报告》，《东南文化》2012 年第 3 期。

[3] 严建强：《博物馆观众研究述略》，《中国博物馆》1987 年第 3 期。

[4] 严建强：《观众博物馆学研究的方法与原则》，《博物馆研究》1989 年第 2 期。

[5] 陆建松：博物馆观众：《调查与分析》，《东南文化》1993 年第 3 期。

[6] 史吉祥：《博物馆观众调查的几个问题》，《中国博物馆》2000 年第 1 期。

[7] 史吉祥：《博物馆观众研究是博物馆教育研究的基本点》，《东南文化》2009 年第 6 期。

[8] 吉林大学考古系博物馆专业：《辽宁省博物馆观众调查报告》，《中国博物馆》1999 年第 2 期。

江西省博物馆陈列展览联盟探索

欧阳青

【摘要】 本文主要从国内博物馆陈列展览联盟产生的背景、意义及现状进行分析,并对江西省博物馆陈列展览联盟的可行性进行了探索和初步思考。

【关键词】 江西省博物馆 陈列展览 联盟 探索

一 博物馆陈列展览联盟产生的背景

进入21世纪以来,党和政府从实现科学发展和促进人的全面发展的战略高度,大力推动社会主义先进文化建设。博物馆作为公共文化服务体系的重要组成部分,得到了前所未有的关注和支持。特别是公共博物馆实施免费开放,更加贴近实际、贴近生活、贴近群众,丰富了公众文化生活,博物馆事业及其文化价值理念得到社会广泛认同。党的十七届六中全会通过了《中共中央关于深化文化体制改革推动社会主义文化大发展大繁荣若干重大问题的决定》,提出了"努力建设社会主义文化强国"战略目标,指出"要大力发展公益性文化事业,保障人民基本文化权益。加强博物馆、纪念馆等公共文化服务设施和爱国主义教育示范基地建设"。[1]随着文化体制改革步伐的加快,公众对精神文化需求的迅速增长,广大民众对博物馆事业发展寄予更多的期望。

陈列展览是博物馆发挥社会教育功能,实现其社会价值的重要手段。[2]从总体情况看,我国博物馆的陈列展览水平与时代的要求和人民群众的期盼有一定的差距。许多博物馆陈列展览精品少、原创少;一些博物馆陈列展览总量少、更新慢,难以满足群众文化需求;有的馆陈列展览形式比较单一,还有少数博物馆开放意识不强等等。博物馆陈列展览服务能力与时代赋予博物馆的使命尚有不小的距离,这些问题和不足严重制约了博物馆收藏、保存、展览、研究、教育、传播等功能的发挥。准确把握和努力适应公众精神文化需求,积极探索能够更好表现展览内容的展示方法和设计,把专业性和知识性、学术性和趣味性、科学性和观赏性有机结合起来,打造优质陈列展览,使公众能够真正"感受博物馆"、"享受博物馆"。博物馆急需找到全面提升博物馆陈列展览能力和水平的突破口。

国家文物局2015年初印发的《关于提升博物馆陈列展览质量的指导意见》指出，各省文物部门要协调省、市、县(区)各级博物馆，在互利共赢的基础上，打破地域和行政级别限制，建立博物馆藏品交流共享平台，通过博物馆联盟、对口帮扶、总分馆制等办法，形成博物馆馆藏资源共享机制，支持各地区、各级博物馆积极开展展览交流合作，举办各种联展、互换展览。[3]《意见》对各地博物馆陈列展览联盟的建立将起到很大的推动作用。

二　博物馆陈列展览联盟的必要性及意义

(一)中国博物馆陈列展览发展历程

中国博物馆陈列展览雏形当推河南安阳殷墟府库出土的"册六"铭文兽骨刻辞，他们被有秩序地陈放在案几上；殷墟发掘的4511片刻辞甲骨多数集中存放。关于中国博物馆陈列展览萌芽，《春秋》记载当时缴获的战利品和收纳的最珍贵的礼品，都被贮放在太庙里；《史记》记载在孔子的庙堂里，放满了车、服和礼器。[4]

古代最早的陈列展览存在皇室和民间收藏。汉代建"天禄"、"石渠"、"兰台"三大建筑，广贮文物图书；隋炀帝修造了"妙稽台"和"宝迹台"，专门收贮书法绘画名迹；唐代贞观、开元年间，皇帝大肆征集书法绘画；宋徽宗赵佶收集夏商周三代宝物及少量秦汉时期的珍贵文物达一万多件，并在政和殿、宣和殿、宝和殿的两侧展示这些文物。民间收藏文物，远在南北朝时期有私家建馆阁以收藏文物；唐宋时期此风更盛，如唐代武攸宁贮藏文物的房舍竟长达"五百步"，宋明清时期，民间收藏文物的馆阁更是不可胜数了。

近代中国出现的博物馆，最早是外国人在中国办的博物馆。近代中国人自己创办博物馆，最早是1905年张謇创设的南通博物苑，收藏了各类文物两万余件，分为自然、历史、美术三个部分展出。故宫博物院、国立历史博物馆、中央博物院等是我国近代史上重要的博物馆，收集藏品丰富，展品分类展出。

新中国成立后，文化部明确提出博物馆事业的总任务是进行爱国主义教育，使文物与其时代和相应的社会生活联系起来，进行新的陈列设计。故宫博物院布置了《清代革命史料》、《帝国主义侵华史料》等陈列；北京历史博物馆筹备举办了《中国原始社会陈列》；东北博物馆设21个陈列室；浙江博物馆分8个单元展出了本省文物；南京文管会联合几所文博单位举办了《伟大祖国展览》等。按类别有综合类博物馆的陈列、历史类博物馆的陈列、革命史类博物馆的陈列、纪念类博物馆的陈列、军史类博物馆的陈列、艺术类博物馆的陈列、自然类博物馆的陈列、科技类博物馆的陈列、民族、民俗类博物馆的陈列等。

(二)博物馆陈列展览联盟的必要性及意义

博物馆陈列展览联盟是在行政主管单位领导下的区域各级相关公共博物馆

和民办博物馆自愿组成的联盟团体。联盟宗旨:为充分发挥陈列展览作为博物馆核心文化产品的功能,科学整合区域文物藏品资源,创新打造特色陈列展览,不断满足区域展览交流的需要,实现向省内外推介陈列展览精品的文化目标,有效提升区域博物馆陈列展览水平和公共文化的社会服务水平。[5]

1. 博物馆陈列展览联盟是博物馆事业发展到一定阶段的必然产物。随着我国文化体制改革步伐的加快,公众对精神文化需求的迅速增长,大众对博物馆发展寄予更多的期望。近年来全国纷纷改造博物馆、兴建新馆,名人馆、专题馆等多种类型的博物馆竞相开放,加上博物馆免费开放政策导致的观众攀升,需要我们提供更为优质的展览服务水平。目前我国初步形成以国家级博物馆为龙头、省级博物馆为骨干,国有博物馆为主体、民办博物馆为补充,类别多样化、举办主体多元化的博物馆体系。这样的发展形势要求形成一种能促进区域博物馆互动机制,从而进一步推动区域博物馆事业的发展,博物馆陈列展览联盟便是这种机制的产物。

2. 博物馆陈列展览联盟有利于发挥博物馆的社会功能,提升博物馆的社会效益。博物馆陈列展览联盟的成立将提升区域博物馆公共文化的辐射力,实现不同层次、类别博物馆、纪念馆的资源整合,通过联盟的形式,整合场馆、展品和智力资源,打造更多精品展览,使更多的人能够欣赏到高水平的展览,共享文化发展成果。博物馆陈列展览联盟将充分发挥博物馆完善公共文化服务体系中的作用,把博物馆建成城市的文化殿堂,成为人民群众心中的精神地标,从而更加有利于发挥博物馆社会功能,取得更好的社会效益。

3. 博物馆陈列展览联盟的成立有利于推动博物馆事业科学发展,促进文化体制改革。博物馆陈列展览联盟有利于提高我国博物馆的专业化品质、社会服务能力以及区域博物馆管理水平,能够优化博物馆体系结构,推动区域发展平衡,从而提高博物馆藏品保护能力、研究能力以及陈列展览和社会服务水平,能够进一步完善博物馆机制,激发博物馆运行活力,使博物馆事业逐步与社会主义市场经济相适应、与社会主义法制相协调、与民族传统美德相承接,不断满足公众对精神文化需求,推动博物馆事业在新的历史起点上科学发展,促进文化体制改革。

三　博物馆陈列展览联盟的现状

我国博物馆陈列展览联盟尚处于起步阶段,目前只有安徽、湖北等少数几个地区成立了博物馆陈列展览联盟。从少数几个省份试水博物馆陈列展览联盟情况看,情况如下:

(一)初步形成科学的陈列展览联盟工作机制

在我国少数几个成立了博物馆陈列展览联盟的省份,初步形成了较为科学的联盟工作机制。如安徽省博物馆陈列展览联盟，制定了较科学的博物馆陈列展览联盟展览管理办法及工作规则，将工作人员分成策展组、专家组、制作组、联络组、信息组并规定了各组的工作内容和任务，明确了经费来源与使用，由博物馆陈列展览联盟办公室负责联盟年度工作计划的制定与落实。制定了切实可行的博物馆陈列展览联盟工作方案，主要内容包括：搭建全省数字博物馆资源共享平台，策划特色专题展览，建立综合资讯网络，发挥整体资源优势，推进理论与实践结合，促进博物馆陈列展览专业人才成长等。制定了博物馆陈列展览联盟倡议书，科学整合全省文物藏品资源，创新打造特色陈列展览，合力推进安徽展览精品走向海内外，有效提升全省博物馆公共文化服务水平。制定了博物馆陈列展览联盟藏品运输安全保卫制度，确保文物运输安全等。科学的博物馆陈列展览联盟工作机制保障了联盟的有效运行。[6]

（二）博物馆陈列展览联盟效果明显

安徽、湖北省等博物馆陈列展览联盟成立后，盘活了全省各文博单位的藏品资源，提升了文博系统对社会的影响力，让文物资源更高效地为观众服务，实现广大人民群众的基本文化权益，最终带动全省博物馆管理服务、陈列展览、人才培养、社会教育、学术研究等的全面提升，从而推动博物馆事业的蓬勃发展。如安徽博物馆陈列展览联盟整合合肥市文管处、淮南市博物馆、皖西博物馆、寿县博物馆等单位收藏的汉代玉器精品，打造成“安徽汉代玉器精华展”首个原创专题展览，展出以来收到良好的社会效益。发挥博物馆陈列展览联盟这个平台的潜力，将促进博物馆在理念、技术、人才等方面迈上新台阶。

（三）全国各省将逐步建立博物馆陈列展览联盟

在国家大力推动社会主义先进文化建设的大背景下，国家文物局 2015 年年初印发的《关于提升博物馆陈列展览质量的指导意见》鼓励各省建立博物馆陈列展览联盟。在安徽、湖北等省博物馆陈列展览联盟的带动下，全国各省将逐步建立博物馆陈列展览联盟，实现区域内文物藏品的整合，打造原创精品展览，有效提升区域博物馆陈列展览水平和公共文化社会服务能力。

四　江西省成立博物馆陈列展览联盟的可行性

江西文物资源丰富，是文物大省，文物强省。目前我省文物系统管理的博物馆、纪念馆共 106 家，全部向社会免费开放，年接待观众人次约 2800 万，每年推出陈展 500 余个，基本形成以国有博物馆为主体、民办博物馆为补充、行业和专题博物馆全面发展的博物馆体系。[7]截止 2012 年，全省登记在册的博物馆共有 123 家，馆藏文物 30 余万件。以陶瓷、青铜、书院及革命文物为特色。保护、管理、利用好这些文物资源,对于弘扬优秀传统文化,增强民族凝聚力,提高人民群众的思想道德修养和科学文化素质,促进社会主义先进文化建设具有不可替代的重要作用。

我省文物丰富,但省市县文物与展览资源分布不均。如基层博物馆藏品数量较少,达不到举办高质量展览的规模和标准,部分馆拥有少量文物精品却“躺在库房睡大觉”、“藏在深闺人未识”;另外基层博物馆展览经费和相关人才的匮乏也是困扰中小型博物馆发展重要问题。为适应文化体制改革工作要求,促进基本公共文化服务标准化、均等化,促进公共文化资源在区域和城乡之间合理配置,我省有必要进行文物资源整合。博物馆陈列展览联盟的建立将是一个突破口,能有效整合全省文物资源,打造原创精品展览,树立品牌展览,将有效让深藏博物馆的文物活跃在观众的视野中,让更多人理解并记住江西的传统和历史,让观众得到江西历史文化的享受,江西省博物馆陈列展览联盟将以一种科学的方式盘活各文博单位的藏品资源,提升江西文博系统对社会的影响力,带动全省博物馆管理服务、陈列展览、人才培养、社会教育、学术研究等的全面提升,推动江西省博物馆事业的蓬勃发展。

江西省博物馆展览联盟将以省博物馆为龙头,市级博物馆为骨干,县(区)级博物馆为基础的合作机构。秉承平等自愿、互利互惠的原则,坚持共建共享、协同配合的理念,形成以省带市、以市促县(区),省、市、县(区)博物馆联动发展的格局,实现展览资源互补,共同提升全省博物馆展览的社会影响力,共同推进博物馆向社会开放,共同发挥博物馆的积极作用。

结语

博物馆陈列展览联盟不仅是我国博物馆事业发展到一定阶段的必然产物,也是发挥博物馆社会功能的重要平台。博物馆陈列展览联盟对打造联合展览、精品展览有重要的作用,能加强博物馆馆际交流合作,推动博物馆文物展览整合,提升社会服务能力。从联盟具体情况来说,它是一个有组织的团体,是博物馆事业发展与改革创新的体现,为我国博物馆事业发展注入了新鲜活力,但我国博物馆联盟尚处于起步探索阶段,存在着管理、加盟、专业人才缺乏等问题,要解决这些问题,可以通过完善博物馆陈列展览联盟的运营模式,建立规范的联盟运作机制,推动我国博物馆陈列展览联盟的可持续发展,进而充分发挥博物馆为广大人民服务的社会功能,实现我国文化事业的发展壮大。

注　释

[1] 《中共中央关于深化文化体制改革推动社会主义文化大发展大繁荣若干重大问题的决定》,人民网 2011 年 10 月 26 日。

[2] 王宏均:《中国博物馆学基础》,上海古籍出版社,2006 年。
[3]《关于提升博物馆陈列展览质量的指导意见》,国家文物局网站 2015 年 1 月 20 日。
[4] 南京博物院陈列艺术研究所:《中国博物馆及其展览发展历程回顾》,2012 年 10 月。
[5]《安徽省博物馆陈列展览联盟工作规则》,安徽博物院网站 2014 年 6 月 23 日。
[6]《安徽省博物馆陈列展览联盟工作规则》,安徽博物院网站 2014 年 6 月 23 日。
[7]《财政部、国家文物局赴赣调研完善博物馆纪念馆免费开放政策》,国家文物局网站 2015 年 5 月 4 日。

浅议开发博物馆纪念品和三维全景技术促进江西博物馆事业的发展

谭景斌

【摘要】 通过对博物馆红色纪念品现状分析,探讨其新的设计定位,从挖掘文化内涵、购买动机、购买人群、设计与技术相结合等方面研究其开发方向。在保留红色革命传统文化的基础上,运用现代化技术,结合国外先进技术,提升博物馆的公益功能,让其成为素质教育的基地。

【关键词】 江西　红色文化　开发设计　素质教育

随着人们生活水平的提高,旅游已经渐渐成为高节奏下家庭和睦、放松身心的一种方式,而红色旅游目前更是众多旅游中主打的一条路线,其中各个革命圣地的博物馆就成了几乎必去的参观场所之一。新中国已经诞生了六十余载,广大的人民群众已经过上了幸福安康的生活。老一辈的革命先烈离我们越来越远,他们的事迹随着岁月的流失,渐渐被人们淡忘。而参观革命圣地的博物馆可以让我国不同年龄阶层的人士进行一场爱国主义教育,同时也可以让外国友人认识伟大的中华民族。参观的时间是有限的,但博物馆的纪念品能够为我们带来相对较长的记忆。为了经常能够接触这段激励中华民族崛起的历史,红色博物馆的纪念品的设计就非常重要。它是能起到时刻激励我们牢记历史、奋发图强的手段之一。因此它既要体现出特定的历史事件、又要迎合现代的陈设需求方向。如此才能拓宽其销售面,延长其装饰时效。江西是革命的摇篮,是革命的圣地,江西众多红色博物馆纪念品的设计不能只停留在原有的方向上,它的创新性探索摆在首位。

一　省内外革命博物馆纪念品现状分析

随着红色旅游的兴起,红色革命博物馆就成了旅游的景点之一。红色博物馆的纪念品,就成了爱国主义教育的平台之一,成为现代室内陈设艺术品之一,也成为当地经济发展来源之一。江西是红色革命的摇篮,在这个特定的历史背景下,建立了许多纪念教育意义的红色革命博物馆。如八一起义纪念馆、井冈山革命博物馆、瑞金中央革命根据地历史博物馆、上饶集中营革命烈士纪念馆等等。

“2009．中国(江西)红色旅游博览会”的子活动之一——旅游产品交易会于2009年11月13日举行。“旅交会”共辟出210个展位，来自广东、浙江等16个省市和江西11个区市的600多家旅游企事业单位参展，其中不乏外国旅行社的身影。在博览会上，特别设置的红色旅游纪念品展区备受关注。展品中，江西主要展示了井冈山斗争时期的红军钱币、红军斗笠、红军邮票、红军草鞋等“本土”红色旅游纪念品。从而可以看出，江西红色旅游纪念品的市场还是很广的，具有很大的发展空间。另外，在北京举办的第二届中国国际文化创意产业博览会上，影视、动漫等各类充满创意灵感的文化产品争先亮相，吸引着人们眼球的同时，作为公益性文化事业的文博界，也成为这次文化创意产业大潮中一朵翻涌的浪花。展会上，众多博物馆推出的各种创意纪念品汇集一堂，无疑在向人们传递着一个信息——文博业同样可以在文化创意产业中打造出一片新天地。但目前大多的红色博物馆纪念品设计题材主要为“见证历史事件、记录革命故事的红色文物”。近年来，随着红色文化的兴起，越来越多的人开始踏上红色之旅，人们到博物馆、纪念馆中探访革命文物的同时，选择一、二件有纪念和收藏价值的旅游纪念品更成为一种时尚和潮流、一种追求和精神寄托。

二　我省红色革命博物馆纪念品设计的新方向

(一)创新革命历史博物馆纪念品设计的红色文化内涵

革命历史博物馆是红色旅游的重要组成部分，应承担起研究、展示、宣传中国共产党领导中国人民取得民族独立、国家富强的革命史、建设史的使命。红色纪念品的研究开发商博物馆是开展爱国主义教育的重要阵地，凝聚本馆特色的文创产品能进一步延伸和扩展博物馆的功能，产生很好的社会效益。因此在革命历史博物馆纪念品设计开发中，关键是如何把文化渗透、融合、揉进各类红色革命博物馆旅游产品的开发中，使其有灵魂、有主线、有品位。红色革命博物馆纪念品针对有形文化旅游资源，产品在开发时要使旅游资源的文化内涵在原有的基础上不断地丰富和发展，为旅游活动的发展不断注入新的血液和动力，使它“活”起来。而目前大多红色博物馆纪念品设计中习惯性思维模式占据主导地位。这些博物馆纪念品设计大致情况相同，作品基本把历史事件进行了还原，但作品的形式单一，不利于作为陈设艺术品长期展示。像由子弹壳做成的一些作品，色彩、造型等方面没有什么创新。对于喜欢的参观者还好，对于不喜欢的根本带动不了购买欲望。因此要改变现状首先要突破习惯性思维。所谓习惯性思维就是在特定的环境里，在相对固定的模式中，经过长期的、重复的、特定的、强化性训练形成的思维习惯。习惯性思维也叫自动化思维，即人们靠已有的习惯做法和想法来判断一个新问题或新事件。比如：我们上楼梯，不用考虑先迈左脚还是先迈右脚，这就是习惯性思维。红色博物馆纪念品设计也是习惯性思维模式占据了主导，目前江西大多数红色博物馆对于纪念品的开发还停留在复制文物上，这固然能够体现博物馆藏品的珍贵性，也很有收藏价值和欣赏价值，但创意并不是模仿，简单的复制文物是对博物馆纪念品开发的一个误读，是最为肤浅的做法。红色革命博物馆纪念品设计需要深入研究江西红色文化的内涵与外延，结合现代社会的旅游文化消费心理，以现代陈设设计的思维方法，从江西红色文化资源中深挖特色题材和其文化内涵。

(二)以市场为导向，满足不同层次喜好、不同年龄结构旅游者对红色纪念品的需求

以市场为导向原则，努力实现红色文化旅游产品的功能，这就要求开发者以市场为标准，根据游客需求，针对不同市场群体，结合各地红色文化旅游资源特征，以文化为导向，推出多层次、多样化的革命博物馆个性纪念产品，开发出具有市场吸引力的红色文化旅游。因此在开发中应针对市场不同层次旅游者的喜好、不同年龄结构旅游者的需求，从他们的求购欲望、购买习惯、考虑目的等分析，随意性的因素最大。其购买动机大多为赠送亲朋好友，或珍藏留念、装饰观赏、品趣实用。但无论是哪种动机，都要求购买的红色革命纪念品具有精致、新奇、灵巧、实用的特色，展示其特定的历史文化和地域特色的艺术魅力及纪念意义并具有实用价值或收藏效果。同时，红色纪念品设计应该对不同年龄段的喜好进行调研，使设计的主题与儿童、青少年、中年、老年等市场需求者相符，不断拓宽红色纪念品的种类和形式，吸引消费者，传播红色文化，促进纪念品销售，使设计创造出更大价值，使其发展成为在内容、形式、造型、工艺中日益成熟的文化创意产业。如今对于纪念品的品种和功能，在原有的基础上有了增加，主要分类有收藏价值的，如邮票、纪念币等；另外还有装饰性的，如一些微型雕塑；还有使用性质的，如书签、冰箱贴、书包等。虽然纪念品的种类增加了，但作品设计缺乏创新性的理念设计，多年来按照原有模式进行着。而这些纪念品只起到教育的作用，但这个教育是短时间的，快速记忆的，没有一个循序渐进的过程，因为他们的造型语言、色彩语言等方面不能满足现代室内外建筑装饰的需求。特别是家庭，我们祖国的下一代的成长环境大多在家里。在博物馆、学校接受了爱国主义教育的同时，回家能看到一些喜欢的红色博物馆纪念品，可以时刻提醒我们的下一代，不要忘记历史，珍惜来之不易的生活。景德镇市在2010年12月16日举行了全省博物馆旅游纪念品设计大赛，其中有很多红色革命博物馆送来的参展作品。如南昌八一起义纪念馆和作为全面综合宣传介绍中国共产党的光辉历史和弘扬井冈山精神的井冈山革命博物馆等。送展的作品中主题方面就有以上的问题，南昌八一起义纪念馆具有典型代表性的第一枪，是展厅大的雕塑的缩小版，形式单一，其展示面也小。另外冰箱贴，这是生活中常用的东西，但在造型和色彩等方面也没有创新性，很难与室内的设计风格相协调。所以消费者即使买回来也不实用。教育性也要与地

域文化相结合，使其具有一定的装饰性，因为这一类的产品不能只生存在党政机关的办公室里。还有井冈山革命博物馆的水瓢，这也是具有代表性的，但也是设计形式单一。同时作品的造型、色彩、类型等方面没有考虑不同年龄阶层的审美需求，不能适应现代室内环境的陈设需要。

（三）馆藏资源与现代生活相结合，提升文物及博物馆商品的附加值

红色文化旅游是一项充满创意的文化活动，树立创新意识对于发展红色文化旅游业显得特别重要。一方面，是那些符合时代发展要求的文化理念的创新；另一方面，深厚的文化内涵必须通过创新的文化表现手段和表现形式来展示，以适应当代旅游者审美的要求，符合当下科技社会发展水平。所以，作为红色旅游中的重点之处，红色博物馆的旅游纪念品的开发和设计必须坚持不断创新。设计理念是设计师在空间作品构思过程中所确立的主导思想，它赋予作品文化内涵和风格特点。好的设计理念至关重要，它不仅是设计的精髓所在，而且能令作品具有个性化、专业化和与众不同的效果。让纪念品凸显出博物馆的特色，让更多的人记住博物馆，是很多博物馆开发纪念品的目的所在。对于非革命题材的博物馆纪念品的设计理念已经改变，他们没有停留在一本宣传册、一件文化衫，取而代之的则是披上创意外衣的各种时尚商品。如北京举办的第二届中国国际文化创意产业博览会上专门设立的文物及博物馆相关文化创意产品展馆中就可以看到，4000平方米的展厅中参展单位多达30余家，首都博物馆、北京艺术博物馆等文博单位，都纷纷推出了各自的文化创意产品。一直致力于博物馆创意产品和衍生产品开发的首都博物馆，将自行设计和制作的邮册、书签、冰箱贴、剪纸、丝巾、电子杂志等纪念品带到了现场。而北京百年世界老电话博物馆则展示出了其开发的汽车模型、生肖老鼠等各种造型的电话机，还有钥匙扣、手机座、打火机、装饰画、电话卡等各种与电话有关的文化创意产品，件件个性十足。应该说，在保护、传承和展示功能之外，开拓创意产业市场已成为博物馆行业在自身不断发展和变革过程中一项重要课题和能够达成的共识。在我国，虽然博物馆创意产业发展前景是毋庸置疑的，但其毕竟处于刚刚起步的阶段，而对于具有特殊含义的红色博物馆的旅游纪念品开发就更缺乏比较清晰的认识，面对越来越多元化的观众群体，我们的红色博物馆纪念品应当如何做才能更具创意、更有市场？在博览会现场，北京艺术博物馆以元青花瓷器为艺术元素，设计开发出一系列“青花记忆”产品，包括手镯、项链等，馆藏的古老的元代青花瓷器与极富时代气息的现代产品汇集一堂，令人耳目一新。江西红色博物馆也有着自己特有的馆藏资源，如何让这些特殊的作品披上时尚的外衣，是我们新的设计方向。只有从传统文化中汲取养分，利用文物元素进行创新设计，实现博物馆资源的最大利用，通过专业化的运作模式，形成文化与商业的良性互动，才是发展之道。一些来自美国的文化公司负责人则认

为,产业链的建设对博物馆创意产业尤为重要:“在国外,博物馆领域已经形成了与之相关的非常成熟的文化创意产业,纪念品开发已经成为国外博物馆非常重要的一项日常工作。”他们表示,经过20多年的发展,美国博物馆的创意产品已经作为高雅文化的传播平台参与到社会竞争中,为博物馆创造出巨额利润,博物馆商店的销售额可以占到博物馆全年收入的百分之二十一。而这些数字的取得有赖于形成了一个较为完善的产业链,几个部门分工配合,有的负责提出概念,有的负责进行落实,还有的负责制定营销规划、做市场调研,逐步开发出有代表性的系列产品。比如美国的博物馆与电影联系非常密切,当1993年《侏罗纪公园》公映时,人们涌向了博物馆,博物馆也为此推出了1000种纪念品,实现了双赢。而一些展览设计公司的新科技和新理念也为博物馆纪念品开发拓宽了思路。比如,通过妙笔书册工具,可以将参观过的博物馆“带回家”,甚至可以把博物馆“搬”到世界任何一个角落;而历史文物复原3D展示、历史场景复原动画、历史人物3D复原动画、数字网上博物馆,则令观众体验到了互动的快乐。与一些实物纪念品相比,这些数码手段的运用对于博物馆创意产业来说也许更具有创新意义。总之,我们要借鉴国内外各类博物馆旅游纪念品设计的优点,不断创新我省红色博物馆旅游纪念品设计,使其发展成为成熟的文化创意产业。

另外,笔者也闻之近年来发展起来一种基于图像的绘制技术的全景技术,它的特点是它的产生与实际场景的复杂度无关,且具有照片级的真实效果。使用这种技术,制作者首先通过照相器材拍摄某一场景的一组样本图像,然后对多张同一场景的图像进行拼接得到最终的全景图像。通过交互式全景图像播放器,用户可以实现对该现实场景进行全角度的任意虚拟观测。全景图像是一种交互式的虚拟场景表现方式,它基于图像绘制的方式再现了真实场景,给观众带来真实的临场感。随着手机4G与Wifi网络的日益完善,对于红色景点的三维全景观测将在手机上也能方便实现。由于硬件的发展,三维全景已经可以支持全景视频,跳出了以往只能播放全景图片的框架。国外一些博物馆已经走在了前列。例如美国自然历史博物馆馆长埃伦·富特在一次新闻发布会上说:“这项博物馆移动导航系统让博物馆能随时随地和参观者对接,让他们全方位地了解博物馆丰富的资源,这也重新定义了在21世纪逛博物馆的理念。”

这个经过3年时间研究开发的博物馆导航系统可以免费下载到手机和多种无线终端接收设备上。它不仅能帮助游客明确所处位置,还能对博物馆全部45个展厅、剧院、卫生间和餐厅进行导航,让游客在博物馆内行走自如。除移动导游功能外,导航系统还通过手机的演示平台,在游客每次移步换位时,提供图文并茂的馆藏信息和藏品介绍。该系统还为游客定制个性化参观路线,甚至游客在参观前,在家中都可以通过该导航系统预先设定自己的参观路线。同时,游客还可以通过该导航系统上网,与远方的朋友分享实时参观体验。每位前来参观的游客都可以免费下载这个移动博物馆导航系统软件,博物馆也免费提供350多部移动装置供游客体验导航系统。此外自然历史博物馆对公众的教育分不同层面展开。在纽约地区，博物馆与当地的公立学校广泛合作，在给这些学校的教师提供培训的同时也安排学校组织学生团体参观博物馆。自然历史博物馆提供的数据显示，每年都有超过 40 万的中小学生通过学校组团到该博物馆参观，并参加博物馆组织的正式教育活动。博物馆安排专门的讲解员，在给学生们介绍馆藏的同时，也带领学生动手做试验，使他们对诸如环境、恐龙时代、宇宙及世界文化等话题有所了解。除了当地的公立学校外，自然历史博物馆还与美国一些主要科学教科书的出版商有合作。据介绍，博物馆给一到六年级的科学教科书提供内容与材料。而事实上，自然历史博物馆的教育项目涉及面非常广，从幼儿园一直延伸到博士及博士后项目。在自然历史博物馆里常常能见到这样的一批小孩。他们被称作“小小探险家”。这些孩子通常在三四岁左右就被家长带到博物馆来了解科学知识，之后，这些充满好奇心的孩子们会经常来到博物馆，通过讲解员的介绍以及自己的亲手实验来学习和充实自己的科学知识。对广大的中学生，自然历史博物馆则提供免费的课外讲座来补充学生们在课堂上所无法了解到的知识。除此之外，博物馆每年还选出 35 名中学生与博物馆的科学家们一起着手进行长期的科研项目。这些教育项目大大增进了公众对科学及与人类息息相关的话题的了解。这些难道不值得我们借鉴吗?

博物馆作为社会公益文化机构，应该尽量满足社会教育的需求，让博物馆成为少年儿童的第二课堂，成为素质教育基地。这需要博物馆进一步广泛探索，开拓创新。儿童教育不仅是博物馆社会教育的一个方面，更是博物馆的一个重要社会责任。愿在国民教育整体水平提升的同时，也让每一个孩子都向往博物馆，走进博物馆，热爱博物馆，并在博物馆里获得他们所需要的精神营养。

注 释

[1] (美)赫勒、佩蒂特著:《三十四位顶尖设计师的思考术》，郭宝莲译，中信出版社，2011 年。

[2] 杨明洁、黄晓靖著:《著名设计机构创意白皮书:小产品，大创意——礼品与时尚产品设计》，浙江人民美术出版社，2009 年。

[3] 陈世才著:《玩家创意——旅游产品的设计与创新》，北京理工大学出版社，2010 年。

[4] 丁伟:《思与悟——当代工业设计师的思想集》，机械工业出版社，2010 年。

[5] (德)格鲁伯等编:《21 世纪博物馆:概念、项目、建筑》，常玲玲等译，大连理工大学出版社，2008 年。

[6] 李鸥、丁轩:《赵梦等三维全景摄影专家技法》，电脑报电子音像出版社，2009 年。

浅谈南昌新四军军部旧址陈列馆的宣传、开发和利用

刘 丹

【摘要】 革命遗址是矗立在人民心中的历史丰碑,是弘扬爱国主义教育的宣传阵地,是一个地区的精神文明窗口。在中国共产党领导下,中国人民为建立新中国进行了艰苦卓绝、旷日持久的革命斗争,在千千万万爱国的仁人志士、革命先烈们曾经战斗和工作的地方,留下了极其宝贵的革命遗产。这些革命遗产是历史的见证,也是精神的财富、生动的教材。对广大群众,特别是青少年一代进行历史唯物主义、爱国主义和革命传统教育都起到了不可估量的作用。南昌新四军军部旧址陈列馆,就是这样一个具有鲜明特色的革命遗址。

【关键词】 革命遗址 南昌新四军军部旧址陈列馆 宣传 开放和利用

南昌新四军军部旧址陈列馆,成立于1988年1月,全国重点文物保护单位,是改革开放后成立的一个新馆。在全国新四军纪念馆系列中,也是一个成立较晚的纪念馆。它不同于江苏省盐城新四军纪念馆(这是目前全国新四军纪念馆系列中最大、藏品最全的馆),这是因为新四军军部成立于1938年1月,在南昌只有三个多月的时间,便于1938年4月4日迁往皖南岩寺。虽然新四军军部在南昌活动时间不长,但就是在这段时期,新四军军部完成了新四军在初创时的干部班子配备、部队集结、编制经费、补充整训等重大工作,为新四军的成立和发展,扩大新四军在全民抗战中的影响奠定了坚实的基础。新四军军部在南昌的活动,是新四军发展史上极其重要的一页,是20世纪中国抗战史上光辉的一笔。从此,新四军发展成为我党领导的两大武装力量之一,成为活跃在华中地区的最大抗日武装部队,浴血奋战在长江两岸、淮河之滨,解放了大量国土和沦陷区的人民,是一支被国人誉为"铁军"的人民军队。他们为打败日本侵略者,取得抗日战争的伟大胜利,推翻国民党政权,建立新中国,做出了巨大贡献,立下了不朽的功勋。

新四军军部在南昌的活动期间是一个非常重要的历史时期,它的历史影响和现实意义都很重大。正因为如此,南昌新四军军部旧址陈列馆被列入全国爱国主义教育基地,并在2006年被批准为国家重点文物保护单位。所以,宣传好这个革命旧址,开发利用和保护好这个红色文化基地,是文化工作者义不容辞的神圣职责。

怎样宣传新四军军部旧址的历史作用，挖掘馆藏文物的红色文化内涵，思想意义深远，但就其政治本质来讲，应该宣传新四军在成立壮大过程中的三种精神。

一　突出宣传南方八省十四个地区红军游击队坚持革命信念，不畏各种艰难阻险，为共产主义事业奋斗的革命精神

新四军是由党领导的南方八省十四个地区红军游击队组建而成的，这些部队是在主力红军战略转移后，经过艰苦突围又遭到惨重损失的红军游击队。国民党政府为了消灭这些红军游击队，不断对红军游击队和游击区进行清剿，并采取了一系列政治、军事、经济手段，一时使游击区出现“无不焚之居，无不伐之树，无不杀之鸡犬，无遗留之壮丁，闾阎不见炊烟，田野但闻鬼哭”之惨景，游击战争异常艰苦。陈毅后来回忆说：“三年游击战争，是我一生中所经历的最艰苦战争，整年整月在山里睡，外面吃，春天雨水多，全身都是泥巴，两个多月没有干过，吃的是野草、杨梅、笋子和蛇，根本不是人过的生活，像野兽一样。在那三年中，我只进过两次房子。”就是在这种恶劣的环境下，红军游击队的指导员始终坚定共产主义的革命信念，经受了各种严峻的锻炼和考验。三年游击战争期间，游击区的各级党组织，在中共中央分局的领导下，在游击战争中发挥了领导核心和堡垒作用，一直高举共产党的这面旗帜，使红军游击队员坚定革命事业必胜的信念，以旺盛的革命精神和斗志战胜各种困难险阻。在敌人的血腥屠杀和白色恐怖中，党的组织坚如磐石，红军游击队压不垮、打不散。他们以坚定不移的共产主义信仰，对革命事业的忠贞不渝，在面对国民党重兵连续不断大规模“清剿”中，以劣等的武器，在被分割、被封锁的恶劣环境中各自独立地与数十倍于己的敌人进行长期殊死搏斗，战胜了难以想象的困难，经受了血与火的考验，取得了南方三年游击战争的胜利，从而为新四军组建和发展奠定了良好基础。

南方三年游击战争，丰富和发展了中国共产党和人民军队逐步形成的优良传统和革命精神，为中国人民留下了宝贵的精神财富。毛泽东曾对三年游击战争做出了高度评价：“在中国革命斗争史上，是和二万五千里长征同样的辉煌明亮。”

二　突出宣传新四军坚持抗日战争，开创华中抗日民主根据地，为中华名族的解放，不畏强敌，抗战到底的爱国主义精神

新四军成立于 1937 年 10 月 12 日，新四军军部于 1938 年 1 月 6 日在南昌张勋公馆内成立，并挂牌对外办公。从此，新四军走上了抗日前线，在中国共产党领导下，战斗在大江南北、淮河上下和汉水东西，历经奇冤，抗日不止。新四军令敌伪闻风丧胆，高举爱国主义的旗帜，联合各阶层人士共同抗日，获得了中国人民的

热烈拥护。在整个抗日战争时期,新四军为了民族独立,维护国土完整,抗击了侵华日军总人数的20%,伪军总数的30%,对日伪作战达46万次,毙伤日伪军十九万余人,俘虏日伪军十二万余人,创建了苏中、淮南、苏北、淮北、鄂豫边、苏南、皖江、浙东等八块抗日民主根据地。新四军组建时才一万多人,到抗战胜利时,主力部队已发展到二十一万余人,地方部队九万七千人,民兵自卫队九万六千余人,解放了近五十万平方公里的国土和近四千万人民。为了彻底打败日本侵略者,新四军在抗战时期付出了八万二千多名官兵的伤亡,为抗日战争的最后胜利,立下了赫赫战功和不朽业迹。他们的英雄事迹与日月同辉,他们的爱国主义精神将永留名册,万古长存。

三　突出宣传新四军的"铁军"战斗作风,大力弘扬新四军指战员一不怕苦、二不怕死,一往无前的英雄主义精神

新四军军长叶挺,是北伐名将,他领导的国民革命第四军独立团,担当北伐先锋,在北伐战争中英勇作战,所向无敌,出色地起到了骨干和先锋作用,为北伐战争的胜利做出了卓越的贡献,从而为新四军赢得了"铁军"的称号。"东进、东进,我们是铁的新四军。"这首新四军军歌,就唱出了新四军指战员的共同心声。叶挺以"铁军"的英雄主义精神激励部队,投入到抗日战争的洪流中去,经受着血与火的锤炼,锻造出一支不怕困难,敢打硬仗、恶仗,勇于胜利的英雄部队。例如发生在1943年的刘老庄保卫战,就是"铁军"的顽强战斗作风和英雄主义精神的集中体现。这年3月18日,新四军三师第七旅十九团四连被一千余名日伪军包围在淮阴县刘老庄,全连82人与敌激战数日,毙敌170多人,最后全部壮烈牺牲。这种"铁军"的英雄主义精神,使新四军成为一支所向披靡,战无不胜,攻无不克的英雄部队。这种革命的英雄主义精神,体现了我们人民军队的军魂。

四　新四军军部旧址陈列馆的开发和利用

革命旧址是一个不可移动的革命文物,它具有各自特定的主题内容,新四军军部旧址陈列馆也是如此。我们如何充分开发和利用旧址这个展示平台,用现代人的审美要求和新的科技手段,创造一个良好的环境氛围,充分发挥革命文物特有的教育功能,达到"高举爱国主义精神,以史育人;弘扬中华民族精神,振兴祖国"的作用,值得深思。以下是笔者的几点设想:

(一)开发和利用旧址的现有革命文物藏品,很好地陈列展示这些历史内容的实物例证,使陈列形式和内容达到完美结合

对于革命文物的陈列,要精心设计,精心策划,搞好旧址复原,保持旧址周围

环境的原貌和室内陈列复原。这种陈列形式能使观众见物见人，见景见情，如临其境，领略当年抗战时期的历史气氛，使观众引起丰富的联想。革命旧址的陈列要遵循"原装陈列为主，辅助陈列为次，陈列主题集中，文字说明简要"的原则，要突出南昌的地方特色，使形式和内容达到完美结合，提供优质的讲解和周到的服务，达到直观的感染效果，让观众潜移默化中受生动的革命传统教育。

（二）开发和利用旧址的红色革命品牌，把它融入到近年兴起的红色旅游文化中去，扩大南昌新四军军部陈列馆的知名度

我国从20世纪90年代后期，旅游业的发展日新月异，旅游文化勃然兴起，已经成为我国第三产业的一个新的重要增长点。特别是近年来，全国掀起了一股红色旅游热，对于革命胜地的朝拜；对于革命旧址的向往；对于革命先辈的敬仰；对于革命传统的追求，成为当今很多人出外旅游的动力。江西是红色旅游大省，革命遗址和革命文物众多。南昌是军旗升起的地方，是人民军队诞生地，以南昌八一起义纪念馆为龙头的红色军旅文化内涵丰富，南昌新四军军部旧址陈列馆就是这种红色旅游文化的延伸和补充。这两个馆同隶属于南昌市文化系统，完全可以把两个馆有机地串联在一起，形成一个新的红色旅游线路，产生更好的社会效益和经济效益。

（三）开发和利用新的高科技手段，采用声、光、电的立体表现方法，艺术地再现当年新四军浴血奋战的生动场景，改变当前单一的橱窗文物藏品陈列模式，改变革命旧址陈列馆展览落后单调的状况，以新的形式来展示藏品的革命内容

现代科学技术的发展客观上为文物的陈列艺术水平提高创造了良好的物质条件，像电脑、影视、新光源、激光、录音等现代科学技术，同样可以应用到文物陈列中。随着科学技术的普及与发展，人们的欣赏能力不断提高，特别是新的审美内容带上现代科学知识的色彩。现代的声、光、电技术和现代的装饰材料都逐步为文物陈列所利用，达到返璞归真的视、听觉效果，给观众以莫大的冲击力和震撼力，全景式地展现革命文物的独特魅力，具有意想不到的展示效果。

（四）认真开展对新四军历史的理论研究工作，加强与新四军研究会等学术团体的合作，不断增强新四军研究会的影响力和辐射力，努力提升新四军军部旧址的品牌效应

江西省新四军研究会，是一个研究、宣传新四军暨华中抗日根据地的斗争历史，弘扬爱国主义、革命英雄主义和铁军精神的一个社会学术团体。它的成员为江西省新四军暨华中抗日根据地健在的老战士，有志于研究和宣传新四军历史的

研究人员及新四军的后代，这个研究会就坐落在南昌新四军军部旧址内。南昌新四军旧址陈列馆的主要人员都是研究会成员，负责该会的日常工作。

不断增强新四军研究会的影响力和辐射力，也是提高旧址知名度的重要方面，这是因为：1. 江西省是新四军主要发源地，新四军中的领导和骨干，很多人以后成为党、国家和军队领导人，也有不少是各省、市、自治区、的党政领导。虽然他们中的大多数都已去世，但他们的影响还在。2. 新四军战士的后代和他们的亲属遍布海内外，这是一个庞大的群体，他们中大多数对祖辈父辈战斗过的地方十分倾慕和向往。3. 江西省新四军研究会和全国众多的新四军研究机构都有交流和联系，在江西省新四军研究会和南昌新四军军部旧址陈列馆，就多次联合举办大型展览和学术交流活动，出版各种纪念新四军的书刊杂志。这些活动，对于提升南昌新四军军部旧址陈列馆的品牌效应都是十分有利的。

为了纪念建军 80 周年和新四军成立 70 周年，南昌市委和市政府在 2008 年至 2010 年对南昌新四军军部旧址陈列馆进行了改扩建，总投资约 3.27 亿元，总占地面积约 3 万平方米，总建筑面积 11633 平方米。改扩建后的陈列馆由旧址保护区、陈列展示区、纪念广场区三大部分组成。陈列馆布展设施、陈列内容达到全国同类优秀纪念馆水平，成为功能齐全、内容丰富、手段先进的教育基地。陈列馆自 2011 年 7 月 1 日正式免费开放以来，深受游客的称颂，充分发挥了爱国主义教育基地的主要作用，革命旧址也得到了充分的宣传、开发和利用。

刍议传媒类博物馆的藏品特点、定级和管理

——以中国传媒大学传媒博物馆为例

张涵烁

【摘要】 随着社会技术更迭和博物馆理念的更新，出现了一类以收藏“视听”媒介为主的传媒类博物馆。这类传媒类博物馆的馆藏以大工业化时代以来量化生产的流水线产品为主，与传统意义上以文物类为主要收藏的博物馆在藏品特点上有显著区别，建议该类藏品的定级除考虑其本身价值外，应适当考虑藏品与观众之间形成的情感交互，并基于这种情感交互提出传媒类藏品管理的新思路。

【关键词】 传媒类藏品　定级　藏品管理

我们处在一个科技飞速进步的时代，技术革新不断改变着人类的生活方式乃至思考方式。比如对时代信息的记录，从最开始的通过文字，以官修史书或者私人撰述的方式来勾勒记忆一个时期的历史，到 1877 年爱迪生发明蜡质滚筒留声机，1923 年约翰·贝尔德发明了电视机，人类开启了以真实声音和活动影像的方式来记录世界的大门。到 20 世纪后期，各类家庭用收音机、电视机、摄影机、录像机技术的普及、成熟和革新，使得普通人也可以间接参与重大历史时刻或者记录自我的历史。现代互联网革命以来，技术更新的速度更是以两三年为单位，迫使人们不断去淘汰更新我们的设备以追赶世界潮流。很多原本稀松平常的东西，由于技术革新速度更迭，渐渐竟也消逝在人们的视野中。在这种大环境下，一些有识之士开始自发的收集大工业化时代以来的各种唱片、留声机、收音机、电视机等器物，并慢慢形成了以视听传媒为核心的一股博物馆小浪潮。比如 2005 年在广东开办的中山中国收音机博物馆、2006 年昆明的云南广播博物馆、广州的华南理工大学无线电电子博物馆、2007 年广州的广播博物馆、2012 年江苏常熟的星海无线电博物馆、北京的中国传媒大学传媒博物馆、2013 年北京宋庄的大戚收音机电影机博物馆相继开馆，短短九年时间如此多以传媒为主题的博物馆如雨后春笋般蓬勃而出，足以说明对传媒类藏品的收藏已渐成规模，在此基础上笔者提出对传媒类藏品的特点和管理的思考与实践，以期待与各位交流并得到大家指点。

一 传媒类藏品的特点

笔者提到了“传媒类博物馆藏品”，首先得正名什么属于“传媒类”的藏品。传媒一般意义上意味着传播信息符号的手段或载体，比如传统意义上的报纸，大众传播时代的广播、电视、电影、广告、多媒体、互联网等，通过不同层面的载体，信息从传播方到达了收取方。那么对于传媒类的博物馆而言，其收藏的藏品究竟应该是以传递的信息为主还是以传递信息的载体为主，中外博物馆有不同的意见和操作方式。英国的国家传媒博物馆(National Media Museum)、美国的佩利媒体中心(The Paley Center for Media，原名 The Museum of Television and Radio)皆是从20世纪七八十年代发展起来的传媒类博物馆，它们的藏品构成主要是“信息”，二者收藏有大量视听时代以来重大历史事件的声音和影像资料可供观众和会员检索查询，同时辅助以各个阶段的信息载体——各类留声机、收音机、话筒、电视机等来完整呈现特定的历史时期的信息传播。而国内目前这些传媒类博物馆的收藏基本上是以“物”为主，侧重于收藏各个时期的信息传播载体，如20世纪五六十年代的电子管收音机电视机、七八十年代的半导体收音机、八十年代以来的录像机、LD光碟机、VCD、DVD机器等，主要原因在于目前大量视听资料和信息都掌握在官方机构手中，尚未形成对公众开放的环境，博物馆也无法批量从官方机构中拿到这些资料，只能囿于局面转而收藏信息的物质载体。再者，在传媒所涉及的众多物质载体中(如报纸、收音机、电视机、电影机、计算机等)，又有哪些被纳入博物馆的收藏呢？目前，大多数博物馆选取了其中某一项或两项作为收藏重点，如上述国内几家传媒类博物馆中有专门以收音机或广播为主旨的博物馆，或者兼带电影机和收音机一体的。唯有中国传媒大学的传媒博物馆本着大传媒的理念，收集除非自身优势所在的报纸外的其他媒体传播形态的各种载体——主要是与广播电视相关的各类发射机、检测设备和接收端的收音机和电视机，电影放映机、电视电影摄像机、各类照相机、计算机、黑胶唱片、LD大碟、录音带、录像带等藏品。这是一种与传统文物类博物馆不同的全新收藏，它立足于大工业时代以来的技术革新，收藏的是视听时代遗留给人们的物质痕迹，许多藏品曾经就是千家万户使用过的物品，其价值的珍贵性与稀缺性让位于其代表的时代情感与情怀。

二 传媒类藏品的定级探讨

以上笔者在探讨传媒类博物馆藏品的特点时，一直用的是“藏品”而非“文物”的概念，《博物馆藏品保管工作指引》一书开篇即讲述博物馆藏品与文物的区别，但由于我国大多数博物馆仍以历史类的文物收藏为主，所以书中后续举例还是以文物类藏品为范例讲述如何保管管理。这是目前博物馆界面临的一个困境，随着博物馆教育育人理念的不断深化，很多原本不属于传统意义上的文物藏品进入博物馆的收藏领域，除了文中举例的传媒类博物馆外，还有许多行业类博物馆如汽车博物馆、电影博物馆、铁道博物馆等，其收藏品都是大工业时代以来流水线上量化生产的物质遗存，已完全区别于传统意义上的文物概念，但在藏品定级上，我们目前仅有文化部颁发的《文物藏品定级标准》，针对文物藏品定级做出规范指导，而行业类的博物馆只能参照《近现代一级文物藏品定级标准（试行）》和《文物藏品定级标准》来制定本行业的藏品定级标准，这种定级标准往往理论指导性大于实际操作性，如果行业内部有若干所博物馆的，某一博物馆出台的行业标准也很难服众，欠缺权威性。同时，传统文物类藏品的定级偏重文物的历史、科学、艺术价值以及其存量的稀缺性或与著名人物的关联性，对于近现代大工业化流水线上量化生产的藏品而言，讲它的稀缺性或历史、艺术价值都有些勉强，只能从科学价值出发，但往往又会出现与其他标准相冲突的境遇。比如中国传媒大学传媒博物馆收藏有一台东莞德生公司总裁梁伟先生捐赠的熊猫牌 1501 型收录唱三用特级机，该机是 1958 年为迎接建国十周年大庆，一机部十局下令，由南京无线电厂研制出的一项体现建国十周年发展水平的高级电子音响产品，用来装备人民大会堂和中国驻外使馆。从技术上，该机由特级收音机，四速自动落片式电唱机和双速盘式磁带录音机组合而成，代表了当时国内电子设备的顶尖技术，与其同系列的 1502 机加起来总生产量不超过六百台，还曾作为国礼赠送给来访的加纳总统杜尔。从传媒类藏品自身的行业角度，该机一直是业界追捧的对象，且曾获官方认证——1959 年第二届全国收音机观摩评比中获得特级收音机组一等奖，如果我们考虑收音机的评级标准，该机应该算是一级品了。目前宋庆龄故居、朱德故居等单位，均有收藏该机，作为宋庆龄女士和朱德元帅生前曾使用过的遗物。笔者曾专门咨询过宋庆龄故居博物馆保管部的王丽莉老师，该馆评定的一级品中是没有这台收音机的。不过受益于北京文物局和博物馆学会组织的各项交流，在交流中重新认知到这台机器的价值。对于如何评级还是需要咨询有关专家。

以上举例仅为说明行业类自发的定级可能会面临的挑战。同时，从行业内部领域和博物馆发展的趋势而言，以量化生产的收藏为主的行业博物馆，在评定藏品时，应更注意藏品背后所蕴含的故事，透露的时代信息以及藏品和观众之间所能产生的情感交互。随着博物馆界对其教育、休闲功能的看重，博物馆藏品带给观众的不能仅仅是猎奇，更应是以物见史，通过一件藏品了解一个时代的局部特征。倘若有一些观众在参观时遇见了与自己曾经有故事的藏品，从而引发某种情怀，在博物馆内寻找到归属感，便达到了国际博物馆协会 2014 年提出的“藏品架起博物馆沟通的桥梁”的目的。这种情况在笔者所在的传媒博物馆经常会遇到。20 世纪五六十年代建国初期，收音机作为中国很多家庭了解外部世界的重要渠道，都算作是家庭的一大件，很受重视，很多五六十岁的观众在参观我们的收音机展厅时对着一些现在价值并不昂贵且存量很多的收音机，如红灯牌 711 系列的收音机,小北京牌收音机,都会停下来驻足很久,甚至会与身边的伙伴分享当年他(她)的家庭为了购置这台机器所付出的努力以及这台机器带给他们的欢乐时光。在藏品的传统评级观念里,这些藏品年代不算久远,造型也非具有独特美感,科技价值含量也不高,且存量又多,评级中肯定是无法上级别的。但是这类藏品却实实在在与很多中国家庭的曾经经历有关,能切实勾起参观者的情感,达到交互的目的。这正是我想强调的,在传媒类藏品的定级体系中,应参考藏品能带给观众的情感交互。

三 传媒类藏品的管理实践与展望

尽管传媒类博物馆的藏品有诸多因其行业自身特色而产生的特点,但作为博物馆界的一份子,我们对该类藏品的管理,还是沿袭传统博物馆界的管理方式。作为行业新建馆,我们在藏品管理上本着多方学习,兼容并蓄的理念。前后参考了国家博物馆、首都博物馆、电影博物馆、安徽省博物院等多家单位的藏品管理流程,又结合我们的具体实践,对藏品进行分类管理。目前传媒博物馆的馆藏按照质地,分为实物类藏品和音视频类藏品以及书籍纸制品三大类。在实物类藏品中又按照藏品本身属性分为收音机、电视机、电影机、摄像机、照相机、计算机、打字机、仪器仪表等子类;音视频类藏品则划分为LP唱片类(含黑胶、虫胶)、LD大碟、VCD和DVD、软盘,录像带、录音带等子分类;书籍纸制品分为期刊、书籍、广告册、海报、传媒人物手稿等子分类。在分类基础上,我们对入库藏品进行贴签、定名登记、测量尺寸与数量、查找年代、厂家、机身编码,进行质地、来源、完残描述、备注等例行的信息采集。相对于传统文物类藏品,传媒类藏品因其流水线生产,大多机身上自带名称、年代和厂家、机身编码等信息,即使机身本身信息不全的,传媒类藏品因其特征,所存在的年代误差不超过三十年,定名、年代不确定的情况较少。这是我们的优势所在。

一些新建博物馆在藏品管理上已完全实现电子化,采用数字版总账或者某类藏品管理系统,不再看重或依赖传统的纸质版手抄账和藏品卡片或档案。我馆则一直秉持两条腿走路的方针,在藏品整理上还是现代电子版与传统手抄版结合,我们制作了包含分类号、总登记号、名称、年代、国别、厂家、尺寸、重量、位置、上架号、级别、完残、机身编码、描述(分3个子分类)、关键词(3—5个)这些项目的藏品卡片,且配有藏品照片;每一件藏品有两张卡片,一张追随藏品压在藏品下面,一张以分类号的形式排序放在藏品柜中供检索查询。同时,我馆使用易宝藏品系统,将以这类信息为模板的信息数据录入电子版的易宝藏品体系中,并根据分类藏品的特殊性,增加其相关的藏品属性项目的信息采集,比如对于收音机,关注其电子管还是晶体管,几管机器,电源属于交流或直流等内容。这些做法和兄弟馆都是类似的。但我们对于藏品未来的管理设想可能有些差别。基于前述传媒类藏品能够建立某种与参观者的情感互动的基础，我们未来致力于依靠藏品信息平台，将展厅和库房藏品信息逐步发布到互联网上，实现博物馆藏品的社会资源化，一是让更多的人看到，二则是建立交互平台，使参观者和爱好者可以像互联网维基百科或者百度百科一样，观众自发编辑词条，或者分享自身与藏品的故事，由博物馆信息部的工作人员审定或者回答，形成一种真正的知识分享和情感互动局面。这类构想可依托传媒博物馆所处的传媒大学，首先在校园局域网中设立博物馆藏品登录系统，学校师生依靠自己的用户名密码即可登录，参与词条编纂和藏品点评等内容，在大学的学术圈中先实践探索，再扩到到社会层面操作。

作为一名在博物馆工作四年的新兵，很多观点与看法都是基于经验而自身思考而谈，很不成熟，在这里提出来供各位同行参考，以期抛砖引玉之功效。

注释

[1] 北京博物馆学会编：《博物馆藏品保管工作指引》，中国书籍出版社，2012 年。

[2] 中华人民共和国文化部令(第 19 号)：《文物藏品定级标准》，2001 年 4 月 9 日。

[3] 国家文物局：《关于印发〈近现代文物征集参考范围〉和〈近现代一级文物藏品定级标准(试行)〉的通知》附件二，2003 年 5 月 13 日。

漫谈第39届5·18国际博物馆日及其活动

钟洪香

【摘要】 在国际博物馆日到来之际,各大博物馆围绕"博物馆致力于社会的可持续发展"这一主题,开展各种庆祝活动,或开新馆,或举办新的展览,或大力宣传文物,或进行文物鉴定,积极宣传博物馆与文物。这些庆祝活动特点鲜明,活动与主题密切相关且重视非遗宣传,重视公众参与,体现了博物馆公众参与方式的多样化,也使博物馆更加贴近生活,贴近观众,贴近社会,有利于社会的可持续发展。

【关键词】 博物馆日 主题 庆祝活动

"5·18"国际博物馆日历来是各个博物馆的盛大节日,为庆祝第39个国际博物馆日,全国各省市文博系统都开展了丰富多彩的系列活动,并受到国内外媒体的广泛关注。各省基层文博单位也根据自身业务特色,让"博物馆日"焕发出独有的魅力。各省文博单位都紧紧围绕着这次活动的主题"博物馆致力于社会的可持续发展"开展各项活动。

一 主题与社会发展密切相关

博物馆"是一个不追求营利,为社会和社会发展服务的公开的永久机构。它把收集、保存、研究有关人类及其环境见证物当做自己的基本职责,以便展出,公诸于众,提供学习、教育、欣赏的机会。"[1]国际博物馆日作为博物馆的节日,其由来已久。它是1977年由国际博物馆协会(International Council of Museums—ICOM)发起创立的,旨在促进全球博物馆事业的健康发展,吸引全社会公众对博物馆事业的了解、参与和关注,提升公众对社会发展中博物馆角色定位的认知。国际博物馆日自创立伊始便获得持续关注和较快发展。为此,各个博物馆都给予了充分重视,纷纷开展了各项庆祝活动。

关于国际博物馆日的主题,每年国际博物馆协会都需紧密结合博物馆发展现状,展望博物馆未来而制定。且博物馆日的主题都不甚相同,但都密切关系着博物馆的昨天、今天和明天(表一)。

表一　历届国际博物馆日主题

序号	年代	主题	序号	年代	主题
1	1992	博物馆与环境	13	2004	博物馆与无形遗产
2	1993	博物馆与土著人	14	2005	博物馆——沟通文化的桥梁
3	1994	走进博物馆幕后	15	2006	博物馆与青少年
4	1995	反应与责任	16	2007	博物馆和共同的遗产
5	1996	收集今天为了明天	17	2008	博物馆，社会发展与变革的代表
6	1997	与文物的非法贩运和交易行为进行斗争	18	2009	博物馆与旅游
7	1998	与文物的非法贩运和交易行为作斗争	19	2010	博物馆致力于社会和谐
8	1999	发现的快乐	20	2011	博物馆与记忆
9	2000	致力于社会和平与和睦的博物馆	21	2012	处于变革世界中的博物馆：新挑战新启示
10	2001	博物馆与建设社区	22	2013	博物馆（记忆＋创造力）＝社会变革
11	2002	博物馆与全球化	23	2014	藏品架起沟通的桥梁
12	2003	博物馆与朋友	24	2015	博物馆致力于社会的可持续发展

今年国际博物馆日主题为“博物馆致力于社会的可持续发展”，其与 2000 年的“致力于社会和平与和睦的博物馆”，2001 年的“博物馆与建设社区”，2008 年的“博物馆，社会发展与变革的代表”，2010 年的“博物馆致力于社会和谐”，2013 年的“博物馆（记忆＋创造力）＝社会变革”主题皆与社会密切相关，都让博物馆的视线投向社会，投向观众，博物馆不再是社会的观望者而是积极参与者。博物馆致力于社会的可持续发展，该主题呼吁人们利用资源的同时需对生态系统予以尊重，而作为教育与文化机构的博物馆能提高公众对社会可持续发展的意识，博物馆在定义可持续发展的内涵和推动可持续发展的实践方面发挥着越来越重要的作用。

博物馆作为全球可持续发展的文化驱动力之一，公众教育以及展览策划工作，也应当努力以“创建可持续发展、服务社会”为宗旨开展探索和实践。

今年围绕着这一主题推出了系列丰富多彩的活动，搭建博物馆与公众沟通互动的平台，在执行可持续发展战略及其实践中发挥博物馆的积极作用，加深公众对博物馆的了解与认同。

二　庆祝活动异彩纷呈

自 2015 年 4 月起，各省市文博单位开始高度重视这一博物馆日庆祝活动的开展,结合深化博物馆免费开放工作,紧紧围绕"博物馆致力于社会的可持续发展"这一主题,在5月18日及其前后,开展了内容丰富、形式多样、贴近群众、互动性强的系列活动。

(一)开放新馆或举办临时展览

随着5·18国际博物馆日的到来,不少新的博物馆开放给观众一场视觉上的盛宴。如云南省博物馆利用新馆这一优越的硬件条件,策划了"新馆体验周"系列活动,让观众全方位体验新馆的建筑空间,体验新馆的陈列展览,体验新馆的观众服务。其基本陈列:"远古云南——史前时期的云南"、"文明之光——青铜时代的云南"、"南中称雄——东汉至魏晋时期的云南"、"妙香佛国——唐宋时期的云南"、"开疆戍边——元明清时期的云南"、"风云百年——近现代时期的云南";有4个专题展览:"窑火斑斓——云南省博物馆陶瓷精品展"、"无声的艺术——刘自鸣画展"、"妙笔丹青——云南省博物馆珍贵绘画作品展"、"金色中国——古代中国金器大展"。我国首家私人山岳博物馆——次仁切阿山岳博物馆在拉萨市夺底沟建成并开门迎客。这些新的博物馆展示的是不同地区特有的历史文化风貌,让当地观众及外来游客能更深刻地了解当地文化、热爱当地文化从而保护当地文化。

除各地博物馆新馆向公众开放外,举办临时展览更是层出不穷(表二)。

临时展览包括两种类型,首先是在本馆展出的临时展览,主要有:故宫博物院"故宫藏历代书画展"、"故宫藏老照片展";中国国家博物馆"学艺融通——饶宗颐百岁艺术展"、"伏尔加河回响——特列恰科夫画廊藏巡回画派精展"、"纳西族东巴文化展";首都博物馆"瑞士钟表文化展"、"民族文化宫藏文物精品展";江西省博物馆的"天地之灵——河南博物院藏古代玉器精品展";陕西历史博物馆"取经归来——一代宗师唐玄奘展";浙江省博物馆推出"高山仰止——纪念黄宾虹诞辰150周年、逝世60周年系列展"、"香远益清——唐宋香具览粹"、"好地方在山那边——苗族历史文化特展"、"仍在曹家——曹其镛藏漆器展"等。

其次,各种形式的流动展览走向学校、走向社区、走向农村。如吉林省博物院"抗联英烈展"、"学习雷锋好榜样——雷锋精神图片展"巡展活动,把巡展和志愿者活动结合,在服务社区百姓的同时,还让志愿者团队得到锻炼。浙江省博物馆以"流动博物馆"形式向社会公众提供博物馆文化服务,让博物馆文化从馆舍天地走向大千世界。"越地长歌——浙江历史文化陈列"图片巡回展、"非凡的心声——世界非物质文化遗产中的中国古琴"展。此外,还有北京市古代钱币展览馆"盛世京华之掠影——北京钱币诞生八百年展"可移动展板巡展;中国第四纪冰川遗迹陈列馆"流动的博物馆——科普大篷车巡展";北京自然博物馆的"中生代王者归来"流动科普车走进陕北。这些图片巡回展目前已经走向全省各地,让各地观众在家门口就能欣赏博物馆的馆藏和陈列展览。

表二　国际博物馆日期间各馆临时展览

序号	博物馆	临时展览	序号	博物馆	临时展览
1	故宫博物院	光影百年——故宫老照片特展	20	云南省博物馆	窑火斑斓——云南省博物馆陶瓷精品展
2		故宫藏历代书画展	21		无声的艺术——刘自明画展
3	国家博物馆	伏尔加河回响——特列恰科夫画廊藏巡回画派精品展	22		妙笔丹青——云南省博物馆珍贵绘画作品展
4		时代领跑者——美术作品展	23		金色中国——古代中国金器大展
5		纳西族东巴文化展	24	浙江省博物馆	高山仰止——纪年黄宾虹诞辰150周年、逝世60周年系列展
6		学艺融通——饶宗颐百岁艺术展	25		香远益清——唐宋香具览粹
7	首都博物馆	瑞士钟表文化展	26		好地方在山那边——苗族历史文化特展
8		民族文化宫藏文物精品展	27		仍在曹家——曹其镛藏漆器展
9	南京博物院	飞越欧洲的雄鹰——拿破仑特展	28		钱江潮——浙江现代革命历史陈列
10		江左流韵——明代吴门书法特展	29	北京市古代钱币展览馆	盛世京华之掠影——北京纸币诞生八百年展
11		江南风华——明代吴门绘画特展	30	自然博物馆	动物大阅兵之仿生武器——探秘现代武器系列展
12	陕西历史博物馆	取经归来——一代宗师唐玄奘展	31	梅兰芳纪念馆	文化名人与民族精神——纪年抗日战争70周年
13	江西省博物馆	天地之灵——河南博物院藏古代玉器精品展	32	中华世纪坛世界艺术馆	奥地利百年绘画特展
14	吉林省博物馆	抗联英烈展	33	北大赛克勒考古与艺术博物馆	权利与信仰——良渚遗址考古展
15		学习雷锋好榜样——雷锋精神图片展	34	恭王府	笔墨随心——林阳诗书作品展
16	湖南省博物馆	北美洲原住民艺术展	35		赵朴初书法展
17	内蒙古博物院	岁月记忆 百姓东西——青城老物件特展	36		锦绣江南——中华传统织染绣制作技艺精品展
18	新疆博物馆	折衷·融合——岭南画派名家精品展	37		赵准旺水墨作品展
19	甘肃省博物馆	碧海遗珍——华光礁1号沉船特展	38		墨西哥:历史与未来

这些临时展览有利于丰富基层公共文化,弘扬志愿精神,培育志愿服务文化,促进社会主义文化事业的繁荣发展。

(二)开展各项主题活动

为丰富观众的精神生活,各馆积极开展各项学术活动,如精彩的讲座、激烈的讲解比赛、丰富的主题论坛等。

1. 讲座内容丰富多彩

上海博物馆杨志刚馆长为大家诠释博物馆与城市文化遗产的魅力,与广大观众共同探讨博物馆如何在履行保护文物职责的同时,结合自身馆藏特色,将文化遗产转化为创意资源和文化产品,成为建设城市发展新体系的文化驱动力。

广东省博物馆邀请美国新英格兰水族馆副总裁威廉·斯皮策博士举办关于“博物馆教育活动策划与推广”的专题讲座,共谋博物馆可持续发展大计。

云南省博物馆邀请云南大学教授林超民作《云南的辐射中心与博物馆》;北京鲁迅博物馆馆长郭俊英作《点燃智慧的火炬——中国博物馆教育探索》;浙江省博物馆馆长陈浩作《博物馆陈列与展览》等讲座

此外还有一些趣味讲座,如吉林省博物院举办了博物馆日系列活动之手语讲座。由60多名经过手语培训的志愿者结合吉林省博物院展览内容,在手语培训的同时,进行手语现场讲解示范,是关注社会弱势群体的一种创新和尝试。

2. 讲解比赛扣人心弦

江西省博物馆在5月18日主办大学生志愿者演讲比赛。并邀请江西师范大学、江西财经大学、江西农业大学、南昌大学、南昌航空大学、江西科技师范大学等10所高校大学生志愿者参加,以演讲为主,辅以音乐、舞蹈、情景剧、小品等各种艺术形式,积极发挥大学生志愿者的想象力和创造力,生动展现博物馆日的主题内容,加深大学生对博物馆的了解和认同,以便更好地传承文化。

3. 主题论坛关注社会

南京博物院承办江苏省2015国际博物馆日主题论坛,龚良院长就“博物馆促进社会和谐”这一主题做主旨发言,期间,南京博物院举办的“留住他们的微笑——文物里的濒危动物”、“我是小小考古家——探索消失的恐龙”、“认知与体验——原始彩陶艺术”、“雨花茶斗茶活动”等活动,观众踊跃参与,热情很高。

此外,西藏文化博物馆,开展“我的青藏梦 我的高原情”摄影有奖征集活动;中国农业博物馆开展“我眼中的美丽乡村”摄影比赛。

4. 亲子活动层出不穷

博物馆是第二课堂,越来越多的家长将视线投向了博物馆。与此同时,博物馆内的各项亲子活动应运而生。

这些亲子活动主要通过博物馆的藏品,结合青少年儿童的身心特征,引导和鼓励他们学习历史知识、进行思考创作,从而实现儿童与博物馆的深入互动、知识普及和文化交流。如故宫博物院“从故宫·向未来”亲子艺术活动，选取故宫最具代表性且易于儿童理解的建筑、场景、藏品等的图片，将参加活动的儿童按年龄分为2—4岁、5—7岁、8—12岁三组，根据每个年龄段儿童的特点，以宫廷官帽、头饰DIY，创意涂色等不同形式的艺术活动，引导以适合自己的方式制作出具有独特创意的艺术作品。湖南省博物馆举办“让观众动起来——各类亲子体验教育活动”。举办“博物馆艺术体验课”和“文化的碰撞：行走印第安部落”教育活动。结合不同的教育主题，对展览和重点展品进行了专业性和趣味性的专题导览，同时辅以教育工作、活动PPT等多种手段进行知识导入。观众还在教育员的指导下，进行了北美原住民特色手工编织和创意彩泥等现场体验活动。

浙江省博物馆“中国古代陶瓷教育体验”，在“昆山片玉——中国古代陶瓷陈列”门口开展“妙笔生画瓷韵彩梦”之手绘瓷瓶活动，观众在参观陈列后，可以把自己喜欢的文物上的花纹亲手绘制在空白的瓷瓶上，不仅是一次有趣的体验，更是国际博物馆日参观展览的一份美好纪念。同时还推出“妙手串珠瓷韵彩梦”活动，让观众以另一种形式品味陶瓷文化之美。

三 庆祝活动特点鲜明

国际博物馆日作为博物馆人的节日，其庆祝活动不仅形式多样，且特点鲜明，活动紧紧围绕着主题，重视非物质文化遗产和藏品宣传，重视公众参与，拉近公众与博物馆的距离。

（一）活动与主题密切相关

今年的博物馆主题是“博物馆致力于社会的可持续发展”，博物馆作为教育和文化的中介，在促成可持续发展的实现方面，正在发挥着越来越重要的作用。通过博物馆日的大力宣传，倡导博物馆与民众积极投入到保护环境和可持续发展的行列之中。

国家博物馆向现场观众宣传“节约社会资源，促进可持续发展”的理念。为增强全社会节约资源的意识，积极倡导全民行动节约资源，共同致力于社会的可持续发展建设，保护好我们赖以生存的自然、人文环境。国家博物馆倡导观众绿色出行，尽量乘坐公共交通到博物馆，不践踏草坪，爱护保护博物馆周边的生态环境，入厕时节约使用纸张，支持垃圾分类，循环再生。在博物馆参观过程中步行上下楼梯，尽量少使用或不使用电梯，不在展厅内随意扔垃圾，保持环境卫生，爱护展厅内公共辅助设备，文明参观，不在展厅内使用闪光灯。

浙江省博物馆特别策划了“万物生”少儿环保创意大赛，从四百多名小朋友选取三十名参与了“变废为宝”创意绘画比赛。小朋友通过废物再利用，融化博物馆文化元素，发挥想象力，创作出一件件精美的环保艺术品。小朋友还可以通过“环保创意T台秀”再次展示了自己对“保护环境”与“博物馆文化”的理解与诠释。

南京博物院的“留住他们的微笑——文物里的濒危动物”活动选取了江豚、麋鹿、犀牛等稀有动物造型的文物，通过与观众的趣味互动和交流，一起走近濒危动物，重新认识和思考我们的生态环境，引起人们对保护环境和野生动物的关注与共鸣。

(二) 重视非遗宣传

非物质文化遗产是我国的重要财富，博物馆作为对外文化交流的窗口，有条件和义务向公众宣传其重要性。各大博物馆也把宣传和保护非遗提上了议事日程。恰逢国际博物馆日，众多博物馆加大了宣传非遗的力度。如：

云南省博物馆设置了多项非遗技艺体验活动。其中包括乌铜走银制作技艺体验，甲马画创作体验，彝族剪纸体验，滇派内画体验，纳西族东巴画体验，傣族竹编体验，彝族刺绣体验，面塑制作技艺体验，贝叶经制作体验，菱角编织技艺体验，云南青花瓷技艺体验。儿童体验：巧手小工匠——金饰制作；美丽文字——学写东巴文；创意花卉、我会说泰语、涂色牛虎铜案、石上生花、创意折纸、捏制铜鼓、软陶贴画、小小博物馆、瓷器彩绘、国画创作体验。

广西壮族自治区博物馆启动“文化遗产知识达人”答题活动，观众可以通过参与手机答题获取挑战赛资格，也可以现场领取答题卡参与答题。同时开展历史文化体验活动。在活动时间内，可以参与体验铜鼓拓印，活字印刷、文物拼图、投壶等具有历史文化气息的活动，感受优秀传统文化的魅力。

内蒙古博物院在其院内宝鼎广场上，十位非物质文化遗产传承人，为大家现场演示了“蒙古皮画"、“蒙镶传统手工制作技艺”、“马头琴制作”等。

(三) 重视公众参与

国内学术界对于公众参与的关注和研究也是近年陆续开始。公民的权利保护要求通过社会的、传媒的、司法的和政治参与的各种途径表现出来，从而使公众参与成为中国的社会热点和焦点问题。[2]

在文博领域，博物馆界对于公众参与的研究比较薄弱。[3]博物馆行业类的公众参与，应该指的是观众与博物馆的联系日益紧密，不仅可以参观博物馆展览，同时可以参与博物馆展览策划、藏品管理和保护、修复、参加博物馆开展的各项学术活动，如文物宣传、知识讲座等各项工作。此次博物馆日的庆祝活动依然重视公众参与，并举办文物鉴定、藏品鉴赏咨询活动、文物修复展示活动、模拟考古体验活动等。

国家博物馆艺术品鉴定中心举办面向社会的文物艺术品免费鉴赏咨询服务活动。艺术品鉴定中心组织馆内专家，为广大收藏爱好者免费提供鉴赏咨询服务，每名收藏爱好者只能携带3件藏品参加。吉林省博物院在吉林省文物店门前举办鉴宝活动，分书画、玉器、瓷器、杂项四类。专家只提供真伪及年代建议，不做市场估价、不出具书面鉴定证书。此次活动以民间可移动文化遗产为桥梁，加深吉林省博物院与社会公众的联系。广西壮族自治区博物馆举办民间收藏品鉴赏咨询活动。专家将与收藏爱好者直接互动交流，提供文物法规咨询和鉴赏建议。

广西壮族自治区博物馆举办文物修复展示活动，向观众现场展示和普及氯离子检测，青铜器除锈、粘接、焊接、做旧等文物保护修复的基本步骤，并解答观众疑问。

吉林省博物院为了给青少年提供特色化的学习、欣赏以及研讨的机会，帮助他们发现、了解、认知和传承吉林的地域文化特性和人文精神和优良革命传统，切实发挥博物馆作为学校教育延伸的作用。在院内搭建了吉林省首座"模拟考古现场"。"现场"全面复原考古工地实际情况，希望通过学生们的直接参与、体验和专家互动交流，向他们传达考古基础知识和文物保护知识，培育他们的科学态度和科学精神，尝试科学工作，同时让文化遗产的传承意识真正进入青少年的内心世界。本次免费模拟考古体验将特别针对农民工子女。

博物馆日的活动吸引了国际国内媒体前来报道，通过文博专家解读、记者新闻报送，将博物馆这座知识殿堂的文化成果充分与群众共享，最大限度地体现了博物馆所应有的"民生情怀"。

四　结语

作为博物馆人的节日，国际博物馆日庆祝活动历来精彩纷呈。各省市文博单位围绕着"博物馆致力于社会的可持续发展"主题展开各项活动。庆祝活动形式多样，有的开放新馆或举办临时展览，有的开展各项学术活动，精彩的讲座、激烈的讲解比赛、丰富的主题论坛、层出不穷的亲子活动。活动特点鲜明，均与主题密切相关，重视非遗的宣传，重视公众参与。这些庆祝活动可以让更多的人了解博物馆，了解藏品，更好地发挥博物馆的社会功能。让博物馆教育工作变得充满魅力与时尚，也使全国的博物馆教育呈现出了全新的色彩。

注　释

[1]　王宏钧：《中国博物馆学基础》，上海古籍出版社，2001年。

[2]　蔡定剑：《公众参与及其在中国的发展》，《团结》2009年第4期。

[3]　杨庆昌：《浅论博物馆观众的参与》，《中国博物馆》1990年第2期。

附：本文涉及的2015年5·18国际博物馆日庆祝活动相关资料均来自各省市博物馆官方网站

漫谈自然标本的艺术化呈现

吴 洁

【摘要】 标本是自然类陈列展览的主体,在陈列展览中艺术化呈现标本是实现自然类陈列展览艺术性、观赏性与教育性的有效途径。本文从自然类展陈的实践角度出发,结合标本展示的成功案例,从陈列方式、辅助展品、展陈环境、标本制作技术和多媒体技术等五个方面对艺术化呈现自然标本进行了探讨。

【关键词】 标本 陈列方式 辅助展品 标本制作技术 展陈环境 多媒体技术

一 引言

陈列展览是博物馆的基本职能之一,是博物馆开展公共文化服务的直接载体。随着大部分观众文化视野的拓宽和审美认知能力的日渐提高,展示手法单一、刻板的陈列展览已无法满足观众更高层次的观展需求,尤其是揭示自然发展变化规律,突出人类对自然的保护和利用,用科学的观点表现自然环境和生物种群的生活状态的自然类陈列展览。在这种形势之下,博物馆的从业人员积极面对,努力使展览陈列达到“思想性与艺术性、科学性与观赏性、教育性与趣味性的完美结合”。[1]

“博物馆陈列是在一定的空间内,以文物、标本为基础,配合适当辅助展品,按一定主题、序列和艺术形式组合成的,进行直观教育和传播信息的展品群体。”[2]依照此定义,在自然类陈列展览中,标本是陈列的主体,诸如古生物标本、生物标本、岩矿标本等都是各自然学科陈列展览的物质基础,所以标本的展示形式直接影响着整个陈列展览的视觉效果,艺术化呈现标本是实现其思想性、观赏性和趣味性的有效途径。与以文物为展示对象的历史类陈列相比,自然类陈列被赋予更多的科学教育性,但这并不意味着此特性与艺术化呈现标本相冲突。美的形式具有明显的吸引力和强烈的感染力,艺术化呈现标本的最终目的是更好地展现标本的美,国内外很多自然科学博物馆逐渐改变了以往教科书式的陈列,在艺术化呈现自然标本方面做出了积极的尝试,展厅不再是“开放的”

标本室，陈列展览也不再是标本的简单描述与堆积。本文基于作者相关的工作实践及自然标本展示的成功案例作一些分析，探讨艺术化呈现标本的途径和方法。

二　陈列方式的多样化

传统的学科式自然陈列通常以“生命进化”为主线，标本按“门、纲、目、科”等生物学分类进行展示，由此演绎自然界生命进化的历程，这种陈列手法通常是将标本置于陈列柜中，辅以文字说明和标签进行展示，其优点是知识脉络清晰、系统，有一定专业基础的观众容易找到知识契合点；缺点是视觉效果单调、乏味，无法使观众有持续的观展欲望，但是如果在传统的学科式展陈中注入现代的表现手法，也会产生意想不到的艺术效果，如郑州自然博物馆“绿色畅想”展区，100 余科 1000 多种植物标本整齐地满布于展墙上，放眼望去，犹如绿色海洋，数量之多，标本之精美，对观众产生了很强烈的视觉冲击力，由此可见，传统与现代并不是完全割裂的，对不同的陈列形式不可随意摒弃。

主题单元式陈列是现今大多数自然类博物馆采用的陈列方式，它是指在设计陈列时选定一个主题，围绕此主题从多学科的角度进行多方位的展示与说明。在主题单元式陈列中，标本更容易被艺术化地呈现，因为多门类的标本可以有机组合，可以营造出更自然、更原生态的场景。例如江西省博物馆的基本陈列《生态鄱湖》确定的主题是展示鄱阳湖流域的生物多样性，陈列设计人员将植物、昆虫、兽类、鸟类标本按照常绿阔叶林生态系统、灌丛生态系统、湿地生态系统和针阔叶混交林生态系统进行组合，以江西境内有代表性的四个国家级自然保护区为原型设置了鹿鸣春晓（春）、密林夏夜（夏）、官山秋韵（秋）、鄱湖冬曲（冬）四个场景，四个场景颜色五彩纷呈，姿态各异的标本置于其中，营造出了非常艺术化的视觉效果：初春的清晨，映山红怒放，梅花鹿在灌丛中徜徉；夏夜密林深邃幽静，云豹、豺伺机捕食；金秋硕果累累，猕猴嬉闹枝头；冬季的湖边浅滩苇丛，白鹤翩然起舞，雁类翱翔……。以往的生态场景标本一般都是安放在树上、岩石上或草丛中，表现湿地鸟类的场景标本也多是放置在浅滩或草丛中，效果往往不够生动。在“鄱湖冬曲”（冬）场景中，展翅的雁类标本用鱼线悬挂在苇丛上方，整个场景由此变得灵动起来，空间层次感也增强了许多。

从表面上看标本是静止的，但有的时候，我们可以通过设计一个个引人入胜的故事情境，使标本自身成为会讲故事的标本，让观众在情感上产生共鸣。例如自贡恐龙博物馆最初的恐龙化石标本陈列是每具恐龙几乎以同一个姿态站在同一种外形的展台上，而改造后的恐龙世界展厅，大小不一、属种不同、形态各异的恐龙化石骨架，根据各自不同的生理、生活特性进行了拟人化的塑造和组合：“舐犊情深”，由一条成年和一条幼年峨眉龙组成，好像是母亲正在采摘树

《生态鄱湖》展览场景中各种姿态的鸟类标本

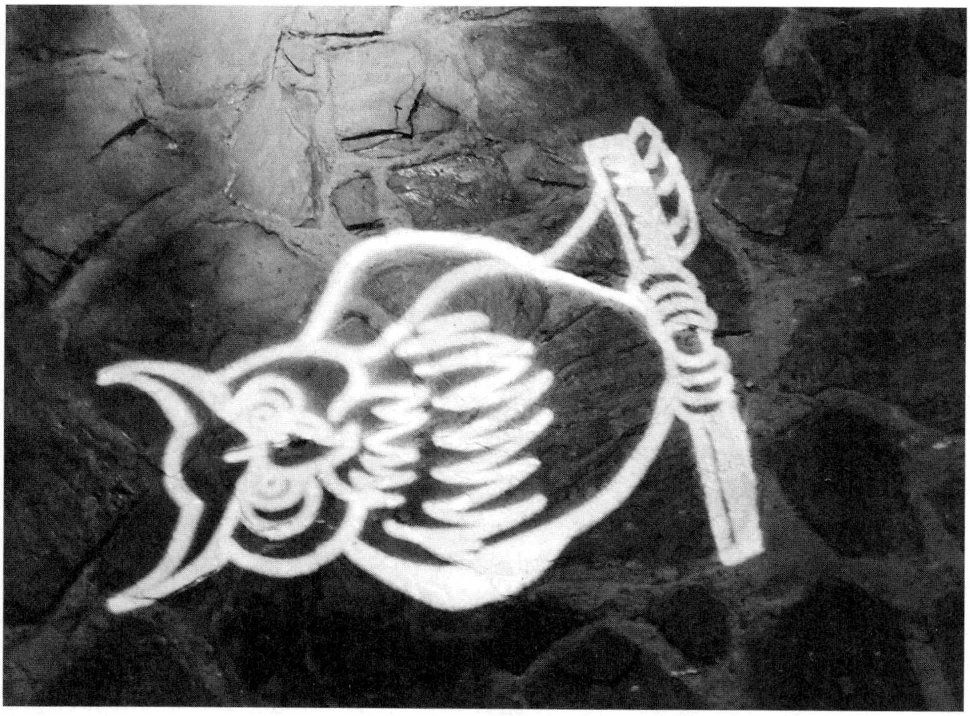

《生态鄱湖》展览场景中的互动项目

《生态鄱湖》展览“鹿鸣春晓”场景

叶，孩子正期盼着食物的到来，场面温馨浪漫，人与恐龙距离一下拉近。“舐犊情深“、“温馨家庭”、“弱肉强食”、“结伴而行”、“奋起反击”、“恐龙小不点”、“垂死挣扎”、“延续生命”每一组合观众都可以构想一个故事，它们不再是冷冰冰的的骨架，而是变成了观众想象中的有血有肉的中生代霸主。在不违反科学性的前提下，情节化地呈现标本可以实现由静到动的转化，从而使标本拥有更多的艺术情趣。

近年来，与高新科技相结合的动态陈列被广泛运用到科学技术类博物馆和自然历史类博物馆中。动态陈列是相对于静态陈列的一种陈列方式，动态陈列的明显特点是展品在运动中向观众演示某种自然现象、自然规律或某种功能，传统意义上的陈列都是以“静态陈列”为主，但是从现在博物馆的现实看，静态陈列已经远远不能满足观众的欣赏需求。天津自然博物馆在 1998 年就已尝试开辟了活体标本展览，今年一月试开放的新馆又开设了国内首家博物馆内的活体蝴蝶园，观众不仅可观赏到色彩斑斓、漫天飞舞的活体蝴蝶，还可观察从毛虫到美丽蝴蝶的蜕变过程，捕捉到“羽化成蝶”的美妙瞬间。

传统与现代，动态与静态，不同的陈列方式有着各自的优越性，也有自己的局限性。自然标本类别多，差异性大，在展陈中应采取与标本特性相适宜的陈列方式，以求最大限度地突出自然标本的美。

三 辅助展品的烘托

自然类陈列以标本为基础，同时也需要一定的辅助材料，即辅助展品，自然类陈列的辅助材料大致分为科学性的辅助材料、艺术性辅助材料和文字说明，科学性辅助材料包括地图、图表、照片、模型、沙盘；艺术性辅助材料包括绘画、雕塑、布景箱、半景画和全景画等。“红花还需绿叶衬”，一件好的辅助展品不仅可以形象解读标本，还可以烘托出标本的美。尤其是艺术性辅助材料本身也是艺术品，是科学和艺术的综合体，在特定的展示空间内，它们与标本往往相得益彰。例如江西省博物馆的基本陈列《生态鄱湖》“江西昆虫”板块最初设计的展出方式是复原生态景观，但考虑到此部分可供展出的昆虫标本数量不多，而且整个陈列如果复原场景过多，会导致一部分展品的特性被淹没，观众也会审美疲劳，最终设计人员选择使用体积较小的展示柜展示昆虫标本，展柜边框饰以各种昆虫的线描画，在视觉上弥补了昆虫标本数量的不足，展柜里的昆虫标本在线描画的衬托下，也显得更加精巧美丽。

自然标本种类繁多，各有其独特的美感，运用与其特性相适宜的辅助展品可以把这些独特的美表现得更加淋漓尽致，如台中自然科学博物馆特展《水中蛟龙》大量使用了复原骨架、复原模型等辅助展品，采用相对照的展出方式，在同一个垂直空间里，将化石、骨架、模型自下而上安放，使观众可以很直观地看到形成化石的生物体原型，化石标本的沧桑美也在对比中凸显无疑。

在众多辅助展品中，文字说明是自然类陈列展览的基本构架，它系统、概括说明陈列主题。自然类陈列展览的文字说明一般都采用说明文文体，说明文是客观地说明事物的一种文体，目的在于给人以知识或说明事物的状态、性质、功能。在自然类陈列展览中运用说明文文体进行说明文字的撰写优点是条理清晰、内容明了，缺点是有的时候会略显单调和沉闷，如果陈列内容设计人员通过文学性语言将枯燥的科学原理写成一段段生动活泼、文采飞扬的小品文、散文诗等，效果则大不相同。如江西省博物馆《生态鄱湖》“江西昆虫”板块中，“成长的期盼和美丽”叙述的是蝴蝶和蝉等昆虫的不完全变态发育与完全变态发育、“求爱总动员”描述的是蜜蜂、蛾类等昆虫的求偶方式，“好爸爸，好妈妈”以负子蝽、草蛉等为例介绍昆虫的育幼方式。这些文字说明时尚、有趣，编排上采用较活泼的字体与标本镶嵌式展出，不仅使标本的趣味性增强，还给标本增添了浪漫的艺术气息。

四 标本制作技术的提高

标本制作就是采用一定的物理和化学手段对从自然界采集的动植物进行技术加工，使之能完好地长期保存与展示。随着科学技术的日益发展，标本制作技术也不断提高，新型的材料，新型的技术为艺术化展示标本提供了可能。自然标本制作是科学与艺术相融的技艺，标本制作技术的优劣不仅是标本能否长久保存的关键，也是自然类展陈中影响标本展示的重要因素，这一点在生物标本的制作上表现得尤为突出，例如动物剥制标本，用传统的填充法做标本程序相对简单，制作出来的标本往往缺乏细节，姿态呆板；而现在采用的现代雕塑法注重动物姿态的重塑，以及肌肉线条、眼神、毛发等的细节再现，这种手法制作的标本栩栩如生，无论是在展柜中陈列还是场景中陈列都非常美观。如江西省博物馆《生态鄱湖》“官山秋韵”场景中的五具猕猴，都是采用雕塑法制作，形态十分逼真，它们或悬挂枝头，或母子相依，或大快朵颐，生动再现了秋季丛林中猕猴的生活场景。

标本制作技术的革新，极大地改变了展览的面貌，例如早期用于展出的人体标本大部分都是福尔马林浸制标本，外形失真，颜色灰暗，参观者会有恐惧心理及视觉上的不美观感受，而生物塑化技术出现后，用此技术制作的人体标本不仅降低了恐怖感，还可以依据不同的主题，被设计成具有动感、美感的生活化造型，如凌空跃起的女子、手托篮球的男子等，使观众有机会对人体结构仔细观察，从容地感受生命的神奇和健美，造型模仿自著名雕塑“思想者”、“掷铁饼者”的人体标本，让观众多了几分美学体验。又如将小型的植物、昆虫封铸于甲基丙烯酸甲酯中可制作成无色透明的包埋标本，它不仅保形保色，本身也是工艺品，怒放的鲜花、栩栩如生的昆虫，观众看到的不再是干枯的生物标本，生命之美被定格在精美的标本中。标本是艺术与科学的结合体，标本制作技术日臻完善使标本的艺术性得以完美的释放。

五　展陈环境的营造

展陈环境的营造是展陈形式设计的重要环节，创造出一个理想的展示环境也是艺术化呈现标本的必备条件。室内设计、光环境设计和陈列设备设计是形式设计中的“硬件”设计内容，其中陈列设备设计、光环境设计与标本的呈现密切相关。

陈列设备中的展柜、展架、展墙、展板及台座如果设计不当，会严重影响标本的展示效果，比如展示螺类标本时用的托架如果过大且繁复，就无法展示出螺类标本的立体感与精美，所以陈列设备的造型、尺寸、比例、色调、材质肌理等设计内容都必须认真地推敲研究，务必使陈列设备的形象，能与标本特性相符合，最大化地突出自然标本的美。例如广东省博物馆基本陈列“粤山秀水 丰物岭南——广东省自然资源展览”专题馆“我们的宝藏——矿产资源馆”的展柜被巧妙地嵌入在模拟的大型山体之中，而展柜中陈列的矿石标本恰似埋藏于山体中之宝藏，与展览所要表现的主题相互呼应，而此陈列的另一个专题馆“石之精灵——宝石馆”的展柜设计精美，内衬颜色为大红色，似一个个放大的首饰盒，当宝玉石原矿、琢型宝石、玉石雕件放入其中，观众能真正体会到设计者“盛满珍宝的宝盒”的设计理念，宝玉石标本的光彩夺目也被淋漓尽致地展现。

光环境设计是营造展陈环境的重要手段,光是视觉的媒介,没有良好的光环境,就不可能获得优美的视觉环境,一个好的光环境设计可以提高标本展出的艺术效果,为陈列创造特殊的视觉氛围,调整参观心理、增添审美情趣。为了让观众注意力集中到标本上,照明应将标本的形状、色调和质感显示出来,给人强烈的印象,使标本更为突出。例如天津自然博物馆的海洋贝类标本的展示令人印象深刻,较明亮的灯光投射在悬挂的贝类标本上,突出了标本的光泽感和立体感,而相对应的天花板背景较暗,一盏盏小射灯宛若海洋夜空中的点点繁星,遥望着这些大海中的珍宝——海贝,此处灯光与标本的唯美结合形成了强烈的艺术感染力。

随着陈列艺术的与时俱进,在自然类展陈中借鉴现代艺术手法展示标本,可以满足观众求变求异的审美需求。例如广东省博物馆"海洋动物世界——海洋馆"和"探寻消失的生命——古生物馆"借鉴了现代艺术中的装置艺术表现手法,由标本、"概念"装置品、灯光共同构建了一个观众能够置身其中的艺术空间。"概念"装置品是一系列方形软膜挂片,这些挂片通过不同形态的组合,引导观众不断向前行进;最后挂片铺展于展厅四楼与三楼之间的中空空间内,其上悬挂着海洋动物标本,其下安放着巨大的恐龙化石标本。上层的海洋生物标本的悬挂按大小顺序排列,有方向性,在蓝色灯光的照射下,人在视觉上产生了海洋标本在空中看不见的水流中游动的效果,观众恍若在海底世界一般;恐龙标本与海洋生物标本之间是一块块独立的白色软膜方块,每块方块之间都有 10—15 厘米的空隙,上层空间的蓝光透过缝隙照射到了下层以黄色灯光为近光的恐龙展厅,形成了一条条的线框,增加了恐龙骨架的朦胧感和神秘感,恐龙一族们好似正在蓝色的天空下悠哉游哉。标本的展示手法的多元化,带给观众全新的感受。

六　多媒体技术的应用

随着计算机和网络技术的迅速发展,多媒体技术及多媒体产品正日益进入公众生活中。作为一种有效的信息化手段,多媒体技术能够更全面、更直观、更有效地传达信息,使参观者获得全新的参观体验,因而在博物馆展示中得到了广泛的应用,已然成为展览中不可缺少的组成部分,尤其是在自然历史类博物馆和科技馆中,诸如电子翻书、幻影成像、触摸屏技术、互动桌面投影、感应电视墙、互动墙面投影、沙盘模型灯光控制、三维演示、4D 影院等等多媒体技术在自然类陈列中屡见不鲜,它们使得标本的展示更加生动,可以向观众传递更多隐藏的信息,如大部分观众以往只对恐龙骨架有所了解,天津自然博物馆新馆恐龙展区运用多媒体技术在恐龙骨架上投影出恐龙身体内部构造,此项目虚实相映,新颖有趣,观众在获得观展兴奋点后,也了解了恐龙的内部特征。

标本是自然类展示的主体,多媒体的运用自然要围绕展品展开,多媒体与标本之间应紧密联系，如在江西省博物馆基本陈列《生态鄱湖》的复原场景中，我们选取了江西境内有代表性的动物标本，运用感应技术，制作了一个由标本、动物叫声、投影动物剪影画组成互动项目，当观众经过特定的动物标本时，经过艺术加工的此动物剪影画会投影在观众前方的地面上，动物的叫声也随之响起，观众每每经过，感觉既刺激又有趣，同时也加深了观众对标本的印象。在多媒体中融入艺术手法给观众带来的是多重的观展体验如艺术审美形成的美的感受、高科技手段形成的新奇特感受等。

七　问题与讨论

标本的展示是艺术和科学思维的合理结合，在艺术形式多元和科技手段迅猛发展的现代社会，自然历史博物馆的从业者也在不断地吸纳其中的有益元素以提升自然类展陈的艺术性和科学性，在艺术化呈现标本的过程中，有一些问题值得我们关注。

（一）科学性是艺术化呈现标本的前提

自然类陈列展览是博物馆进行科普教育的载体，科学性是其最本质的特征，所以采用任何艺术手段展示标本都不能偏离其科学性，要坚决杜绝一味追求美的形式而违背标本真实性、科学性的展示手段，辅助展品的选择和设计既要有艺术构思也要有科学依据，标本制作要确保科学性、真实性，多媒体项目的内容也要在符合科学性的前提下追求新奇特的艺术效果。

（二）在展示中明确标本的主导地位

标本乃自然类陈列展览之“本”，任何辅助手段都不能喧宾夺主。自然类展陈最主要的展品是标本，应最大限度地把观众注意力导向标本，辅助展品不能喧宾夺主，标本、辅助展品必须寻求一个总体的平衡。多媒体运用也要以标本为目的，要防止在一个场馆多媒体手法运用过多过滥，变成一个“多媒体馆”，应把现代传媒的各种装置和标本有机地组合在一起，达到浑然一体的效果。

（三）在展示中强调标本的保护

自然标本是珍贵的自然遗存，作为藏品入藏博物馆时都有相应的保护技术及设备，由于空间、照明等因素，在展示环境中对自然标本的保护比在库房中保护自然标本难度更大，所以在艺术化呈现标本时，设计人员要充分考虑所采取的展示手段是否会对标本产生危害，应采取科学的方法将这种危害程度降低，如避免温湿度剧变，减少空气污染，防止灰尘、光线、昆虫、微生物等自然因素的损害，设计师应从陈列环境、陈列设备、陈列方式等多方面进行科学的处理，最大限度地创造对标本的科学保护条件。

(四)因地制宜,切忌浮华

近年来,随着国家对文化事业的投入加大,博物馆用于展陈的经费较之过去有了增长,但有些博物馆仍然存在布展经费不足的问题,尤其是地方性博物馆,所以展览设计人员要结合实际情况,量体裁衣,在标本的展示上摒弃繁缛装潢,努力在整体美学品位上下功夫。在布展资金充足的情况下,也要杜绝浮华,古希腊人说:“艺术家不能做得美丽,因此只好做得豪华。”艺术品位的体现不一定需要投入过多的资金,创意更为重要。

(五)加强形式设计人员与内容设计人员的沟通

内容设计与形式设计是陈列展览设计中两个不可缺少的环节,它们是相互依存的,标本的展示同样依赖于这两大环节。在展览设计流程中一般由内容设计人员完成对标本的科学研究,而形式设计人员运月艺术手段将其转换成可供观众欣赏的艺术形象,在实际工作中经常会出现内容设计人员与形式设计人员缺乏沟通的情况,如果内容设计人员多一些艺术修养,形式设计人员对标本多一些了解,将有助于标本的展示。

在博物馆展陈中艺术化呈现自然标本需要不断探索与实践,只有树立精品意识,吸纳有益的艺术元素及科技手段,才能使展览不仅具有科学的品格,还拥有艺术的情趣,让越来越多的观众走进博物馆,通过一件件有艺术感染力的自然标本去了解缤纷的大自然。

注 释

[1] 张文彬:《大力发展博物馆文化》,文物出版社,2002 年。
[2] 王宏钧:《中国博物馆学基础》,上海古籍出版社,1990 年。

浅议博物馆视频监控系统

张大桦

【摘要】 本文阐述了摄像机和录像机在博物馆安全防范中的作用，并通过作者多年的工作经历，介绍了摄像机和录像机技术的发展对安防工作的影响，以及未来摄像机和录像机的发展趋势。

【关键词】 博物馆　安全防范系统　摄像机　录像机　数字化

博物馆安全防范作为预防性犯罪工作，从某种意义上来讲，首要任务是利用各种手段收集、整理、处理所需的信息（情报）。而信息的表达方式是多种多样的，它包含文字、数据、声音和图像（静止或活动的）等。其中，图像信息最能准确地说明和较全面地反映情况，正如通常所说的"百闻不如一见"。电视监控系统恰恰满足了博物馆安全防范工作的这一需要，因此，电视监控技术在博物馆安全防范成为一项极为重要、极为广泛的手段，它不仅大量减少了值勤人员，而且成功地让值勤人员与文物隔离开来，减少了监守自盗的风险。

现在我们来看看视频监控系统的基本特点：实时性、监控空间大、便于隐蔽和遥控、方便、经济、可将非可见光图像信息转换为可见光信息的图像、长期有效性。视频监控系统分为四部分：摄像机、传输媒质、储存设备、显示墙，今天我主要说说这些年来博物馆在使用摄像机和录像机两方面的心得。

一　摄像机

视频监控系统的前端设备主要就是电视摄像机及其配套设备。

摄像机从记录方式以及传输方式和显示可分为两大类：模拟和数字两类，首先是记录方式的不同：模拟机记录的是连续的模拟信号，而数字机记录的是 0、1 数字信号，相对来说好保存，翻录处理损耗小。另一个是它们的传输介质完全不同，一个是同轴电缆（SYV 或 SYKV），一个是网线或光缆；输出的终端也不一样，一个是以 PAL 或 NTSC，一个是 VGA 或 HDMI；另一个重要的不同是分辨率。

博物馆从新馆建成就大量应用了摄像机，第一批摄像机为美国 AD 黑白模拟摄像机，从 2004 年开始随着彩色模拟摄像机的价格下降，博物馆逐渐把黑白摄像机淘汰掉,又从 2011 年开始逐渐更新成数字摄像机。其实,不管是模拟摄像机还是数字摄像机以及数码相机,它们的工作核心就是传感器,传感器分为两种:电荷耦合器件(简称 CCD)和互补金属氧化物导体(CMOS)器件,CCD 制造工艺较复杂,采用 CCD 的摄像头价格都会相对比较贵,博物馆前期安装的松下彩色摄像机价格基本上在 3 千至 5 千元之间。随着技术改造,目前 CCD 和 CMOS 的实际效果的差距已经减小了不少。而且 CMOS 的制造成本和功耗都要低于 CCD 不少,所以很多摄像头生产厂商采用的 CMOS 感光元件,三星的摄像机价格基本上在 2 千元左右,国产中、高端价格都在 1 千至 2 千元之间。由于自身物理特性的原因,CMOS 的成像质量和 CCD 还是有一定距离的。但由于低廉的价格以及高度的整合性,因此在摄像头领域还是得到了广泛的应用。

既然传感器决定了摄像机或数码相机的性能和价格,我们再来了解传感器的不同影响了哪些主要技术参数:

(一)CCD 器件的尺寸(即成像面或靶面的尺寸)

在固体摄像机领域主要有:2/3 英寸、1/2 英寸、1/3 英寸、1/4 英寸。

在数码相机领域主要有:2/3 英寸、1/1.8 英寸、1/2.7 英寸、1/3.2 英寸、1/4 英寸、1/6 英寸。

目前,更大尺寸 CCD 加工制造比较困难,成本也非常高。因此,CCD 尺寸较大的数码相机,价格也较高。感光器件的大小直接影响固体摄像机和数码相机的体积重量。超薄、超轻的固体摄像机和数码相机一般 CCD 尺寸也小,而越专业的固体摄像机和数码相机,CCD 尺寸也越大。摄像机中用得最多的是 1/3 英寸。

(二)CCD 器件的像素和图像的清晰度

目前模拟机一般在 500 至 700 线,换算成分辨率是 30 至 40 万像素,数字摄像机普遍可达 100 至 210 万像素(100 万像素即为 720P、210 万像素即为 1080P)。江西省博物馆应用的彩色模拟摄像机要提取清晰的人脸图像,人与摄像机的距离不能超过 5 米,而数字摄像机人在 20 米开外都能看清。

(三)数码相机的感光度(ISO)和固体摄像机的最低照度(LX)

实际上是一个概念两种表示单位,指的是 CCD 器件的感光能力,这与单个像元的大小有关,像元越大,感光能力就越强。也就是说 CCD 器件尺寸相同的情况下,像素越多感光能力就越差。

CCD 器件最早应用于固体摄像机,根据摄像机对景物拍摄时所需的最低光线强度来衡量其灵敏度——最低照度(LX)。照度的单位为 Lux(勒克斯),1Lux=烛光 1 米处的亮度,自然环境下:太阳直射为 10 万 Lux;晴朗白天为 1 万 Lux;阴天为 1 千 Lux;黄昏为 1 百 Lux;黎明为 10Lux;全月晴空为 0.2Lux;半月晴空为 0.1Lux;1/4

月晴空为 0.01Lux;无月晴空为 0.001Lux;无月阴云夜空为 0.0001Lux;办公室为 50Lux;走廊为 5Lux。江西省博物馆用的松下 474 最低照度为 0.8Lux。

但随着主动红外技术应用到摄像机上,成功地解决了博物馆夜间无法有效监控周边环境的状况。红外摄像机通过主动发射红外线,通过红外线在不同温度的物体反射强度的不同形成的图像,完全不需要外光源。

传统照相机本身是无感光度可言的,数码相机厂家为了方便数码相机使用者理解,一般将数码相机的 CCD 的感光度(即对光线的灵敏度)等效转换为传统胶卷的感光度值,因而数字照相机也就有了"相当感光度"的说法。ISO 代表感光度指 CCD 或者 CMOS 感光元件的感光速度,ISO 数值越高就说明该 CCD 器件的感光能力越强,常用的表示方法有 ISO100、400、1000 等,相当于我们在照相机商店买的 100、400、1000 的胶卷。在光线不足时,闪光灯的使用是必然的。但是,在一些场合下,例如在博物馆,不允许或不方便使用闪光灯的情况下,可以通过调高 ISO 值来增加照片的亮度,但是也可能增加照片的噪点。

(四)信噪比

指信号与噪声之比,比值越大,噪声干扰就越小,图像质量就越高,一般应大于 45dB 以上。信噪比的大小不仅与电路有关,还与 CCD 的像元的密度有关,成像单元过小、过密所产生的电流会相互干扰,产生噪声,图像质量就要下降。

既然模拟摄像机与数字摄像机用的是同一成像元件(CCD),而且数字摄像机比模拟摄像机性能方面要好很多,为什么数字摄像机这几年才长足发展?其根本原因是图像数据的传输一直是瓶颈,现在大家在使用数码相机一般带有摄像功能,而早期的数码相机并没有此功能;另一个大家试试,同一款数码相机在同一环境拍的相片和录像画面清晰度有很大距离,因为录像最低标准每秒必须传输 24 帧画面,每帧画面的数据量也是有上限的。

二 硬盘录像机

有 DVR(中文名叫做网络硬盘录像机)和 NVR(类似于磁盘阵列)之分,DVR 和 NVR 都是属于监控主机类,不同的是,DVR 针对的是模拟信号,而 NVR 针对的是数字信号。

DVR 又分 PC 式硬盘录像机(PC—DVR)、嵌入式硬盘录像机(E—DVR)`,比较通俗的解释是:PC 式硬盘录像机就是在普通电脑上加上视频采集卡;嵌入式硬盘录像机按需订制的计算机系统,其所有构成部件(软件和硬件)都是围绕着一个核心目标而设计。它们之间的优势各有不同:PC 式 DVR 在处理性能和功能方面有优势,适合小规模应用;嵌入式 DVR 优势主要在可靠性方面,性能随着 IC 技术的进步而不断提升,适于各种规模的应用。

1999年,博物馆在新馆安防系统就采用一台韩国产PC式硬盘录像机,安装在录像机里面的硬盘也只有2G,但在当时还是最大容量的硬盘了,主要是记录报警系统报警时监控画面。到了2004年博物馆进行了一次安防系统升级,这次采用了4台上海产的PC式硬盘录像机,这时硬盘的容量已经到了80G,16路录像可储存15天左右,彻底改变了中控室值班人员每天换3次卡带的局面(原来用卡带录像机),PC式硬盘录像机的优势就是可以随意的改变每一路录像的画质、录像时间、模式以及回放方式。但一年以后,由于处理芯片长时间高负荷运转和电源性能下降,导致故障连连,最后以至于每个月至少有一台硬盘录像机需要维修。后来,再增加的都选用了嵌入式硬盘录像机,嵌入式硬盘录像机几乎没有出什么故障,但它可调的模式就很少了。以前因为使用的硬盘容量小,PC式硬盘录像机可以减少不必要储存空间,但随着硬盘的容量成几何式增长,2T、3T的硬盘比比皆是,PC式硬盘录像机在市面上也难觅踪迹。

随着数字摄像机的普及,市场对于高清画面的储存和数字化管理的需求日益增多,NVR这几年也是突飞猛进,这里主要介绍谈谈NVR和DVR的区别主要如下:

1. 接入的方式不同。一个是模拟,一个是数字。

2. 存储容量不同。DVR最多能装9块SATA硬盘;而NVR由于各个厂家的不同,有的是16盘,有的24盘,以至于48盘位。其实现阶段大部分NVR就是X86架构的存储内部嵌入监控软件平台。

3. 存储安全性不同。DVR信息存储是逐行存储,当一块硬盘出现坏道,设备基本会蓝屏或者死机,而NVR是基于磁盘阵列架构,有RAID保护机制,因此信息存储安全度远远高于DVR。形象一点比喻:像抽屉的排列,DVR的硬盘是一个接一个的纵向排列,坏了一个抽屉后面的抽屉就抽不出来了;NVR的硬盘是一个平面,坏了一个抽屉不影响其他抽屉的使用。

4. 由于数字信号可转换成模拟信号,数字摄像机能接入DVR;模拟信号不能转换成数字信号,所以模拟摄像机不能接入NVR。

5. NVR相对于DVR另一个主要优势是接入电视墙的显示方式上:一台DVR只对应一个操作平台和一台显示器,也就是有多少DVR就有多少操作平台和多少台显示器;而NVR只有一个操作平台,里面的所有图像可随意放在任何显示屏上。

从目前市场发展来看,随着技术的日趋成熟和成本的降低,以及数字化摄像机的普及,NVR终将取代DVR。

浅谈博物馆网站建设

龚　煜

【摘要】 博物馆网站的建设开拓了一条与公众新的沟通途径，博物馆作为文化遗存和知识普及的殿堂，应充分利用网络技术调整服务方式，扩大服务范围，延伸文化休闲服务功能。

【关键词】 网站　博物馆　网络信息　公众

博物馆体现了人类文明进步、代表国家及民族历史文化，也是现代社会中重要的信息传播机构，更承担着将蕴含在实物资料或自然标本中的物质文化与精神文化信息传播给最广范围的大众。同时博物馆已成为人们扩大视野、满足审美享受、培养生活情趣的场所，在文化建设与文明传承方面发挥越来越重要的作用。

随着社会经济的发展，观众已不满足于实体博物馆时间与地点的约束，在互联网成熟技术发展与网站建设应用之下，拉近与公众的距离，开启了现代化博物馆网络化进程。笔者认为我国博物馆数字化开始以博物馆网站出现为重要标志，博物馆网站把实体博物馆的收藏保护、展示研究、教育等职能拓展到更深的层次。1998年以来，故宫博物院、河南博物院、上海博物馆、南京博物院等国家和省属的博物馆纷纷建立了自己的网站，博物馆网站也从早期单一依靠文字为主要形式的展示藏品及陈列展览信息，为实体博物馆作简单的宣传方式，发展成了当今历史文化遗产信息资源中心、动态展示的现场、公众接受传统文化教育以及互动交流的平台。当代博物馆网站发展建设对于实体博物馆辅助效用越来越显著。

一　博物馆网站发展原因

实体博物馆相对来说是固定的场所，决定了不是所有的观众都能到实地参观；博物馆展示空间也是有限的，决定了并不是海量的藏品都能全部展示出来。而博物馆网站的出现，大大弥补这个方面，就算身处于遥远的观众只要打开各博物馆网站，就能欣赏到丰富多彩的藏品，感受到源远流长的历史。这仿佛在实体博物馆与观众之间架设一座无形的桥梁，最大程度地把博物馆的信息传播到世界各地。

另外,实体博物馆输出的信息很多,相对得到观众反馈的意见较少。网站在这个方面可提供一定的平台接收观众的建议信息,达到与观众的互动,为观众解疑。何况我们身处一个信息化高度发达时代,已习惯通过互联网这个渠道获取各种信息,对博物馆来说应当推陈出新,借助互联网充分发挥其“无限虚拟空间”的特性,进一步实现信息在博物馆与观众之间的传播和互动交流,更好地实现其教育与服务的职能。

二 网站的构建内容

(一)网站模块组合

不同类型的博物馆在网站内容构建上有各自的侧重点,但大部分博物馆网站在构建分类是大相径庭的,一般包括馆概况模块、基本信息模块、藏品模块、展览以及回顾模块等。笔者认为,观众进入网站浏览,最希望查找到的当属展览的相关信息、藏品信息、博物馆的具体地址及如何到达的方式。

1. 馆概况模块:包括介绍博物馆的类型,这决定了其常设展的侧重方向。

2. 博物馆基本信息模块:包括地址、通讯方式、交通路线、参观的时间等。其中,地址和参观时间应尽可能的详细。

3. 展览模块:属于整个网站构建内容的重要部分,应包括博物馆常设展信息、近期临展信息、以往展览动态回顾。以江西省博物馆为例,近期展览、回顾展览信息在其首页以动态形式循环滚动播放,这样使观众可及时获取。对于以往的展览,在其网站上专门以一个页面作为动态链接回顾,观众也可方便查找。

4. 藏品模块:藏品数量直接关系到博物馆规模大小,但并不是所有的藏品都能够放入网站上。此模块可以选一些有代表性的物件,分类展示,或是运用多媒体的技术动态展示。但出于文物的安全以及所有权的考虑,模块中图片、影像信息需要制作防盗链设置。

(二)新媒体技术、视听语言的运用

随着数字化博物馆的兴起,许多博物馆网站上已发布了配合现实展览的“虚拟展厅”,无论身在何地,通过访问博物馆网站能近距离欣赏藏品。“虚拟展厅”技术不受时间和空间的限制,可以最大程度表现展览的精华与主题。这种新兴的技术与博物馆厚重的文化内容相结合,提升展示效果,也提高博物馆知名度,更让观众在网站浏览过程中得到更多视听方面的感受。比如360度实景再现、3D文物展示,再加上详细的说明文字,这些细节都是在现场玻璃展柜前无法体会到的。

以杭州官窑博物馆为例,以展示陶瓷系列为主,其在展厅门口设置了一个动态演示窗口,配合古朴音乐以及语言介绍,把陶器到瓷器的演变历史解释得生动易懂。笔者认为可以考虑把这种视听模式放置到网站中,以三维文物展示,配合

文字声音说明，观众只需轻击鼠标就可以打开播放，在电脑前就可近距离欣赏，避免了枯燥的灌输说教，这对博物馆突破高墙，走入寻常百姓有着十分重要的意义。

（三）儿童青少年栏目

当下网民的年龄越来越呈现出低龄化趋势，青少年甚至是儿童很早就接触到互联网，习惯于网上搜索，满足其好奇心。考虑到低龄化受众特殊的心理和理解能力，在博物馆的网站建设过程中，可以考虑借用中国代表性的图标符号、人物形象作为网站内的搜索引擎标识。某个知识点介绍除了文字与图片配合使用外，还可以穿插视频与音频的电子书、Flash 动画等，以增加亲近感，最大程度达到青少年的课外教育效果。

针对某些传统节假日，网站可单独更新介绍民俗文化和相关文物知识，结合学校课程，丰富校外教学内容，培养青少年的民族自豪感。无形中也培养了博物馆未来的观众群体，对博物馆品牌效应的推广也是十分有益的。

（四）网站的延伸

1. 教育与服务职能延伸。我们在其网站上可设置某些展陈藏品信息的查询平台，收入一些相关藏品的文献资料信息。比如说南京博物院在“文博书刊”版块中，提供了“二十五史”、《十三经》等全文及全文检索。这样观众在看到藏品后，能获取关于藏品的文献信息，达到深刻了解藏品。

2. 网站链接。观众在观看到网站最底部的位置，往往会意犹未尽，还想看看其他的博物馆或相关页面信息，这个时候我们可以设置一些其他网站的链接，让参观者更快的进入。

3. 在线商店。很多观众对博物馆的音像、图书、文物仿制纪念品有一定的需求，可以在法律许可的范围内进行销售。这样在缓解资金困难的同时，更大范围地提升了博物馆知名度。

4. 建立会员制度。会员是博物馆宝贵的财富，他们热爱博物馆的发展建设。可通过网上实名注册的方式，有选择的让会员参与讲解、藏品拍摄及信息录入等工作。

三　博物馆网站建设意义

1. 博物馆网站建设，能够达到资源共享，实现博物馆社会教育使命。部分藏品数据库的公开，让公众受益最大。观众通过访问网站获取自己所需要的资料，这种查找资料的过程，也就是自我学习的过程。对于博物馆自身而言，信息开放，交流平台的构建，使博物馆教育功能与研究功能进一步深化，社会价值得以升华。

2. 网站能构建博物馆品牌，一个完整的博物馆网站，可塑造良好的博物馆形象,提高社会对博物馆的认知度。成熟完整的博物馆网站传递出来的信息必然是:“重视社会、有生命力的博物馆。我们提供优良的服务,来到博物馆必定不会让观众失望。”网站的访问者如能接收到此信号,通过自我心理暗示,访问实体博物馆的可能性将会增大,这比简单的概念式宣传博物馆效果要好很多。

3. 通过博物馆网站,实现文化产业的发展新模式,博物馆网站开发网上的购物服务项目,观众可在网上订购书籍、纪念工艺品等等,这样有利于博物馆的创收,同时为大众提供便利。

4. 每个城市的博物馆有一定的象征性,博物馆网站代表了地区的文化形象。创建优秀的博物馆网站不仅仅给观众留下视觉的感受,也是地方文化素养的体现。部分博物馆网站开辟地方景观版块,对于地方旅游经济是有推动作用的。

5. 博物馆在网站中展示内容信息可制作得较为详尽,充分利用影像资料来宣传,使任何一个访问者都能容易的了解展品的信息,弥补了时空间隔的不足。博物馆可通过影像技术,真实的表现藏品的细节、历史事件以及一些使用文字图片未能表达到的内容。从而更加积极的调动观众的参与性,成为博物馆之友。

6. 此外网站可为观众提供一个服务平台,疑问解答以及得到观众反馈的意见信息,加以处理解决,提升服务效率。

我们身处一个互联网信息高速度的时代,充分利用先进科学技术,发挥资源优势,强化信息传播、社会教育、知识分享功能,将日积月累的博物馆馆藏资源和不断丰富的研究成果传播到世界各地,才能保持博物馆业的蓬勃发展。而将网站建设用于博物馆的日常管理,对更好地表现、诠释展品,梳理博物馆中纷杂的信息,提高对大众的服务水平,加大对外宣传力度,提升博物馆的品牌效应起着极为重要的作用。作为博物馆工作者的我们,应深刻认识到网站建设对现代化博物馆长远健康发展起着举足轻重的作用,新时代的文博事业也必将在其推动下更加繁荣精彩。

注 释

[1] 黎波:《博物馆文化产品开发与营销的几点思考》,《文物春秋》2009 年第 2 期。
[2] 王放:《关于博物馆产品的若干思考》,《北方文物》2011 年第 2 期。
[3] 董繁:《网上博物馆建设及其内容构建分析》,吉林大学硕士论文,2009 年。
[4] 吴鸿:《网络多媒体艺术概论》,《艺术生活》2006 年 3 月。
[5] 郭正军:《“动态陈列”在博物馆陈列艺术中的人性化运用》,《陕西文化遗产》2011 年第 3 期。

附 江西省博物馆
2014年主要著作、论文目录

一 著作

江西省博物馆、首都博物馆编:《赣水流韵 辉耀千载——江西古代文物精品》,文物出版社,2014年5月。

成都金沙遗址博物馆、江西省博物馆编:《玉叶金枝——明代江西藩王墓出土文物精品展》,四川人民出版社,2014年5月。

北京艺术博物馆、江西省博物馆编:《气度与风范——明代江西藩王墓出土玉器》,北京美术摄影出版社,2014年9月。

江西省博物馆编:《国宝——江西省博物馆镇馆之宝》,上海锦绣文章出版社,2014年12月。

江西省博物馆编:《江西省博物馆集刊(五)》,文物出版社,2014年12月。

二 论文

丁莉:《江西省博物馆藏清代宫廷画师作品赏析》,《南方文物》2014年第4期。

丁莉:《竹里老人徐仲南及其绘瓷作品》,《收藏》2014年第11期。

丁莉:《清代宫廷画品赏》,《收藏界》2014年第11期。

丁莉、高兴超:《也谈苏裱》,《江西省博物馆集刊(五)》,文物出版社,2014年12月。

丁莉:《清代罗牧山水十二条屏》,《国宝——江西省博物馆镇馆之宝》,上海锦绣文章出版社,2014年12月。

马健:《性灵别有寄,偶随笔墨落人间——江西省博物馆藏刘凤起山水画赏析》,《江西省博物馆集刊(五)》,文物出版社,2014年12月。

王小琴:《西俗东渐之元旦庆贺——以〈申报〉报道为中心(1912—1928年)》,《江西省博物馆集刊(五)》,文物出版社,2014年12月。

叶蓉:《试论博物馆陈展提升三要素》,《江西省博物馆集刊(五)》,文物出版社,2014年12月。

叶飚、刘诗中:《百丈寺与怀海禅师》,《江西省博物馆集刊(五)》,文物出版社,2014年12月。

尹青兰:《浅析明早期景德镇民窑素白釉瓷》,《东方收藏》2014年第2期。

尹青兰:《明空白期景德镇民窑青花碗》,《收藏》2014年第3期。

尹青兰:《吴德盛与金鼎商标紫砂器》,《收藏界》2014年第9期。

尹青兰:《洗却铅华 返璞归真——景德镇素胎瓷》,《收藏》2014年第10期。

尹青兰:《抗战时期的江西萍乡瓷厂》,《江西省博物馆集刊(五)》,文物出版社,2014年12月。

刘禄山:《近代景瓷中的"富贵瓷"——"锦地万花瓷"说》,《收藏界》2014年第3期。

刘禄山:《从"同志审判会"中看中央苏区的"群众反腐"路线》,《南方文物》2014年第3期。

刘禄山:《八大山人意笔花鸟画浅论》,《历史文物》2014年第8期。

刘禄山:《八大山人"荷园"印款作品浅析》,《收藏界》2014年第8期。

刘禄山:《革命文物资料、近现代文物和红色文化遗产相关概念探析》,《江西省博物馆集刊(五)》,文物出版社,2014年12月。

刘翔:《论春秋楚县的起源、发展及其性质和作用》,《江西省博物馆集刊(五)》,文物出版社,2014年12月。

李剑琴、罗琳:《中共苏区教育事业试析》,《江西省博物馆集刊(五)》,文物出版社,2014年12月。

陈建平:《出土玉圭的形制研究》,《江西省博物馆集刊(五)》,文物出版社,2014年12月。

李本明:《论北宋名将王韶的军事才能》,《江西省博物馆集刊(五)》,文物出版社,2014年12月。

李文瑾:《浅析林风眠先生的绘画艺术——以其仕女画作为例》,《江西省博物馆集刊(五)》,文物出版社,2014年12月。

沙晓芸:《方寸之间 气象万千——浅析中国篆刻的艺术美》,《江西省博物馆集刊(五)》,文物出版社,2014年12月。

沈农、樊文杰:《儿童教育的新探索——博物馆教育功能的体现》,《江西省博物馆集刊(五)》,文物出版社,2014年12月。

应宗华:《浅议叶适以"保富"为核心的经济思想》,《江西省博物馆集刊(五)》,文物出版社,2014年12月。

吴洁:《赏石论道——浅议观赏石的分类与成因》,《江西省博物馆集刊(五)》,文物出版社,2014年12月。

范丽君:《浅析新媒体对博物馆发展的影响》,《江西省博物馆集刊(五)》,文物出版社,2014年12月。

郑颖丽:《博物馆社会教育功能的认识与创新》,《江西省博物馆集刊(五)》,文物出版社,2014年12月。

罗永顺:《对陶寺遗址社会特征的探讨》,《江西省博物馆集刊(五)》,文物出版社,2014年12月。

段少京:《馆藏〈大观圣作碑〉道光拓本释》,《江西省博物馆集刊(五)》,文物出版社,2014年12月。

高劲松、沙晓芸:《博物馆社会教育工作中的人文关怀——以江西省博物馆为例》,《南昌师范学院学报》2014年第6期。

高劲松:《闽台翰墨风华——"厦门博物馆闽台书画珍品展"作品赏析》,《收藏界》2014年第7期

高劲松、赵磊:《金榜题名 翰墨飘香——苏州博物馆馆藏清代状元扇面展精品赏析》,《江西省博物馆集刊(五)》,文物出版社,2014年12月。

袁兴钱:《明代王妃服制》,《江西省博物馆集刊(五)》,文物出版社,2014年12月。

龚煜:《博物馆动态陈列初探》,《江西省博物馆集刊(五)》,文物出版社,2014年12月。

黄艳萍:《青瓷的韵律——"洪州窑青瓷展"的形式设计思路》,《江西省博物馆集刊(五)》,文物出版社,2014年12月。

曹珺:《雾都深邃——观"走向现代一英国美术300年"油画展》,《江西省博物馆集刊(五)》,文物出版社,2014年12月。

曾敏:《浅析宋代茶马贸易》,《江西省博物馆集刊(五)》,文物出版社,2014年12月。

彭志才、曾敏、高劲松:《宗教契约文书中的"祀"——上饶方氏契约文书初探》,《江西省博物馆集刊(五)》,文物出版社,2014年12月。

赖金明:《江西宋墓出土的生肖俑》,《东方收藏》2014年第1期。

赖金明:《北宋叉手生肖陶俑折射出的文化意义》,《江西省博物馆集刊(五)》,文物出版社,2014年12月。

熊贤礼:《白玉天成 阳平印记:元代张天师白玉法印解析》,《南方文物》2014年第2期。

熊贤礼:《近代景瓷中的富贵瓷:锦地万花瓷》,《收藏界》2014年第3期。

熊贤礼:《赣水流韵 辉耀千载:江西文物精品展巡礼》,《收藏快报》2014年3月26日。

熊贤礼:《文物视角下的江西古代文明》,《历史文物》2014年第6期。

熊贤礼:《近代景德镇瓷业行帮管窥——以数份近代景德镇瓷业行帮规约为中心》,《陶瓷学报》2014年第12期。

征稿启事

为促进我馆学术研究，加强学术交流，不断提高本刊的质量，《江西省博物馆集刊》热忱欢迎海内外各位专家、学者、同仁赐稿。《江西省博物馆集刊》一年一辑，集学术性、知识性和鉴赏性为一体，是一本面向文博专业工作者和业余爱好者的学术性刊物。

一、本集刊现设下列专栏

1. 博物馆工作与探讨
2. 历史文化研究
3. 考古发现与研究
4. 江西古陶瓷鉴赏与研究
5. 藏品鉴赏与研究
6. 文物保护

二、来稿注意事项

1. 文章力求资料新颖、观点鲜明、层次清楚、文字精炼，有特色、有深度。

2. 每人限交一篇。每篇文章以6000字左右为宜，最长不超过12000字。要求有200字左右的内容摘要和2～6个词组以内的关键词。注释一律尾注，采用[1]、[2]、[3]……格式。文字存为Word文档格式，照片为jpg格式。

3. 每年7月底为当年集刊截稿时间，逾期不予受理。限于本刊人手有限，来稿恕不退稿，请作者自留底稿。

4. 投稿者请写清楚姓名、职务、职称、工作单位、联系电话、通讯地址(邮政编码)。

5. 对采用稿在不失原意的前提下，本刊有权做适当删改和文字加工，如本人不同意删改，请加说明；凡牵涉作者著作权等知识产权问题，相关责任一律作者自负，与本集刊无关。

6. 来稿请寄Email：jiangxigutaoci@163.com，或直接交给古陶瓷研究部。

通讯地址：南昌市新洲路2号　江西省博物馆古陶瓷研究部收

邮编：330025

电话：0791—86562276